세상을 바꾸는 비밀의 열쇠

세상을 바꾸는
비밀의 열쇠

존 맥스웰, 롭 호스킨스 지음 | 신현승 옮김

CHANGE YOUR WORLD

존

이 책을 나와 함께 일했던 옛 동료들에게 바친다.

그들이 변혁을 거리낌 없이 받아들이고 실행하지 않았더라면

우리의 비전은 실현되지 못했을 것이다.

꿈꾸는 것은 자유다.

하지만 꿈을 이루는 여정은 그렇지 않다.

나와 긴 여정을 함께한 그들에게 감사한다!

사랑하는 JM

롭

이 책은 우리에게 무엇이 최선인지를 잘 알게 해준다.

나를 이해해 주고 항상 열정적으로 지지하고 창의적으로

지원해주며 우리의 아름다운 운명을 향해 지혜롭게 인도하는

인생의 동반자 킴에게 바친다.

존 맥스웰의 다른 저서

존 맥스웰 박사는 1976년 7월 4일 독립 기념일 행사에서 리더들에게 강의를 마치고 자리를 떠나면서, 그의 가슴속에는 다른 사람들의 가치를 배가할 수 있고 리더들에게 가치를 더해줘야 한다는 소명 의식이 확실하게 자리 잡았다. 맥스웰 박사는 그런 목적의식 덕분에 수십 년 동안 리더십 연구와 훈련에 헌신할 수 있었으며 오늘날 전 세계에서 변혁 운동이 일어나는 것을 목격하고 있다.

하퍼콜린스 출판사HarperCollins Publishers와 존 맥스웰 컴퍼니John Maxwell Company는 맥스웰 박사의 유산을 확장하고 확산하기 위해 이를 전담할 하퍼콜린스 출판사에 새로운 리더십 전담 부서인 존 맥스웰 출판부John Maxwell Publishing를 설립했다. 이는 리더들에게 영향을 미치려면 강력한 말의 힘을 사용해야 한다는 맥스웰 박사의 소명 의식 및 믿음과 정확히 일치하는 일이다.

존 맥스웰 출판사의 사명은 존 맥스웰의 개인적 가치관과 리더십 철학에 부합하는 책들을 발굴하고 출판하는 것이다. 개인, 사업, 영적 삶에 있어서 정직하게 사는 사람이라면 남녀를 가리지 않고 누구나 저자가 될 수 있다. 그들은 가르침, 글쓰기, 사업적 통찰을 통해서 다른 사람들의 가치를 배가하려는 리더들에게 가치를 더해 줄 것이다.

그러한 유산은 맥스웰 박사의 저술 활동을 통해 널리 소개되고 있다. 맥스웰 박사는 100권 이상의 저서를 통해 전 세계 수백만 명의 삶을 바꿔놓았다. 그가 연설하는 자리에 가면 그의 책을 적어도 한 권 이상 읽고 감명을 받아 자신의 인생을 바꾼 리더들을 쉽게 찾아볼 수 있다. 이런 사실은 그가 개인적으로는 절대 만날 수 없었던 리더들에게 저술 활동을 통해 접근할 수 있다는 것을 확실히 보여준다.

맥스웰 박사가 말했듯이, "위대한 일을 성취하기에 한 사람은 너무 작은 숫자다." 이 출판사를 통해 다른 사람에게 가치를 배가하려는 리더에게 가치를 더해주려는 맥스웰 박사의 소명은 계속될 뿐만 아니라 더욱 강화될 것이다. 새롭게 출현한 작가들은 전 세계에서 변혁에 관한 자신의 비전을 크게 만들고 확장할 수 있을 것이다.

차 례

존

이 책이 세상에 나오는 데 도움을 준 우리 회사의 모든 팀원에게 감사한다. 제이슨 브룩스Jason Brooks, 마크 콜Mark Cole, 린다 에거스 Linda Eggers, 캐롤린 코킨다Carolyn Kokinda, 에린 밀러Erin Miller, 찰리 웨첼Charlie Wetzel, 스테파니 웨첼Stephanie Wetzel에게 감사한다. 그들은 모두 저와 이 책에 엄청난 가치를 보태줬다. 우리의 세상을 바꾸는 데 나를 도와줘서 감사한다!

롭

이 책은 나의 모든 동료와 원호프 팀이 함께 지냈던 지난 30년의 변혁 여정이 없었다면 결코 탄생하지 못했을 것이다. 우리는 함께 배우고 함께 탐구했다. 특히 이 책을 쓰면서 데이비드 브랜커David Branker, 채드 코지Chad Causey, 니콜 요한슨Nicole Johansson, 테나 스톤 Tena Stone에게 감사한다. 그들은 폭넓게 조사하고 찬찬히 교정을 보며 환상적으로 이 책의 탄생에 이바지했다. 제나 스콧Jenna Scott, 당신은 작가, 편집자, 조사자, 조언자로서 최고의 명장이다. 당신은 모두 아무리 겸손한 척해도 자신의 분야에서 뛰어난 엘리트다. 당신들이 책에 쏟은 열정 덕분에 사람들은 자신의 세상을 바꾸기 위한 여정을 시작할 것이다.

저자 메모

당신이 읽고 있는 이 책은 두 사람이 쓴 것이다. 어쩌면 독자는 어색할 수 있다. 당신이 문장이나 단락을 읽을 때, '도대체 말하는 사람이 누구지? 존 맥스웰이야, 롭 호스킨스야?' 라고 헷갈릴 수도 있다.

두 사람 이상이 책을 쓸 때, 책 내용을 잘 전달하려면 사전에 결정해야 할 것이 많다. 우리가 말할 때마다 '내가(존이)' 아니면 '내가(롭이)' 말했다고 쓸까?

우리는 공동 저술한 책에서 '나'라는 단어 다음에 괄호를 치고 저자 이름을 적어 넣은 경우를 종종 봤다. 하지만 우리는 그런 표현 방식이 정말 더이상하다고 생각한다.

서로 다른 두 글씨체를 사용해 독자들이 누가 누군지 알아내도록 할까? 그것은 독자들이 금세 짜증을 내게 될 것이다. 독자들은 책머리로 돌아가 굵은 글씨체가 누구고 보통 글씨체가 누군지 일일이 찾아봐야 하기 때문이다. 또 다른 방법은 인터뷰하는 것처럼 책의 각 단락 앞에 저자의 이름을 넣는 것이다. 하지만 우리는 그것 역시 독자들을 산만하게 만들 것이라고 생각한다.

우리가 무대에서 말하는 것이라면 쉬웠을 것이다. 우리는 두 사람 모두 말을 많이 한다. 우리가 무대에서 생방송으로 이야기한다면 당신은 우리의 얼굴을 보고 우리의 목소리를 들으며 무슨 말을 하는지 즉각 알아차릴 수 있다. 우리는 당신과 개인적으로 이야기하고 싶다. 하지만 책은 그런 식으로 작동하지 않는다.

우리는 당신이 가능한 한 쉽게 이 책을 읽을 수 있게 하고 싶다. 이 책은 정말 당신을 위한 책이고 당신의 세상을 변화시키는 방법을 알려 주기 때문이다. 그래서 여러분은 이렇게 생각하면 된다. 당신이 듣는 목소리는 존의 목소리다. 롭은 고맙게도 제가 나이 많은 형으로 주된 연설자 역할을 하도록 허락했다.

따라서 당신이 책을 읽을 때 우리는 당신이 롭과 저와 함께 앉아 대화하는 것처럼 느끼기를 바란다. 당신은 이 책에서 '우리' 혹은 '롭과 나'라는 단어를 많이 보게 될 것이다. 하지만 당신은 우리가 이 책을 함께 구상하고 저술한 동등한 파트너라는 사실을 이해해 주기 바란다.

우리가 당신과 공유하려는 내용은 우리의 가슴, 우리가 사는 세상을 좀 더 살기 좋은 곳으로 변화시키기 위한 우리의 헌신, 수십 년에 걸쳐 다른 사람들에게 투자했던 우리의 경험에서 우러나온 이야기다.

롭과 나는 정말 당신을 돕고 싶다. 만약 당신이 이미 혼자 스스로 변화할 준비가 되어 있지 않다면 우리는 이 책의 마지막 장에서 변화를 만들기 위해 즉각적으로 행동에 옮길 수 있는 방법을 제공한다. 그러니 당신은 마음 편히 변혁의 여정을 즐기면 된다. 이 책은 당신이 눈을 뜨고, 주변 환경을 새로운 시각으로 바라보며, 삶의 방식을 바꾸고, 당신의 세상을 변혁하도록 도와줄 것이다.

변화를
기다리지 마라

희망에는 아름다운 두 딸이 있다. 그들의 이름은 분노와 용기다.

변화하지 않는 것에 대한 분노와 변화하는 것을 찾아내려는 용기다.

– 아우구스티누스 Augustine of Hippo

롭과 나는 당신이 이 글을 읽고 있다는 사실에 가슴이 뛴다. 우리는 당신에게 가장 먼저 이 말을 전하고 싶다.

당신은 세상을 바꾸고 싶은가?

그렇다면

이 책은 바로 당신을 위한 책이다.

당신은 이 책에서 여러 사람에 관한 이야기를 읽을 것이다.

미시Missy는 학교에서 자원봉사자로 일했다. 그녀는 사과를 나눠달라는 아이들이 끼니를 거른다는 사실을 알고 차고로 달려가 배낭에 음식물을 챙겨 넣었다. 이 일로 오늘날 8만 7천 명의 아이들에게 음식을 제공하는 프로그램이 탄생했다.

미시는 세상을 바꿨다.

브라이언Brian은 어린 시절 겪었던 트라우마와 고통에 시달렸다. 그는 자신의 경험을 토대로 성 학대 피해를 본 아이들이 자존감과 희망을 찾고 조건 없는 사랑을 받으며 생활할 수 있는 안전한 장소를 만들었다.

브라이언은 세상을 바꾸고 있다.

이단Ethan은 3학년이다. 그는 자신의 가슴에 손을 얹고 '나는 진정으로 변화하려고 생각한 적이 있는가?'라고 물었다.

이단은 이제 막 세상을 바꾸기 시작했다.

당신은 자신을 바꾸고 싶은가?

그렇다면

이 책은 바로 당신을 위한 책이다.

당신은 다른 사람들에 관한 이야기를 읽으면서 변화할 것이다.

찰리Charlee는 삶의 목적을 잊은 채 아무 생각 없이 살던 고등학교 중퇴자다. 그녀는 5개월 동안 아프리카의 빈민가 아이들을 돌봐주는 일을 경험한 뒤 이렇게 고백했다. "제가 집으로 돌아올 때 저는 근본적으로 완전히 다른 사람으로 바뀌었답니다."

찰리는 변화했다. 이제 그녀는 세상을 바꾸고 있다.

르네Rene는 멕시코인이다. 그는 동생의 살인범에게 똑같이 복수하려고 10년 동안 찾아다녔다. 하지만 그는 '변혁 탁자' 운동을 통해 용서의 가치를 깨닫고 살인범을 용서하겠다고 결심했다. 그는 가족의 역사를 바꿨다.

르네는 변화했다. 그의 삶은 점점 좋아지고 있다.

요밀라Yomila는 과테말라 출신의 소심한 젊은 여성이다. 그녀는 더욱 긍정적인 태도로 행동했을 때 좀 더 좋은 직장을 찾을 수 있다는 용기와 자신감을 얻었다. 그녀는 이제 집 근처 동네에서 다른 사람들을 도와주고 있다.

요밀라는 변화했다. 그녀는 지금 다른 사람들을 돕고 있다.

당신은 변혁 운동에 동참하고 싶은가?
그렇다면
이 책은 바로 당신을 위한 책이다.
당신은 다른 사람들의 이야기를 통해 영감을 얻을 것이다.

샘Sam은 옥외 가구를 만드는 회사의 소유주다. 그는 코로나19 대유행과 용감하게 맞서 싸우는 의료 종사자들을 위해 플라스틱 페이스 실드를 만들기 시작했다. 그는 자신이 사는 작은 마을의 사람들을 한데 모아 변화를 이끌었다.

샘은 마을에서 다른 사람들이 변혁 운동을 일으키는 것을 도왔다.

세로 포르테뇨 Cerro Porteño는 파라과이에서 가장 인기 있는 프로 축구팀이다. 그들은 경쟁팀인 클럽 올림피아Club Olimpia와 손을 잡고 두 팀 소속 선수들에게 선한 가치관을 가르쳤다. 그것은 다른 팀으로 확산했고 선수들의 삶이 바뀌었다.

한 팀이 다른 팀을 도와줌으로써 프로축구팀 사회에서 변혁 운동이 시작됐다.

로이Roy는 아들이 괴롭힘을 당한 나머지 자살하려는 것을 알아차렸다. 그는 아들을 도와주는 과정에서 다른 학부모들이나 아이들도 도움이 필요하겠다는 사실을 깨달았다. 그는 42개 주에서 수백만 명의 아이들을 도와주는 활동을 시작했다.

로이는 나라를 변화시키는 변혁 운동의 한 사례를 보여 준다.

우리가 다른 사람들을 도와줄 때 당신은 우리와 함께 일하거나 당신 자신의 변혁 운동을 시작함으로써 변화를 일으킬 수 있는 잠재력을 가질 수 있다.

당신은 세상을 변화시킬 수 있다.

롭과 나는 사람들이 인생에서 긍정적인 변화를 일으킬 수 있는 방법을 찾는 것을 도와주는 데 일생을 바치고 있다. 우리는 당신이 가족과 직장, 지역 사회 및 세계를 변혁하기 위한 준비를 시작하도록 격려하기 위해 이 책을 썼다. 당신이 이미 세상을 바꾸고 있다면, 우리는 당신이 그 일을 훨씬 더 잘할 수 있도록 도와주려고 한다. 만약 당신이 아직 다른 사람들의 삶에 긍정적인 변화를 불어넣고 있지 않다면 우리는 당신에게 그 일을 시작하라고 권하고 싶다.

우리는 당신이 어디에 있든 변화를 가져올 수 있기 때문에 다른 사람들에게 가치를 더해 줄 방법을 체계적으로 알려주려고 한다.

세상을 바꾸는 일은 한 사람의 생애에 있어 어느 특정 시점에 일어난다. 우리는 당신과 같은 사람들이 당신의 지역사회에서 희망의 등불이 될 수 있도록 돕는 일에 헌신하고 있다(체인지유어월드닷컴 [ChangeYourWorld.com]에서 확인할 수 있다). 또 우리의 변혁 운동에 참여했던 지역사회에서 희망의 등불이 된 수천 명의 자원봉사자들은 다른 사람들이 선한 가치관을 배우고 실천하며 살 수 있도록 도와주고 있다.

그들은 전 세계 여러 국가에서 영향력 있는 8가지 분야인 정부, 교육, 기업, 종교, 언론, 예술, 스포츠, 보건 등에서 변화를 일으키고 있다. 롭과 나는 배경과 국적이 다양한 모든 사람이, 다른 사람들에게 가치를 더해주고 변화를 일으키면서 세상을 바꾸는 날을 상상한다. 당신과 주변 사람들이 그 일에 전념할 때 그날은 현실로 다가올 것이다.

무엇을 바꿔야 하는가?

우리는 세상을 들여다보면 더 좋게 변화할 수 있는 일들을 비교적 쉽게 발견할 수 있다. 학교가 더 좋아지면 신나지 않을까? 동네가 더 좋아진다면? 직장이 더 긍정적인 장소로 바뀐다면? 가족들이 좀 더 친밀하게 지내는 가정이 더 좋지 않을까? 모든 사람의 이익을 위해 사람들이 함께 어울려 일하는 공동체는 멋지지 않을까? 사람들이 서로 존중하고, 협력하고, 긍정적으로 변화하면 세상은 더 좋아지지 않을까?

당신은 아마 신문 머리기사에 어떤 내용이 등장할 것인지를 직관적으로 알 것이다. 우리가 세상이 더 좋아져야 한다고 생각하는 데는 타당한 이유가 있다.

○ 미국에서 가정이 해체되고 있다. 한 부모 가정의 비율이 1960년에는 9%이었던 것이 2014년에는 26%로 증가했다.[1]
○ 미국에서 2014년에 약 250만 명의 어린이들이 노숙을 경험했다.[2]
○ 한때 미국의 강점이었던 시민 참여와 자원봉사 활동은 지난 50년 동안 급격히 감소했다.[3]
○ 미국에서 2015년에 폭력 범죄의 희생자 수가 330만 명에 육박했다.[4]
○ 경제평화연구소Institute for Economics and Peace는 세계 경제가 폭력으로 연간 13조 6천억 달러의 손실을 보고 있다고 최근 추정했다.[5]
○ 정신 건강 문제가 증가하고 있으며[6] 갈수록 악화하고 있다.[7]
○ 부패는 세계적인 문제다.[8]

○ 전 세계적으로 현대판 노예의 희생자가 4천만 명으로 추정된다.[9]

우리는 세계가 더 좋아져야 하는 다른 여러 가지 이유를 더 열거할 수 있지만 그럴 필요는 없다. 우리는 당신이 주변에서 좀 더 좋아졌으면 하는 것들을 매일 볼 것이라고 장담한다.

하지만 당신은 그것들에 실망하거나 겁먹을 필요는 없다. 당신은 긍정적으로 변화할 수 있다는 것을 알고 있다. 그것도 엄청나게 큰 변화가 가능하다. 우리가 이 책을 쓰는 동안 롭과 나는 놀랄만한 몇 가지 정보를 공유했다. 2013년, 하루에 1.90달러 미만으로 생활하는 극빈층에 대한 설문 조사에서 사람들에게 "지난 30년 동안 극빈층으로 생활하는 세계 인구 비율이 증가했는가? 아니면 감소했는가?"라는 질문을 던졌다. 사람들은 이렇게 대답했다.

○ 55%는 증가했다.
○ 33%는 그대로다.
○ 12%는 감소했다.[10]

당신은 어떻게 생각하는가? 나는 전 세계의 극빈층 비율이 실제로 감소했다는 사실을 알고 깜짝 놀랐다. 하지만 나는 기뻤다. 그 비율은 급격하게 감소했다. 아래 그래프를 보면 1800년대 이후 극빈층 비율이 꾸준히 감소하다가 1950년대 이후 급격하게 감소한 사실을 알 수 있다.

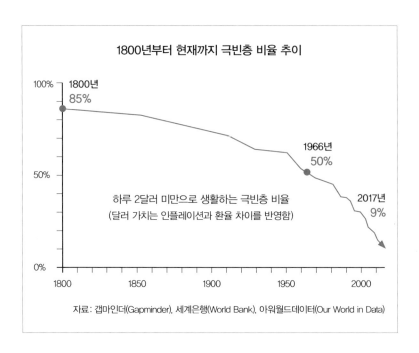

1800년부터 현재까지 극빈층 비율 추이

1800년
85%

1966년
50%

2017년
9%

하루 2달러 미만으로 생활하는 극빈층 비율
(달러 가치는 인플레이션과 환율 차이를 반영함)

자료: 갭마인더(Gapminder), 세계은행(World Bank), 아워월드데이터(Our World in Data)

극빈층 비율은 계속 낮아지고 있다. 그것은 굉장히 좋은 소식이지만, 우리는 그것에 관한 이야기를 거의 듣지 못한다. 2018년에 브루킹스 연구소는 다음과 같이 발표했다.

세계적으로 엄청나게 중요한 무언가가 아무런 예고 없이 일어나고 있다. 10,000년 전에 농경 사회에 기반을 둔 인류 문명이 탄생한 이후 처음으로 인류의 대다수가 더이상 가난해지거나 가난하게 될 가능성이 줄어들었다. 우리의 계산에 따르면 2018년 9월 현재 세계 인구의 50%, 즉 약 38억 명이 '중산층' 또는 '부자'로 여겨질 정도로 아주 자유롭게 지출할 수 있는 가정에서 살고 있다. 하지만 거의 같은 수의 사람들이 가난하거나 가난에 취약한 가정에서 살고 있다. 그러나 이제부터는 인류 역사상 처음으로 가난하고 가난에 취약한 사람들이 더이상 세계 인구의 다수를 차지하지 못할 것이다. 세계 경제 후퇴라는 엄청나게 불행한 사태가 발생하지 않는한, 중산층이 다수가 되는 새로운 시대의 시작을 의미한다.[11]

이것은 우리에게 커다란 희망을 가져다주는 반가운 소식이다. 인류 역사상 골칫거리였던 극빈층 문제가 변화할 수 있다면 크고 작은 다른 문제들도 변할 수 있다고 믿는다. 세상은 더 좋게 변할 수 있다. 당신이나 우리와 같은 사람들이 변화를 일으키는 주역이 될 수 있다.

누군가가 할 것이다!

변화가 가능한데도 우리가 세상을 바꾸려고 노력하지 않는 이유는 무엇일까? 중국의 철학자 노자는 "우리가 가는 방향을 바꾸지 않는다면, 우리는 변화없이 인생이 끝날 것이다."라고 말했다. 사실 우리 대부분은 우리가 알고 있는 문제들에 대해 다른 누군

> "우리가 가는 방향을
> 바꾸지 않는다면,
> 우리는 변화없이
> 인생이 끝날 것이다."
>
> – 노자

가가 행동하기를 기다리고 있다. 우리는 변화를 원하지만 누군가가 어딘가에서 변화를 위해 무엇인가 해줄 것으로 기대한다.

- 우리는 **정부**가 무언가 해주기를 기다린다.
- 우리는 **보건 당국**이 무언가 해주기를 바란다.
- 우리는 **교육 당국**이 무언가 해줄 것으로 믿는다.
- 우리는 **기업**들이 무언가 해주기를 기대한다.
- 우리는 **언론기관**이 무언가 해줄 것으로 상상한다.
- 우리는 **예술과 오락**이 무언가 해주기를 바란다.
- 우리는 **스포츠**가 무언가 해줄 것으로 생각한다.
- 우리는 **종교 기관**들이 무언가 해주기를 희망한다.

하지만 사실 우리는 변화를 기다릴 수 없다. 위에 열거한 기관들은 사람들에게 유익한 곳이다. 그러나 우리는 수동적인 방관자가 되어서는 안 된다. 만약 우리가 세상을 더 좋은 곳으로 변화하기를 기대하고 필요조건이 개선되기를 희망한다면 우리가 변화해야 한다. 우리는 행동해야 한다.

롭과 나는 사람들에게 가치를 더 많이 제공하려는 사람들과 조직들을 돕는데 일생을 바쳤다. 우리는 세계를 여행했고 다양한 문화를 접했으며 모든 대륙의 사람들과 서로 교류했다. 그리고 우리에게는 '긍정적인 가치 문화를 창조하기 위해 선한 가치를 배우고 실천하며, 다른 사람들을 존중하고 그들과 협력할 줄 아는 사람이면 누구나 변화할 수 있다'라는 한 가지 확신이 있다. 그것은 당신이 세상을 변화시킬 수 있다는 것을 의미한다. 당신이 부자가 아니어도 된다. 유명하지 않아도 된다. 당신이 다른 나라로 이사하지 않아도 된다. 당신에게 교육이 필요 없다. 조직도 필요 없다. 다른 사람의 허락을 받아야 하는 것도 분명히 아니다. 자기 자신에게 허락해야 한다. 자신은 물론 주변의 세상을 변화시킬 수 있다. 마하트마 간디가 말했듯이, "당신은 점잖게 세상을 뒤흔들어 놓을 수 있다." 하지만 그렇게 하려면 당신이 변화해야 한다.

가장 먼저 생각을 바꿔라

나는 최근에 로사문드 스톤 잔더Rosamund Stone Zander와 벤자민 잔더Benjamin Zander의 저서 《가능성의 예술The Art of Possibility》을 읽었다. 그들은 내가 잘 아는 오래된 퍼즐을 소개했다. 9개 점을 연결하는 문제다. 사실, 나는 이 그림을 나의 저서 《당신 안의 리더를 깨워라Developing the Leader within You》에서 삽화로 사용했다. 하지만 당신이 그들이 제시한 새로운 설명 방식을 이해하면 사람들이 사고 방식을 변화하는 것이 얼마나 중요한지 깨닫게 된다. 먼저 퍼즐을 살펴보자. 퍼즐의 규칙은 펜이나 연필을 떼지 말고 네 개의 직선으로 9개 점을 모두 연결하는 방법을 찾는 것이다. 당신이 이 퍼즐을 본 적이 없다면 직접 시도해 보라.

성공했는가? 대부분 사람은 해답을 찾지 못한다. 이유가 무엇일까? 그들이 정사각형의 틀 안에서 해답을 찾으려고 애쓰기 때문이다. 하지만 이 문제의 유일한 해답은 당신의 사고방식을 바꾸는 데 달려있다. 사람들은 자신의 고정관념에서 벗어나야 한다. 저자들은 이렇게 설명했다.

> 우리의 고정관념은 우리에게 가능한 것이 무엇인지 규정하고 제한합니다. 우리가 일상 생활에서 문제를 만나고 딜레마에 빠지며 벽에 부딪쳤을 때 특정한 사고의 틀이나 관점 안에서만 그것들을 판단하면 결코 해결책을 찾을 수 없습니다. 우리가 문제를 크게 보고 데이터에 관한 사고의 틀을 새롭게 마련한다면 새로운 기회가 생기고 문제를 해결할 수 있습니다.

만약 당신이 세상을 바꿀 수 없다고 생각한다면, 그것은 당신이 정사각형의 틀 안에서 생각하기 때문이다. 저자들은 우리가 가진 가정들이 종종 사고를 제한함으로써 실현 가능성 역시 제한한다고 설명한다. 그들은 또한 우리가 어떻게 변화할 수 있는지 알려준다.

> 당신은 사고의 틀을 당신이 원하는 조건이 가능한 근본적인 가정으로 바꿀 수 있습니다. 새로운 사고의 틀 안에서 새로운 신념과 아이디어가 솟아나면 어떤 일이 벌어지는지 살펴보세요.[12]

우리가 가정하는 내용이 우리의 사고를 제한하고
따라서 우리의 가능성을 제한한다.

당신이 아직도 퍼즐의 해답을 찾지 못했다면 다음 설명을 참고하라. 당신은 직선들이 서로 연결될 수 있도록 정사각형 꼭짓점의 바깥까지 임의로 확장해 직선으로 연결하면 된다. 당신은 생각하는 방식을 바꿔야 한다.

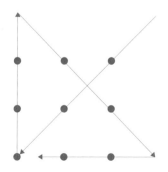

간디는 "세상이 변화하기를 바란다면 내가 먼저 변화해야 한다."라고 말했다. 당신이 세상을 변화시키려면 간디와 비슷한 생각의 전환이 필요하다. 세상을 당신 마음대로 바꿀 수 없다는 자기 의식에 도전해야 하며, 스스로 무엇이든 할 수 있다는 것을 믿어야 한다. 당신 자신이 누구이며, 어디에 살고 있는지, 당신의 재산과 관계없이 변화할 수 있다는 것을 믿어야 한다. 당신은 희망을 품어야 한다.

그다음, 희망으로 무장하라

세상을 변화시키려면 무엇보다 실제적이고 적극적인 희망이 가장 중요하다. 랍비 조나선 색스Jonathan Sacks는 저서 《차이의 존중 The Dignity of Difference》에서 이렇게 주장했다. "내가 유대인의 역사에 대해 성찰하는 과정에서 배운 가장 중요한 깨우침 중 하나는 낙관주의와 희망이 다르다는 사실이다. 낙관주의는 상황이 저절로 좋아질 것이라는 믿음이다. 희망은 우리가 함께 상황을 더 좋게 만들 수 있다는 믿음이다. 낙관주의는 수동적인 반면에

> 낙관주의는 상황이 저절로
> 좋아질 것이라는 믿음이다.
> 희망은 우리가 함께 상황을
> 더 좋게 만들 수 있다는 믿음이다.
> – 조나선 색스

희망은 능동적인 덕목이다. 낙관론자가 되는 데는 용기가 필요하지 않지만, 희망을 품으려면 용기가 아주 많이 필요하다."[13] 대부분 사람은 낙관주의가 비관주의보다 더 좋다고 인정할 것이다. 하지만 희망이 낙관주의보다 더 좋다는 것은 더욱 더 좋은 생각이다.

우리는 비관주의나 낙관주의보다 더 고차원적인 희망으로 당신을 초대하려고 한다. 우리는 당신이 희망의 화신이 되기를 바란다. 우리는 당신이 긍정적인 불만을 충분히 제시하고 세상을 변화시킬 수 있다고 믿으며 그런 변화의 중추적인 역할을 한다고 확신하는 사람이 되도록 도와주려고 한다. 우리는 당신이 다음처럼 행동하기를 바란다.

자신에 대해 희망을 품어라

자신에 대한 믿음은 강력한 것이다. 심리학자 엘렌 랭어Ellen J. Langer는 믿음의 영향력에 관한 연구에서 이렇게 주장했다.

> 우리는 '공군 조종사들은 시력이 매우 좋다'라는 사람들의 사고 방식을 연구했다. 모든 참가자는 시력 검사를 받았다. 그런 뒤 참가자 중 한 집단에 '공군 조종사' 역할을 맡겼다. 그들은 조종사 역할에 걸맞은 제복을 입고 모의 비행 장치에 앉았다. 우리는 그들에게 근처 비행기의 날개에 쓰인 글자들을 읽도록 요청했다. 사실 그것들은 시력검사표의 일부였다. '조종사들은 시력이 좋다'라는 사고방식을 가진 참가자들이 같은 거리에서 시력검사표를 읽은

다른 참가자들보다 시력이 한층 더 좋게 나왔다.[14]

우리는 당신이 세상을 바꿀 수 있다는 사고방식으로 무장하기를 바란다. 당신은 당신이 생각하는 것보다 훨씬 더 어려운 일들을 성취할 능력이 있다. 당신은 희망을 품고 자신을 믿어야만 한다.

내가 당신은 자신을 믿어야 하며 자신에 대해 희망을 품고 더 좋은 방향으로 확실히 변화할 수 있다고 설득하는 이유를 아는가? 내가 개인적으로 더 좋은 방향으로 변화한 경험이 있었기 때문이다. 나는 리더십 전문가다. 하지만 내가 지금까지 통솔하기 가장 어려웠던 사람은 바로 나 자신이다. 이제 나는 성인이다. 나는 올바른 생각으로 해야 할 일을 제때 할 수 있는 능력을 키웠다. 사람은 변화할 수 있다. 몇 년에 걸친 연구 결과 나는 사람들이 다음과 같은 경우에 변화한다는 사실을 발견했다

변화하지 않으면 안 될 정도로 상처받으면
사람들은 변화한다.

사람들이 고통을 받으면 가장 기본적으로 변화해야겠다는 충격을 받는다. 우리는 어린 시절부터 본능적으로 고통을 피해왔다. 하지만 우리가 고통을 더 효과적으로 극복하는 방법은 변화하는 것이다. 우리는 이 책을 통해 당신에게 확실한 앞길을 열어주고 당신이 상처받고 있다면 희망을 선사하고 싶다.

영감을 받을 정도로 앞을 내다보면
사람들은 변화한다

내가 사회생활을 처음 시작했을 때 나는 리더들이 매우 긍정적인 영향력을 발휘한다는 사실에서 영감을 얻었다. 모든 것이 리더십에 따라 성공하기도 하고 실패하기도 한다는 것을 발견한 뒤부터 생각하고 일하고 다른 사람들과 상호작용하는 방식을 바꿨다.

아마 당신도 당신에게 영감을 준 무엇인가에 영향을 받았을 것이다. 그렇다면, 그것은 환상적인 일이다. 만약 그렇지 않다면, 당신은 이 책을 읽으면서 주변 사람들의 더 나은 삶이나 더 뛰어난 미래를 보고 변화를 촉진하려고 행동하는 사람들의 이야기를 알게 될 것이다. 그들의 사례에서 당신은 감동하고 당신만이 해결할 수 있는 문제를 발견할 수 있다.

배우고 싶어 안달할 정도로 배우면
사람들은 변화한다

당신이 어떤 문제에 대해 할 수 있는 게 아무것도 없다는 생각이 든다면 그것은 실망스럽고 의기소침해지는 일이다. 하지만 당신이 변화하는 방법을 배운다면 그것은 당신에게 행동할 힘을 더해 줄 것이다.

롭과 나는 당신이 이미 변화의 촉진자가 되려는 열망과 자질을 갖추고 있다고 확신한다. 어쩌면 당신은 이미 변화를 일으키고 있으며 앞으로 당신의 영향력을 확장하고 싶어 하는지도 모른다. 이 책은 당신이 긍정적인 변화를 불러일으키는 데 필요한 일들을 행동으로 옮길 수 있는 간단하고 명확한 실천 계획을 제공할 것이다.

받을 수 있을 만큼 받으면
사람들은 변화한다

우리는 꿈만 꾸는 사람이 아니라 꿈을 실현하는 사람이 필요하다. 〈어린이 대통령Kid President〉 비디오와 텔레비전 쇼의 제작자인 브래드 몬태규Brad Montague는 이렇게 강조했다.

대담하게 꿈꿔라. 하지만 제발 행동하라.
꿈꾸는 사람은 많아도 행동하는 사람은 드물다.[15]

당신이 이 책에서 배운 내용을 행동으로 옮기면, 자신은 물론 주변 사람들도 변화하는 모습을 확인할 수 있으며 다른 사람들이 꿈을 실현하도록 도와줄 수 있다. 그것이 바로 브라이언 자렛Bryan Jarrett이 했던 일이다. 그는 다른 사람들이 변화에 필요한 것을 제공함으로써 그들이 꿈을 실현하도록 도왔다. 자렛은 남부의 작은 시골 농촌 마을에서 살았다. 그의 가정환경은 불안정했다. 그의 아버지는 한번 집을 나가면 며칠 또는 몇 주 만에 돌아오더니 급기야 어느 날 아예 돌아오지 않았다. 그는 아버지의 보호를 제대로 받지 못한 까닭에 다른 친척들로부터 성적 학대를 계속 받았다. 그는 갖은 학대에 맞서면서 버림받았다는 좌절감을 잊어버리려고 십 대에 벌써 술을 마셨다.[16]

그러나 자렛은 믿음의 사람으로 변화하면서부터 마음의 상처가 치유되기 시작했다. 그는 곧바로 특히 무시당하는 사람들, 운이 없는 사람들, 사회적 약자들을 도와주고 싶었다. 그가 처음 그 일을 시작한 것이 거의 30년 전이다. 그는 청소년 관련 일을 많이 했다. 그는, "제가 치유되기 시작하면서, 제가 겪은 아픔에 대해 자유롭게 말할 수 있었어요."라고 털어놨다. 그것은 바로 그가 어린 시절 겪었던 성적 학대의 문제였다. "저는 늘 이렇게 강조한답니다. 바퀴벌레와 생쥐들은 날이 어두워지면 활개를 치고 다니지만 밝은 빛이 조금만 들어오면 숨을 곳을 찾느라 난리가 난답니다."

> 대담하게 꿈꿔라.
> 하지만 제발 행동하라.
> 꿈꾸는 사람은 많아도
> 행동하는 사람은 드물다.
>
> – 브래드 몬태규

자렛은 "제가 성적 학대를 받았다고 말한 것이, 오히려 제게 자유를 주었답니다."라고 고백하면서 이렇게 말을 이었다. "제 이야기를 다른 사람들과 공유하면서 저는 전국에서 수천 명의 아이가 저와 같은 일을 겪고 있다는 사실을 깨달았어요. 그런 뒤 저는 성적 학대를 받았다고 인정하는 아이들이 과연 몇 명이나 되는지 살펴봤어요."[17]

그는 숫자를 보고 가슴이 두근거렸다. 성적 학대 문제에 관해 뭔가 조치를 해야겠다고 결심했다. 자렛과 그의 아내는 학대당한 아이들을 치유하기 위해 '외로운 비둘기 목장Lonesome Dove Ranch'을 설립했다. 그들이 보살피는 아이들은 대부분 가정위탁 방식으로 양육된다.

"저는 처음부터 아이들을 가정위탁 방식으로 키우려는 것이 아니었어요, 하지만 위탁 시스템을 이용하지 않고 성적 학대를 겪은 아이들을 식별하는 것은 어렵습니다."라며 자렛은 이렇게 설명했다. "대부분이 성적 학대지만 어느 정도 학대를 받은 아이들은 대부분 위탁 시스템에서 관리합니다. 저희 부부는 착취당하고 성적 학대를 받은 아이들이 필요로 하는 것을 충족하기 위해 2015년에 '외로운 비둘기 목장'을 설립했습니다. 그곳은 제가 직접 겪었던 고통에서 탄생한 것이랍니다."[18]

매주 목장 생활에 50명의 아이가 참가한다. 그들을 돌봐주는 어른들 150명은 거의 모두가 자원봉사자다. "아이들은 정서적으로, 정신적으로, 때로는 육체적으로 엄청나게 많은 것이 필요해요."[19] 목장의 자원봉사자들은 자유롭게 아이들을 도와주며 돌보고 있다. "저희는 아무것도 바라지 않고 아이들에게 자존감과 사랑을 심어주려 합니다."라고 자렛은 말했다. "위탁 시설은 대부분 미리 정해진 일정표에 따라 아이들을 돌봐 줍니다. 하지만 저희에게 일정표 따위는 없답니다."[20]

아이들 한명 한명, 개별적으로 보살펴 준 덕분에 아이들은 일주

일 내에 치유될 수 있었고, 아이들을 치유하는 목장이 성공하는 바람에 그들은 현재 5개의 캠프로 확장할 수 있었다.

자렛은 자신이 받았던 상처, 바라봤던 비전, 배웠던 교훈을 그대로 받아들였다. 그는 변화하기 위해 자신이 희망을 가질 수 있도록 자신의 상처, 비전, 교훈을 이용했다. 그런 뒤 그는 다른 사람들에게 동참할 것을 요청했다. 그들의 도움을 받아 그는 용기 있게 '외로운 비둘기 목장'을 설립했다. 그는 한 번에 한 아이의 세상을 바꾸고 있다.

"당신은 당신의 과거와 고통 그리고 열정을 한 데 겹쳐보면 인생의 가장 좋은 목적을 발견하게 됩니다."라고 자렛은 말했다.[21]

당신도 인생의 최적점을 찾을 수 있다. 당신은 당신이 원하는 모습으로 세상을 변화시킬 수 있다. 이 모든 것은 당신이 자신을 바꾸는 것에서 시작한다. 우리의 친구 토니 에반스Tony Evans는 이렇게 설명했다. "당신은 모든 국가, 지방 자치 단체, 도시, 이웃, 교회, 가정들이 지금보다 더 좋은 상태가 되기를 바란다면 당신이 가장 먼저 해야 할 일은 자신을 더 좋은 사람이 되도록 변화하는 것입니다." 당신은 그 과정의 첫 단계로 희망을 품어야 한다.

다른 사람에 대한 희망을 품어라

당신 자신이 안으로부터 변화하면 당신에게 다른 사람들을 도울 수 있다는 자신감, 신뢰, 희망이 생긴다. 당신은 소위 '희망의 전도사'가 될 수 있다. 당신은 없애야 하는 부정적인 상황이 아니라 당신이 만들 수 있는 긍정적인 변화에 초점을 맞춰야 한다. 우리에게 희망이 있으면 우리는 좀 더 좋은 방향으로 나아가고 다른 사람들과 함께 일할 수 있다.

우리는 비영리 자선 단체인 챈들러 재단Chandler Foundation이 변화를 이루기 위해 취하는 긍정적인 접근법을 좋아한다. 그들은 가난을 구제하는 데 초점을 맞추지 말고 우리가 번영을 구축하고 촉진하는 일에 초점을 맞춰야 한다고 믿는다. 어떤 방법이 있는가? 그들은 변혁하는 방법에는 하향식과 상향식 두 가지가 있다고 주장한다. 하향식 방법에서 보면 지도자는 품성이 좋아야 하고 국민의 신뢰를 얻어야 한다. "규정과 법이 공정하게 집행되며 기업 환경이 안전하고 안정적이며, 지도자들이 신뢰받는 고신뢰 문화의 국가들은 자본과 투자를 유치함으로써 경제성장과 고용을 촉진한다." 상향식 방법에서 보면 국민은 꿈, 신념, 핵심 가치, 기술로 무장하고 신분 상승 사다리를 올라 중산층이 되는 힘을 기른다. 사람들은 그것을 더 큰 번영의 심장부라고 부른다.[22]

클레이튼 크리스텐슨Clayton M. Christensen, 에포사 오조모Efosa Ojomo, 캐런 딜론Karen Dillon은 그들의 저서 《번영의 역설The Prosperity Paradox》에서 챈들러 재단의 주장에 이렇게 동의한다. "직관에 반할지는 몰라도 많은 국가를 위한 지속적인 번영은 가난을 구제함으로써 달성할 수 없다. 그것은 새로운 시장을 창출하는 혁신에 대한 투자에서 시작할 것이다."[23]

인생의 부정적인 측면들은 우리의 관심을 끌고 변화의 필요성에 눈을 뜨게 할 수 있지만 우리는 오직 긍정적이고 더 좋은 방법을 창조하고 제공해야만 세상을 긍정적으로 변화시킬 수 있다. 지역사회에서 긍정적인 변화를 일으키는 것은 사람을 키우는 것과 유사하다. 훌륭한 지도자는 사람들의 장점에 집중하고 그 장점을 발전시키도록 도와준다. 그들은 자신의 약점에 몰두하지 않는다. 이와 비슷하게 당신도 다른 사람들이 더 나은 삶을 살도록 도와주려면 그들의 문제에 집중해서는 안 된다. 당신은 그들에게 더 살기 좋은 방법을 제공할 수 있는 긍정적인 해결책에 초점을 맞춰야 한다.

더 좋은 미래에 대한 희망을 품어라

기자인 린다 엘러비Linda Ellerbee는 "제가 '변화'라는 말을 가장 좋아하는 이유는 그 단어가 '희망'과 동의어이기 때문입니다. 당신이 위험을 감수하고 있다면, 그것은 '나는 내일을 믿으며, 그 일부가 될 것이다.'라는 말과 같은 의미지요."라고 말했다.[24]

루슬란 말리우타Ruslan Maliuta가 우크라이나에서 한 일이 바로 변화다. 루슬란은 영어를 구사할 줄 안다. 그는 아이를 입양하기 위해 키예프에 방문한 어느 미국인 부부를 위해 통역하는 일을 맡았다. 루슬란은 입양하는 과정에서 부부가 새로 입양한 딸을 너무나 좋아하는 모습을 목격했다. 그는 "그들은 이미 함께 사는

> 내가 '변화'라는 말을
> 가장 좋아하는 이유는
> 그 단어가 '희망'과
> 동의어이기 때문이다.
>
> – 린다 엘러비

것 같았어요. 마치 잃어버린 것을 다시 찾은 것처럼 그들은 딱 어울렸답니다."라고 회상했다. 그 경험은 그의 인생에 한 획을 그었다.

데일 카네기는 "세상에서 위대한 일의 대부분은 희망이 전혀 없어 보일 때 계속 노력하는 사람들에 의해 성취되었다."라고 말했다. 그 당시 우크라이나는 국가 전체적으로 약 십만 명에 달하는 고아들이 있었으며 그들 중 다수는 거리에서 살았다. 루슬란은 버려지고, 방치되고, 학대받는 아이들을 구출해 주는 단체에서 고아들에게 온 정성을 쏟고 그들에게 가정과 집을 찾아주는 일을 했다. 고아들과 나라를 위해 더 좋은 미래를 꿈꾸기 시작했다. "만약 우크라이나가 더이상 고아가 없는 나라가 된다면 얼마나 좋을까?"라고 자문했다.

루슬란은 그가 희망하는 더 좋은 미래를 만들기 위해 친구들과 함께 일했다. 그들의 작업이 성공하기 시작하면서, 다른 나라 사람들이 그에게 조언을 구했다. 그의 비전은 점점 더 커졌다. 그는 우크라이나뿐만 아니라 전 세계의 고아들을 도와주고 싶었다. 현재 전세계 보육원에서 생활하는 아이들이 200만 명에서 800만 명에 이르는 것으로 추산된다.[25]

루슬란은 더 나은 미래를 위한 희망으로 세상을 바꾸려는 열망에 사로잡혔다. 그는 고아들이 보육원이 아닌 가정에서 생활할 수 있도록 도와주려는 사람들의 네트워크인 '고아 없는 세계World Without Orphans'를 만들었다. 루슬란은 이렇게 설명했다. "우리의 비전은 모든 어린이가 따뜻하게 사랑받으며 안전한 가정에서 자라는 것입니다. 현재 이 운동은 우선 38개국에서 시작했고 앞으로 47개국이 더 참여할 예정입니다."[26] 그들은 더 좋은 미래에 대한 희망을 품고 변화하기 위해 계속 노력하고 있다.

희망에 절박감을 불어넣어라

　당신이 무엇인가를 간절히 희망할 때 당신은 무엇을 해야 하는가? 우리는 무엇인가를 해야 한다고 생각하면서도 아무 일도 하지 않는 현상이 너무 자주 발생한다. 우리는 스스로 "난 절대로 하지 않을 거야."라고 말한 적은 없다. 그 대신 "내일 하겠다."라고 다짐한다. 하지만 그때 가면 우리는 너무 바빠지거나 너무 산만해져 일을 마칠 수 없게 된다. 그러고는 다시 이렇게 약속한다. "아, 오늘 시간이 너무 없네. 내일 꼭 해야지." 결국 우리는 다시 기회를 놓치는 일이 벌어진다.

　어떻게 하면 고칠 수 있을까? 희망에 절박감을 불어넣으면 된다. 생각해 보면, '변화를 기다리지 마라.'라는 문구는 두 가지로 해석할 수 있다. 첫 번째는 우리가 보고 싶은 변화를 다른 사람이 해주기를 기대하면서 뒤로 물러나 앉아 있지 말아야 한다는 의미다. 두 번째는 어린아이가 "크리스마스가 너무 기다려져요!"라고 하는 말과 꼭 들어맞는 의미다. 그것은 기대, 흥분, 절박감을 표현하는 말이다. 우리는 두 번째 의미를 채택해야 한다. 우리 각자는 그 말을 개인적인 것으로 만들어야 한다. "우리는 변화를 기다릴 수 없다."가 아니라 "나는 변화를 기다릴 수 없다."라는 말로 바꿔야 한다. 그런 절박감이 있어야 우리는 행동한다.

다음은 절박감이 작동하는 방식과 그것이 우리에게 어떤 영향을 미치는지에 대한 몇 가지 관찰 결과다.

절박감은 내면에서 시작한다

변화에 저항하는 사람들은 "나는 흔들리지 않을 것이다."라는 말을 입에 달고 산다. 하지만 세상을 바꾸려는 사람들은 오히려 "나는 멈추지 않을 거야!"라고 노래한다.

비즈니스 컨설턴트인 롭 르웰린Rob Llewellyn은 이렇게 관찰했다.

당신은 이 세상에서 일을 성사시킨 사람들의 절박감의 가치를 인정하고 공유한다는 것을 알고 있는가?

스포츠, 사업, 혹은 다른 어떤 분야에서든 최고가 되려는 사람들은 다른 사람들과 자신을 구별하고 절박감을 유지한다. 그들은 다른 사람들이 어떤 생각을 하고 어떤 말을 하든 상관하지 않고 그들이 추구하는 것을 꼭 붙들고 달성하려고 애를 쓴다. 그것은 이미 절박감이 그들에게 꼭 필요한 부분이 되었기 때문이다.[27]

변화는 내면에서 시작한다. 우리는 변화가 일어나는 것을 보려는 욕망을 이용해 절박감을 강화해야 한다. 그다음 우리는 그런 절박감을 계속 유지해야 한다. 《데일리 모티베이터The Daily Motivator》의 저자인 랠프 마스톤Ralph Marston은 "성공하려면 절박감과 인내심이 모두 필요하다. 간절히 노력하고 인내하며 결과를 지켜보라."라고 충고한다.

절박은 욕망을 충족시킨다

당신에게 희망과 절박감이 있으면 그것은 변화가 일어나는 것을 보고 싶어 하는 당신의 욕망을 키워준다. 일종의 긍정적이고 건강한 불만이라고 할 수 있다. 하지만 절박감이 없다면 당신은 추진력과 활력을 잃게 된다. 우리는 "절박감이 없는 욕망은 가치가 없다."라는 동기부여 연설가 짐 론Jim Rohn의 생각에 동의한다.

> 성공하려면 절박감과 인내심이 모두 필요하다. 간절히 노력하고 인내하며 결과를 지켜보라.
>
> – 랠프 마스톤

요즈음 시를 포함한 다양한 형태로 인터넷에 등장하는 오래된 이야기가 있다. 이야기의 원조는 로렌 아이슬리Loren Eiseley가 저서 《예상치 못한 경험 세계The Unexpected Universe》에서 처음 소개한 실화였다.[28] 이야기는 어느 한 소년에 관한 내용이다. 폭풍우로 수천 마리의 불가사리가 해변으로 떠밀려 온 어느 날 아침, 한 남자가 해변을 따라 거닐었다. 그는 멀리서 한 소년이 허리를 굽혀 뭔가 하는 모습을 보았다. 그는 소년에게 가까이 다가갔다. 소년은 불가사리를 하나씩 집어 들더니 그것을 다시 바닷속으로 던져 넣고 있었다.

그는 소년의 행동에 놀라 "얼핏 봐도 불가사리가 수천 마리나 되는데 네가 그런다고 무슨 차이가 있어?"라고 물었다.

소년은 방금 집었던 불가사리를 손에 든 채 잠시 그를 바라보더니 불가사리를 바다에 획 던지면서 이렇게 대답했다. "적어도 이 한 마리에게는 차이가 있어요."

나는 내 친구 트레이시 모로Traci Morrow에게 불가사리 이야기를 들려주자 그녀는 그것이 어떻게 자신에게 개인적인 방식으로 영향을 미쳤는지 설명해줬다. 트레이시는 남편과 결혼하기 전부터 이미 입양에 관해 이야기를 나눴으며 언젠가 때가 되면 고아를 입양하기로 합의했다고 말했다. 그들은 결혼한 후 5년 동안 네 명의 자녀를 두었다. 그동안 아이들을 돌보느라 생활이 무척 바빴다. 그들은 큰아이가 13살이 되었을 때 비로소 다른 아이들을 입양할 때가 됐다고 판단했다. 그들은 에티오피아에서 소년 두 명을 입양하려고 계획했다. 하지만 입양 과정에서 그들은 에티오피아에는 고아가 450만 명이나 된다는 사실을 알았다. 그들은 숫자에 압도된 나머지 자신들의 생각에 의문이 들었다. '우리가 더 많이 입양해야 하는 게 아닌가? 고작 두 명 입양한다고 해서 달라지는 게 있을까?'

> 세상을 바꾸는 사람들은 결코 가만히 앉아 변화를 기다리지 않는다.

그들은 난감했다. 그러나 몇몇 친구들과 불가사리 이야기를 공유하면서 생각을 바꾸는 계기가 되었다. "불가사리 이야기를 통해 우리는 에티오피아의 고아 위기에 중대한 영향력을 행사하지는 못하지만 두 아이의 인생에는 중대한 변화를 가져다준다는 사실을 이해했어요."라면서 트레이시는 내게 이렇게 말을 이었다. "지금도 우리 집에는 불가사리 두 마리가 매달려 있어요. 그것들은 우리가 할 수 있는 일을 하는 것이 매우 중요하다는 사실을 깨닫게 해줍니다."

우리는 자신들의 노력이 처음에는 미미해 보이더라도 이에 굴하지 않고 변화하기 위해 기꺼이 행동하는 트레이시와 같은 사람들을 모두 존경한다. 세상을 바꾸는 사람들은 결코 가만히 앉아 변화를 기다리지 않는다. 랠프 월도 에머슨Ralph Waldo Emerson은 "우리가 집요하게 계속해서 쉽게 행동할 수 있는 것은 일의 본질이 변화했기 때문이 아니라 우리의 행동력이 향상했기 때문이다."라고 말했다.

절박하면 용기가 생긴다

지나간 것은 다시 돌아오지 않는다. 그러나 내일은 우리 것이다. 우리는 승리할 수도 있고 패배할 수도 있다. 최선의 상태가 아직 오지 않았다고 믿으려면 용기가 필요하다. 그런 대담한 믿음이 내일 우리가 승리하는 데 도움이 될 것이다. 하지만 우리가 오늘의 절박감을 인식해야만 그것을 발견할 수 있다.

브렌 브라운Brené Brown은 자신의 저서 《리더의 용기Dare to Lead》에서 여러 최고 지도자들과의 대담을 통해 발견한 흥미로운 이야기를 소개했다.

우리는 고위 지도자들과 인터뷰할 때 시작하는 질문이 한 가지 있습니다. '요즈음은 겉으로 보기에 난해한 도전과 달성할 수 없는 혁신에 대한 요구가 넘쳐나 경영 환경이 매우 복잡하고 급변하는 상황입니다. 그렇다면, 오늘날 리더들이 성공하려면 사람들을 이끄는 방식을 어떻게 바꿔야 합니까?' 우리가 인터뷰하는 동안 줄곧 한 가지 답변을 들었습니다. '우리는 더 용감한 리더들과 더 대담한 문화가 필요합니다.'[29]

리더십은 영향력이다. 그 이상도 그 이하도 아니다. 그래서 만약 당신이 한 사람에게만 영향을 미쳐도 당신은 리더다. 당신이 리더십에 용기를 더한다면, 당신은 변화의 기회를 만들고, 그것은 다시 문화를 바꾼다.

절박하면 행동한다

말콤 글래드웰Malcolm Gladwell은 자신의 저서 《다윗과 골리앗 David and Goliath》을 소개하는 자리에서 "가장 성공한 기업가들은 용기와 상상력뿐만 아니라 절박감도 느끼고 있습니다. 그들은 기다리지 않습니다. 그들에게는 무언가를 성취하려는 불타는 열망이 있습니다."라고 주장했다.[30] 그가 사업가에 대해 말한 내용은 변화를 창조하려는 사람들에 대한 것일 수 있다. 그들은 기다리지 않는다. 그들은 무언가를 성취하려고 한다. 그들은 절박감으로 행동한다. 바로 지금!

최근에 나는 기업가 친구인 케이시 크로포드Casey Crawford가 위험에 처한 지역사회에 설립한 학교를 방문했다. 나는 그곳에서 3학년 학생 그룹을 만났다. 이단Ethan이라는 소년이 자신의 가슴을 가리키며 이렇게 물었다. "아저씨는 여기 깊은 곳에서 사람들을 돕고 변화하고 싶다는 생각이 든 적이 있어요?" 나는 내 귀를 의심했다.

나는 우리 팀원 중 누군가가 그에게 이런 질문을 하도록 부추겼는지 알아봤다. 하지만 아무도 그런 사람은 없었다. 그 질문은 그가 스스로 한 게 분명했다.

"이단, 그게 바로 내가 느낀 감정이란다."라고 내

> "당신의 나이는 중요하지 않다.
> 당신이 지금까지 무엇을
> 성취했든 성취하지 못했든
> 그것도 중요하지 않다.
> 당신이 세상을 바꾸려고
> 무언가를 하기에는
> 결코 늦은 것은 아니다."

가 대답했다. "나는 매일 마음속 저 깊은 곳에서 변화하고 싶다는 생각이 용솟음친단다." 나는 이단을 꼭 껴안고 "너는 세상을 바꾸고 있어."라고 격려했다.

당신도 이단처럼 느낄 수 있는가? 당신은 다른 사람들의 삶에 긍정적인 변화를 주고 싶다는 욕망을 마음속 깊은 곳에서 느끼는가? 당신의 나이는 중요하지 않다. 당신이 지금까지 무엇을 성취했든 성취하지 못했든 그것도 중요하지 않다. 당신이 세상을 바꾸려고 무언가를 하기에는 결코 늦은 것은 아니다. "당신이 아무리 멀리 갔을

지라도 그 길이 잘못된 길이라면 되돌아오라!"라는 터키 속담이 있다. 당신은 지금 당장 새로운 방향을 찾아내 세상을 바꾸기 위해 무언가를 할 수 있다.

잘못된 우회전

롭은 최근 플로리다의 폼파노Pompano해변에 있는 사무실로 차를 몰던 중 새로운 길로 방향을 잘못 트는 바람에 세상을 바꿔야 한다는 강한 절박감을 실감했다. 그는 사무실에서 불과 몇 블록 떨어진 신호등에서 여느 때처럼 빨간불이 바뀌기를 기다리고 있었다. 그는 통상 사무실 주차장으로 가려면 좌회전해야 했지만, 그날따라 어떤 이유에서인지 한 번도 가본 적이 없는 길로 우회전했다. 그 길은 아본데일Avondale이라는 작은 마을로 가는 길이었다.

롭이 차를 몰면서 눈에 들어온 광경이 그의 관심을 끌었다. 마약 거래가 길거리에서 공공연히 이루어지고, 한낮에 매춘부들은 손님을 유혹하고, 폭력배들이 학교에 있어야 할 아이들과 잡담을 나누고 있었으며, 누가 봐도 술에 취한 엄마들은 아이들이 떼를 지어 잔디밭에서 이리저리 뛰어다니는 것을 물끄러미 바라보고 있었다. 롭이 사무실과 불과 두 블록 떨어진 곳(실제로 사무실 건너편)에서 목격한 모습은 인도 뭄바이의 다라비Dharavi, 페루 리마의 코마스Comas, 케냐 나이로비의 키베라Kibera와 같이 매우 위험한 빈민가에서 목격한 광경과 똑같았다.

"저는 화가 났어요."라고 롭은 말했다. "저는 우리 지역사회의 상황에 화가 났어요. 제 직장 바로 건너편에서 자신의 환경에 갇혀 꼼짝 못 하는 사람들이 고통받고 있었습니다. 자식을 먹여 살릴 수 없는 아빠들의 아픔이 느껴졌어요. 저는 인간의 잠재력이 낭비되는 것에 화가 났습니다. 저는 아이들이 자신의 잘못이 아니라 가난, 학대, 방치라는 사회적 감옥에 갇혀 있다는 사실에 더욱 화가 났어요. 하지만 저는 저 자신에게도 화가 났습니다. 바로 제 앞에서 무슨 일이 벌어지고 있는지 알지 못했던 것에 더 화가 났습니다. 전 세계 아이들을 돕는다고 하면서도 정작 이웃의 절망적인 상황을 알지 못했다는 사실에 깊은 죄책감이 들었습니다."

롭은 길가에 차를 세우고 화를 참지 못해 울음을 터뜨렸다.

"눈물이 볼을 타고 흘러내렸어요. 하지만 제 마음속 깊은 곳에서 분노가 용기로 바뀌는 감정이 솟구치기 시작했습니다."라며 그는 이렇게 말했다. "저는 아본데일의 이웃들이 구체적이고 실질적이며 지속적인 변화를 실천할 수 있다는 가능성을 확인했습니다."

롭은 무언가를 하기로 했다. 그는 전 세계 거의 모든 나라의 어린이들에게 영향을 주고 지구상에서 가장 절망적이고 손길이 닿지 않는 곳에서 살고 있는 10억 명 이상의 어린이들에게 희망을 주는 원호프OneHope의 리더다. 그런 그가 어떻게 바로 옆에 사는 자신의 이웃들을 돕지 않았을까? 그는 전 세계에서 가난을 극복하고, 부정을 막으며, 십 대들의 임신, 자살, 중독을 막기 위해 사람들을 모았다. 그는 자신이 방금 본 문제들을 해결하기 위해 무언가를 할 수 있다는 것을 알았다. 그의 분노와 신념이 그의 절박감을 자극했다.

롭은 아본데일을 빠져나와 사무실에 발을 들여놓자마자 그날 아침에 본 것을 팀원들에게 알려줬다. 원호프가 하는 일이 어린이와 청소년을 돌보는 것이기 때문에, 이런 엄청난 문제들은 즉시 모든 사람에게 반향을 불러일으켰다. 그들은 아본데일의 상황을 조사하고 도움을 받을 수 있는 사람들에게 연락하는 등 긍정적인 변화를 위한 계획을 세우기 시작했다.

그들의 조사에 따르면 아본데일 지역에는 900여 채의 주택에 약 3,000명이 살고 있었다. 미국 인구조사에서 이 지역은 다양한 사람들이 모여 살면서 아옹다옹 발버둥 치는 도시로 분류될 것이다. 아본데일에 사는 사람들은 대부분 한 부모 밑에서 성장한 결손가정 출신이고 그들은 가난하게 살고 있다. 그 지역 공립학교들의 평가 결과는 F 학점이었다. 범죄는 극에 달했다. 사실 아본데일은 미국 내 지역 안전 부문에서 하위 1%에 속한다. 연간 범죄 건수는 1 평방 마일당 776건이다. 이 숫자는 아본데일을 제외한 플로리다주의 평균 범죄 건수가 91건이며 미국의 전체 평균이 50건인 것과 비교하면 월등히 높은 수준이다. 아본데일 거주자들은 44명 중 1명꼴로 범죄의 희생자가 될 가능성이 있고 폭력 범죄의 희생자가 될 확률은 15%로 전국 평균의 8배가 넘었다! 폭력배들이 치열하게 경쟁하는 바람에 그 지역에서 폭력 사고가 끊임없이 발생한다.

롭의 팀은 위험을 무릅쓰고 집집마다 방문하여 주민들에게 그들의 삶에 관해 물어보고 그들이 걱정하는 내용을 들었으며 그들이 필요로 하는 것이 무엇인지도 알아냈다. 가장 필요한 것이 직장이었다. 다음이 자녀들에게 본보기가 될만한 사람이었으며 영어 수업이 그 뒤를 이었다.

롭은 이런 빈곤의 악순환을 끊으려면, '어린아이들에게 초점을 맞춰야 한다'는 것을 깨달았다. 가난한 사람들이 미래에 성공할 수 있는 것은 고등학교 졸업 여부에 달려있다.[31] 하지만 당신은 고등학교 학생들을 돕는 것에 초점을 맞춰 일을 시작하면 안 된다. 그들이 더 어렸을 때부터 시작해야 한다. 아이들의 고등학교 졸업 여부가 결정되는 첫 번째 요인이 무엇일까? 3학년 때 문맹률이다.[32] 아본데일에서 세대 간 변화를 가져오는 가장 중요하고 효과적인 방법은 좋은 교육을 받게 하는 것이다. 특히 어린아이들의 독서 능력이 중요했다.

롭과 그의 팀은 아본데일의 주민들을 위해 봉사하는 데 전념했다. 그렇게 하려면 그들은 지역 단체들의 도움을 받아야 할 뿐만 아니라 그들 자신도 몇 가지 어려운 일을 수행해야 했다. "아본데일 일을 하면서 저희 조직은 극적으로 변화했습니다."라며 롭은 나에게 이렇게 설명했다. "원호프는 이 지역사회를 돕는데 전념하게 되어 원호프 빌딩 내 영리 공간을 아본데일과 주변 지역사회의 가족들을 위한 대안 학교와 사설 학원에 기부했습니다." 이 학교에 다니는 아이 중 약 7%가 빈곤선 아래의 가정에서 생활했지만, 그들은 희망과 사랑의 터전을 학교 안에서 찾았으며 훌륭한 교육도 받았다.

원호프는 학교 설립과 방과 후 독서 프로그램 외에도 어른들을 도와주는 활동도 시작했다. 그들은 제2외국어로 영어 수업을 조직하고, 건강 박람회를 개최했다. 구직자들에게 면접 기술을 가르치기도 하고 도움이 필요한 가정에 음식을 제공했다. 또한 멘토를 붙여 사람들이 발전할 수 있도록 도왔다.

원호프의 노력으로 지역 범죄 건수는 1 평방 마일당 776건에서 200건 정도로 줄어들었다. 주민들 사이의 관계가 개선되고 있으며 무엇보다 아본데일의 주민들은 더 좋은 미래에 대한 희망을 품게 되었다. 지역 주민들 사이에 광범위한 변화가 나타났을 뿐만 아니라, 헤일리Haylee라는 학생은 절망적인 상황에서 희망을 찾고 마음의 상처를 치유했다. 그녀는 어머니가 마약 중독자였고 아버지는 감옥에 있었기 때문에 할머니 손에 자랐다.

헤일리의 할머니는 손녀를 위해 최선을 다해 여러 가지 일을 하면서 그녀를 새로 문을 연 차터 스쿨에 등록시켰다. 헤일리에게 그곳은 안전하고 안심할 수 있는 장소였다. 그녀는 그곳에서 성장하고 잘 생활하고 있다. 하지만 작년에 헤일리의 할머니는 며느리가 약물 과다 복용으로 사망했다는 전화를 받았다. 아이가 부모를 잃으면 심각한 정신적 충격을 받는다. 약물 중독으로 사망한 경우는 충격이 더 컸다. 하지만 헤일리는 주변 사람들의 사랑과 지지를 듬뿍 받는 곳에 있으므로 어려움을 극복할 것이다.

학교에서 상담이 필요한 모든 아이에게 무료 상담을 제공하는 어느 봉사자는 헤일리와 그녀의 슬픈 감정에 관해 상담했다. 헤일리는 그녀의 격한 감정을 헤쳐나가는데 펀치백과 글로브가 도움이 될 것 같다는 생각을 상담교사에게 털어 놨다. 학교 공동체의 누군가가 그녀에게 그 물품들을 제공했다. 헤일리의 엄마가 사망했다는 소문이 주변 사람들에게 퍼지자 전혀 모르는 사람들이 헤일리의 할머니를 돕기 위해 돈을 모았다. 헤일리 가족은 그 돈으로 직면한 모든 문제를 해결하지는 못하지만 몇몇 골치 아픈 문제만큼은 확실히 해결할 수 있었다.

롭은 이렇게 회상했다. "헤일리를 생각하거나 그녀의 얼굴을 보면 제 마음은 몇 년 전 그날 아침으로 되돌아갑니다. 나는 그녀가 내가 길에서 본 아이 중 한 명이었다면 '지금 어떻게 되었을까?'라는 생각을 떨쳐 버릴 수 없어요. 만약 그날 제가 우회전하지 않았다면 어떻게 되었을까요?" 아니면 롭이 아무런 행동도 하지 않았다면? 그가 무관심했다면 그녀와 그녀의 이웃들은 문맹, 가난, 절망의 구렁텅이에 빠져 헤어나지 못했을 것이다. 하지만 그는 지금 자신에게 닥친 현실에 대한 투쟁을 외면하지 않고 의욕이 넘쳐 두 눈이 반짝반짝 빛나는 젊은 여성을 보고 있다. 그녀에게 관심을 두고 변화할 수 있다고 믿는 사람들의 사랑과 변화를 위한 투자 덕분에 그녀는 희망, 자신감, 확신으로 무장할 수 있었다.

"아본데일을 지나던 날 저는 인생이 바뀌었어요."라고 롭은 말했다. "저는 제가 본 것을 못 본 체할 수 없었어요, 제가 즐겁게 운전할 수 있는 어떤 변명 거리도 찾을 수 없었습니다. 제게 번쩍 떠오른 생각은 '다른 사람들을 돕기 위해 무언가를 해야 한다'는 것이었어요! 곧바로 저는 그들에게 일어나기를 바랐던 변화가 나를 변화시키고 있다는 것을 발견했어요. 저는 다른 사람들을 도와주는 것이 저를 돕는다는 사실도 배웠답니다!"

올바르게 방향 전환하라

당신은 롭의 이야기를 읽으면서 아마 자신에게 이렇게 물었을 것이다. "저는 제가 그런 일을 할 수 있을지 잘 모르겠어요. 너무 벅차요. 어디서부터 시작하나요? 어떻게 해야 하죠? 전 그저 한 개인에 불과해요. 제가 정말 세상을 바꿀 수 있을까요?"

지금 롭과 나는 진심으로 당신에게 말한다. "그럼요, 당신은 충분히 할 수 있어요!" 당신은 긍정적인 차이를 만들 수 있다. 당신은 변화가 일어나는 것을 원하고, 더 좋은 세상에서 살고 싶고, 당신은 영향력을 행사할 수 있다. 모든 사람이 자신 목격한 문제들에 대해 아무것도 하지 않는 이유를 나열하면 수백 가지가 될 것이다. 그런 것들은 모두 변명에 불과하다. 어느 현명한 코치가 내게 이렇게 말했다. "변명은 겨드랑이와 같아요. 모든 사람에게 있지요. 고약한 냄새가 납니다." 현실 세계에서 우리는 변명하거나 변화할 수 있다. 하

> 우리는 변명하거나
> 변화할 수 있다.
> 하지만 한꺼번에 두 가지를
> 모두 할 수는 없다.

지만 한꺼번에 두 가지를 모두 할 수는 없다.

나는 어렸을 때 〈뽀빠이Popeye〉 만화 영화를 자주 봤다. 주인공인 뽀빠이는 선원 복을 입고 커다란 팔뚝에는 닻 모양이 그려져 있다. 온순한 뽀빠이는 항상 힘센 불량배인 블루토Bluto가 그의 여자 친구인 올리브 오일Olive Oyl을 차지하려는 것을 막으려고 안간힘을 썼다. 모든 만화 영화의 절정에서 뽀빠이는 좌절의 상태에 빠져 이렇게 외친다. "이게 내가 할 수 있는 전부야. 여기까지가 내가 참을 수 있는 한계야." 그는 초인적인 힘을 얻기 위해 시금치 통조림 뚜껑을 열고 시금치를 한입에 털어 넣는다. 블루토를 한 방에 날려 버리고 마침내 올리브를 구출한다.

뽀빠이의 해결책은 시금치 통조림 한 통을 먹는 것이었다. 우리의 해결책은 변화에 헌신하는 것이다. 당신은 주변에서 긍정적인 변화가 필요한 곳을 알고 있는가? 당신은 선한 가치를 배우며 실천할 생각이 있는가? 당신은 다른 사람들의 가치를 인정하는가? 당신은 기꺼이 다른 사람들을 돕고, 그들에게 가치를 더해주며, 그들이 선한 가치와 좋은 선택의 긍정적인 영향을 경험하도록 초대하고 싶은가? 만약 당신이 이 간단한 질문에 "예."라고 대답한다면, 당신은 세상을 바꿀 수 있다. 희망은 멀리 있지 않다. 변화는 당신 손에 달려 있다. 당신은 어떤 것도 단념하면 안 된다. 당신은 변화의 촉매자가 될 수 있다. 다음 장에서 우리는 당신이 어떻게 해야 하는지 알려주겠다.

변화의
촉매자가 되라

세상을 바꿀 수 있다고 열광하는 사람들이

대개 세상을 바꾸는 사람들이다.

− 스티브 잡스 Steve Jobs

변화의 촉매자가 된다는 것은 무엇을 의미하는가? 촉매의 가장 일반적인 정의는 화학에서 화학반응을 일으키거나 반응 속도를 높이는 물질을 의미한다. 하지만 우리는 변화의 촉매자를 자기 생각, 행동, 영향력을 통해 세상을 긍정적으로 변화시키는 사람으로 묘사하려고 한다.

세상을 긍정적으로 변화시키는 일은 누군가가 어디에선가 자신은 물론 다른 사람들을 변화시키겠다는 책임감으로 그들이 변화할 수 있도록 도와주기 위해 행동할 때만 일어난다. 누군가가 행동하지 않으면 변화는 일어나지 않는다.

도와주려는 마음이 있는 농촌 소년

우리는 종종 세상을 바꾸는 일을 대규모 계획, 거대한 팀, 막대한 자원이 필요한 거창한 것으로 생각한다. 우리는 대규모 사건의 중요성을 과대평가하고 다른 사람들을 도와주는 작은 행동의 가치를 과소평가한다. 세계적인 변화의 가장 중요한 촉매가 되었던 일들은 처음에는 사람들의 관심을 끌지 못하고 인정을 받지 못하고 보상도 받지 못해 대수롭지 않게 여겼던 눈에 띄지 않을 정도로 작은 일에서 비롯했다. 변화의 첫 단계가 다음 단계로 이어지면서 궁극적으로 커다란 변화가 이루어진다.

그것의 대표적인 예가 노먼 볼로그Norman Borlaug의 경우다. 롭은 변화에 관해 설명할 때 가끔 청중들에게 20세기에서 가장 중요한 인물이 누구냐고 물어본다. 나는 당신이 누구라고 대답할지 모르지만 롭의 의견은 단연코 볼로그다.

볼로그는 1914년에 아이오와에서 태어났다. 그는 가족 농장에서 열심히 일하며 성장했다. 그의 할아버지는 그가 고등학교를 졸업하고 대학에 진학하라고 격려했다.[1] 그는 미네소타 대학의 임업학과에 입학했다. 그는 한때 학비를 마련하기 위해 휴학하고 노동을 한 적도 있었다. 그는 동료 노동자들이 가난에서 벗어나지 못해 굶주림에 시달리는 현실을 목격했다. 그는 사람들이 먹을 것을 구할 수 있다는 것이 긍정적인 영향력을 끼친다는 사실을 알고부터는 그 사실을 절대로 잊지 못했다. 볼로그는 이렇게 회상했다. "나는 음식이 어떻게 사람들을 변화시키는지 목격했습니다. 이 모든 것이 제게 마음의 상처를 남겼습니다."[2] 그는 그 일을 겪은 뒤부터 공부를 계속해야겠다는 영감을 얻었고 결국 식물병리학 박사 학위를 받았다.

제2차 세계 대전이 한창이던 1942년에 그는 대학을 졸업하고 듀퐁Dupont의 전쟁 물자 관련 화학 화합물 분야에서 2년 동안 일했다. 하지만 굶주린 사람들을 도와주겠다는 그의 열망은 절대 식지 않았다. 그는 록펠러 재단Rockefeller Foundation의 멕시코 기아 대책 프로젝트에 참여한 덕분에 멕시코처럼 식량 부족 문제로 어려움을 겪는 국가들을 도와줄 수 있었다.[3] 볼로그는 기존에 재배했던 밀의 수확량을 증대할 수 있도록 밀 품종을 개량하기 위해 매일 들판에서 수없이 많은 시간을 보내야 했다. 그 일은 고되고 힘든 일이었음에도 수십 년 동안 사람들로부터 인정받지 못했다.

볼로그가 밀 품종을 개량하려고 하는 데는 식량 부족에 대한 그의 개인적인 경험 외에도 또 다른 이유가 있었다. 1940년대 후반, 생태학자 윌리엄 포크트William Vogt는 자신의 저서 《생존의 길Road to Survival》에서 인류는 위태로울 정도로 자원을 고갈시킬 위기에 직면했다고 경고했다.[4] 일부 과학자들은 세계 인구가 30억 명을 넘어선 1960년대 후반에 인구 과잉으로 식량 부족이 불가피할 것이라고 주장했다. 스탠퍼드 대학의 생물학자인 파울 에를리히Paul R. Ehrlich는 자신의 저서 《인구 폭탄The Population Bomb》의 서문에서 "모든 인류를 먹여 살리기 위한 투쟁은 끝났다."라고 경고했다. 그 말은 이미 식량 부족 사태가 도래했다는 것을 의미했다. 그는 1970년대에 6천5백만 명의 미국인을 포함해 수억 명의 사람들이 굶어 죽을 것으로 예측했다. 그는 인도는 파멸로 치달을 것이며 영국은 2000년에는 존재하지 않을 것이라고 믿었다. 그는 인류가 자

신을 지탱해주는 지구의 농업생산 능력이 완전히 붕괴하기 직전에 처해 있다고 확신했다.[5]

에를리히를 비롯한 많은 사람들은 앞다퉈 문제점을 지적하고 재앙을 예견했다. 하지만 볼로그는 묵묵히 일했다. 그는 자신이 할 수 있는 모든 조치를 실천했다. 그는 변화에 대한 열정으로 식물에 대한 지식을 이용해 밀을 더 많이 생산할 수 있는 품종 개발에 힘을 쏟았다. 수년 동안 드러내지 않고 작업한 끝에 그는 같은 면적의 땅에서 생산량이 3배 혹은 4배나 되는 다양한 밀 품종을 개발했다. 1960년대 초까지 멕시코의 많은 농장에서 볼로그의 개량 품종을 재배했다. 밀 생산량은 그가 멕시코에 처음 도착했을 때인 1940년대 초와 비교해 6배나 증가했다.[6]

볼로그는 변화의 촉매자였다. 그는 멕시코의 수백만 명의 사람들이 굶주리는 것을 예방하는 데 일조했다. 이를 지켜본 인도와 파키스탄 정부는 그에게 도움을 요청했다. 인도의 인구 증가 속도는 식량을 자급할 정도의 농작물을 재배할 수 있는 능력을 훨씬 앞질렀다. 일단 그들이 볼로그가 멕시코에서 개발한 씨앗을 사용하자 인도 역시 식량 위기를 극복할 수 있었다.

변화를 가져온 업적으로 볼로그는 녹색혁명의 아버지라고 불린다. 그의 과학적 업적 덕분에 인류는 식량 부족 사태를 방지함으로써 수억 명의 생명을 구했다. 당신이나 나는 볼로그가 개발한 밀 품종 중 하나를 섭취했을 확률은 50%다.[7]

1970년에 볼로그는 세계 식량 공급에 이바지한 공로로 노벨 평화상을 받았다. 노벨 위원회는 "그는 이 시대의 그 누구보다도 배고픈 세상에 빵을 제공하는 데 도움을 주었다."[8] 위원회의 의장 아세 라이오네스Aase Lionæs는 볼로그의 말을 인용했다. "저는 참을성이 없습니다. 저는 개발도상국들이 농업과 식량 생산을 개선하기 위해 천천히 변화하고 점진적으로 진화해야 한다는 주장을 받아들일 수 없습니다. 세계 식량 부족과 인구 폭발 문제를 고려하면 우리에게 지체할 시간이 없습니다."[9] 볼로그가 매일 실천한 작고 조용한 행동들이 변화의 열쇠였다. 그가 노벨 평화상 수상자로 선정됐다는 통지가 새벽 4시에 볼로그의 집에 도착했을 때 그는 이미 집에 없었다. 그는 아침 일찍 집을 나가 밀밭에서 농작물 실험을 하던 중이었다.

변화는 저절로 일어나지 않는다

　노먼 볼로그는 행동하는 사람이었다. 그는 변화를 추구할 정도로 마음의 상처를 많이 받았고, 변화를 갈망할 정도로 여러 가지 어려운 현실을 목격했으며, 변화를 실천할 수 있을 정도로 충분히 배웠을 뿐만 아니라, 변화를 가져올 정도로 매우 활동적이었다. 그는 변화의 촉매자가 되었다. 그가 한 일은 자신의 세상을 변화시켰을 뿐만 아니라 우리의 세상도 변화시켰다. 당신은 그의 박사 학위, 노벨 평화상, 영향력의 규모에 현혹돼서는 안 된다. 그가 했던 일은 종종 눈에 띄지 않고 세상에 알려지지 않았다. 그가 매일 실천한 작은 행동들은 상아탑 안에서가 아니라 뜨거운 태양 아래 들판에서 일어났다. 그것들로 그는 변화의 촉매자가 되었으며 그의 세상은 변화했다.

지하철도Underground Rislroad의 지휘자였던 해리엇 터브먼Harriet Tubman은 "모든 위대한 꿈은 몽상가로부터 시작합니다. 항상 기억하세요. 당신 안에는 세상을 변화시켜 별에 도달할 만한 능력과 인내심과 열정이 숨어 있습니다."라고 말했다. 그 말은 사실이다. 하지만 그 꿈을 이룩하려면 당신은 반드시 행동해야 한다. 인생에 많은 일은 그냥 일어나지만, 긍정적인 변화는 저절로 일어나는 것은 아니다. 이 세상에서 무언가를 바꾸려면 누군가가 변화의 촉매자 역할을 해야 한다.

> "인생에 많은 일은
> 그냥 일어나지만,
> 긍정적인 변화는 저절로
> 일어나는 것은 아니다.
> 이 세상에서 무언가를
> 바꾸려면 누군가가 변화의
> 촉매자 역할을 해야 한다."

세상을 변화시킬 때 가장 먼저 변화한 사람이 변화의 주체가 되며 변화의 촉매자가 된다. 그런 다음 변화는 다른 사람에게로 확장한다. 개인이 먼저 변화하지 않는 한 세상은 변화하지 않는다. 여기 당신이 변화의 촉매자가 되는 방법을 소개한다.

변화는 관심에서 시작한다 : 나는 변화하고 싶다

당신이 누군가에게 변화의 촉매자가 될 수 있다고 말하면 그 말은 위협적으로 들릴지 모른다. 그 말은 너무 동떨어진 이야기로 들리거나 너무 거창하게 들릴 수도 있다. C. W. 밴더버그C.W. Vanderbergh는 이렇게 썼다.

온 세상을 사랑하는 것은
내가 할 일이 아니다.
나의 유일한 진짜 문제는
바로 옆집에 사는 이웃이다.[10]

사실 관심은 종종 단순하게 시작한다. 변화는 거창한 것이 아니어서 누구나 시작할 수 있다. 그것은 단순히 '나는 변화하고 싶다'라고 생각하면 된다. 만약 당신이 관심을 가지면 당신에게는 세상을 바꿀 수 있는 잠재력이 있다.

당신은 당신의 세상을 변화시키고 싶은가? 당신의 대답이 "그렇다."라면 당신은 변화의 촉매자가 될 수 있는 자격을 갖추었다. 존 F. 케네디 대통령은 평화봉사단을 창설했을 때 누구나 세상을 변화시키는 연설을 할 수 있다고 말했다. 나는 당신 안에 세상을 변화시키는 씨앗이 들어 있다고 믿는다. 당신은

> 누구나 세상을
> 변화시키는 연설을
> 할 수 있다.
>
> – 존 F. 케네디 대통령

그것이 잘 자라도록 보살펴 주기만 하면 된다.

변화는 명분을 지지한다 : 변화를 가져오는 중요한 일을 하라

변화의 씨앗이 당신 안에서 자라면서, 그것은 더 분명해진다. 당신은 당신이 해야 할 일이 무엇인지 이해하기 시작한다. 당신은 그것이 마음에서 우러나오는 명분과 연결되면 행동하기 시작한다. 당신은 변화를 가져오는 일을 하기 시작한다. 이런 것들은 대부분 작은 일이지만 상관없다. "이런 작은 시작을 무시하지 말라."라는 지혜를 받아들여야 한다.[11] 작은 행동이라도 지속하면 커다란 변화로 이어진다.

한 친구가 2020년 4월 코로나19 대유행 기간 다른 사람의 삶에 큰 변화를 일으키는 작은 행동을 했다. 케빈 라셀Kevin Rathel은 생명 유지 장치를 달고 플로리다 올랜도의 병원에 있었다. 의사들은 그의 생명을 구하려고 최선을 다했지만 그는 반응이 없었다. 그는 곧 죽을 것처럼 보였다. 하지만 그때 내 친구 제임스 크로커James Crocker는 페이스북에서 라셀에 관한 메시지를 봤다. 라셀을 담당한 의사들이 마지막으로 코로나19에서 회복된 사람의 혈장을 라셀에게 주입해보고 싶다는 내용이었다. 그들은 혈장 기증자를 찾고 있었다. 제임스는 자신의 혈액형이 라셀과 맞는다면 기증하고 싶었다. 제임스는 남부 플로리다에 있는 자신의 집에서 올랜도까지 차를 몰았다. 제임스는 결국 혈

작은 행동이라도
지속하면 커다란
변화로 이어진다.

장을 기증할 수 있었다. 그것은 성공적이었다. 몇 시간 만에 라셀은 의식을 되찾고 회복했다. 제임스는 행동함으로써 다른 사람의 목숨을 구했다.

변화는 '나'에서 '우리'로 확산한다 : 변화하려는 사람과 함께 행동하라

당신이 차이점을 만들려고 노력하고 변화가 일어나는 것을 보면, 당신도 변화하기 시작할 것이다. 어떻게 이런 일이 일어날 수 있을까? 우리가 긍정적으로 변화하면 우리는 새롭게 시작할 수 있다. 우리의 희망은 실현되기 시작한다. 우리의 노력은 보상받기 시작한다. 우리의 마음은 채워지기 시작한다. 그러면 우리가 한 일은 다른 사람들로부터 인정받기 시작할 것이다.

이 시점에서 당신은 다른 사람들을 자석처럼 끌어들이는 변혁의 자석이 될 수 있다. 당신이 어떻게 하는지 모르더라도 당신은 변화하려는 다른 사람들에게 긍정적으로 전염된다. 하지만 지금 그들은 실례를 잘 알고 있다. 그건 바로 당신이다! 당신이 변화를 가져오는 것을 보고 그들은 당신과 함께하고 싶어 한다. 결과는 어떨까? 공통의 명분을 위해 함께 모이면 힘이 곱절이 되는 승수 효과가 나타난다. 당신의 노력은 '나'로부터 '우리'로 확산한다. 변화의 촉매자가 될 때가 정말 멋진 순간이다.

변화는 절박할 때 이뤄진다 : 그때가 변화할 때다

"쇠는 달았을 때 두드려라."라는 말은 대장간에서 유래했다. 금속 작업자들은 금속 모양을 성공적으로 변형하려면 시점이 중요하다는 사실을 이해한다. 예를 들어, 강철에 어떤 작업을 하려면 최적 온도가 필요하다. 강철이 차가우면, 망치로 아무리 두드려도 모양이 바뀌지 않는다. 다시 강철을 적당히 조금난 가열하고 망치질을 많이 했다면 모양은 바뀌어도 변화는 미미하다. 반대로 강철에 열을 너무 많이 가하면 녹아내려 모양을 만들 수 없어 쓸모없게 된다. 강철의 변형을 위한 최적의 온도가 오랫동안 유지되지 못하기 때문에 대장장이는 최적의 시점에 재빨리 두드려야 한다.

마찬가지로, 당신이 그러한 절박한 때에 나서서 행동하지 않는다면 변화는 일어나지 않을 것이다. 당신이 절박하지 않다면 당신의 명분은 차가운 강철처럼 빛을 잃고 작동하지 않을 것이며 변화는 서서히 멈출 것이다. 따라서 당신은 지금 당신이 가진 어떤 기회든 재빨리 포착해 최대한 활용해야 한다. 당신은 냉철한 지식보다 화끈한 결단력이 있어야 더 많은 것을 성취할 수 있다.

변화의 촉매자가 되는 방법

내가 처음 변화하겠다고 결심했을 때, 나는 어떻게 해야 할지 몰랐다. 나는 내가 무엇을 해야 할지, 어디로 가야 할지, 어떻게 갈 수 있을지 확신하지 못했다. 나는 그저 다른 사람들을 돕고 싶어 한다는 것을 알았고, 내가 할 수 있는 일을 하기 시작했다. 테레사 수녀는 "나 혼자서는 세상을 바꿀 수 없다. 하지만 세상에 파문을 많이 일으키려고 돌을 던질 수는 있다."라고 말했다. 내가 시작한 보잘것 없는 일들이 파문을 일으킨다는 사실을 나는 몰랐다. 당신 역시 파문을 일으킬 수 있다. 자 여기 변화를 시작하는 방법이 있다.

훌륭한 의도를 훌륭한 행동으로 변환하라

내가 이 글을 쓸 때 나의 아버지 멜빈의 나이는 98세였다. 그는 언제나 나의 영웅이다. 나는 아버지한테 많은 것을 배웠다. 내가 어렸을 때, 그가 가장 좋아했던 수수께끼 중 하나는 통나무 위에 앉아 있는 개구리 다섯 마리에 관한 것이었다. 아버지는 "개구리 네 마리가 뛰어내리기로 했다. 통나무에는 몇 마리가 남아 있을까?"라고 수수께끼를 던졌다.

처음에 나는 "한 마리요."라고 대답했다.

"틀렸어." 아버지는 이렇게 이유를 설명했다. "다섯 마리가 남아 있단다. 결정한다고 반드시 행동하는 것은 아니야. 너는 결정하는 것보다 더 중요한 것이 있다는 것을 명심해야 해. 그것은 바로 행동이란다."

통나무 위에 앉아 있는 개구리 수수께끼 덕분에 나는 훌륭한 의도와 훌륭한 행동 사이에는 커다란 차이가 있다는 것을 깨달았다.

○ 훌륭한 의도만 가진 사람들은 다른 사람들에게 가치를 더 해주기를 원하지만 그렇게 하지 않을 이유를 찾는다.

- 훌륭한 행동을 하는 사람들은 다른 사람들에게 가치를 더해 주고 그것을 할 수 있는 방법을 찾는다.
- 훌륭한 의도만 가진 사람은 수동적이고 일관성이 없으며 기대에 어긋날 수 있다.
- 훌륭한 행동을 하는 사람은 신중하고 일관성이 있으며 의지력이 있다.
- 훌륭한 행동은 말과 결과를 구분하는 경계선이다.

우리는 종종 가진 자와 못 가진 자에 관해 이야기한다. 하지만 차이를 만들어내고 세상을 변화시키는 것에 관해서라면, 우리는 행동하는 자와 행동하지 않는 자에 관해 이야기해야 할 것이다. 우리는 다른 사람들이 우리를 어떤 의도를 가졌는지로 판단해 주기를 바라는 경향이 있다. 하지만 궁극적으로 중요한 것은 행동하려는 것이 아니라 실제로 행동하는 것이다. 어떻게 이런 사실을 모를 수 있을까? 우리는 스스로, "이렇게 좋은 일은 절대 하지 않을 거야."라고 말하지 않는 대신에, "나는 이 일을 내일 할 거야."라고 말한다. 하지만 내일이 되면 우리는 일을 끝내지 못한다. 어쩌면 우리는 그 일을 하려고 했을지 모르지만 결국 하지 않는다. 성공과 실패를 구분하는 가장 중요한 기준은 '했어야 할 것'과 '한 것'을 구분할 줄 아는 능력이다.

> 훌륭한 행동은
> 말과 결과를
> 구분하는 경계선이다.

경영 전문가인 피터 드러커Peter Drucker는 "당신은 미래를 예측할 수 없지만, 미래를 창조할 수는 있다."라고 말했다.[12] 미래의 창조, 그 것이 변화의 촉매자로서 당신이 할 일이다. 당신은 그 일을 끝까지 함으로써 더 좋은 미래를 만들 수 있다. 훌륭한 의도에 안주하지 마라. 그것만으로 세상을 변화시킬 수 없다. 훌륭한 행동에 집중하라.

당신은 미래를 예측할 수 없지만,
미래를 창조할 수는 있다.

– 피터 드러커Peter Drucker

현실적 개혁주의자가 되어라

최근에 롭은 교수이자 내과 의사인 한스 로슬링Hans Rosling의 훌륭한 저서 《팩트풀니스Factfulness》를 내게 소개했다. 이 책에서 그는 변화를 창조하는 방법을 다음과 같이 알려줬다. 나는 환상적인 개념과 함께 새로운 단어를 배웠다.

사람들은 나를 낙관주의자라고 부른다. 왜냐하면 내가 그들이 알지 못했던 엄청난 발전을 보여줬기 때문이다. 그 말은 나를 화나게 만든다. 나는 낙관주의자가 아니다. 그 말은 내가 순진한 것처럼 들린다. 나는 아주 진지한 '현실적 개혁주의자'다. 이 말은 내가 만든 개념이다. 그것은 아무 이유 없이 희망하지 않고 아무 이유

없이 두려워하지도 않으며 과도하게 과장된 세계관에 끊임없이 저항하는 사람을 의미한다. 현실적 개혁주의자로서 나는 이 모든 발전 상황을 예상할 수 있으므로 나는 훨씬 더 많이 발전할 수 있다는 확신과 희망으로 가득 차 있다. 이것은 낙관적인 것이 아니다. 그것은 상황이 어떤지에 관한 명확하고 합리적인 생각이며 건설적이고 유용한 세계관이다.

사람들이 아무것도 개선할 수 없다고 잘못 생각하면 그들은 우리가 지금까지 시도했던 어떤 것도 효과가 없다고 결론짓고 실제로 효과가 있는 조치에 대해서도 자신감을 잃을 수 있다. 나는 그런 사람들을 많이 만났다. 그들은 인류에 대한 모든 희망을 잃었다고 말한다. 혹은 그들은 급진주의자가 됨으로써 우리가 이미 세상을 개선하는 데 사용하는 방법들이 잘 작동하고 있음에도 불구하고 역효과를 내는 극단적인 조치들을 지지하기도 한다.

나는 두 가지 경우를 동시에 고려해야 해결책이 효과가 있다고 생각한다.

우리는 누군가 상황이 좋아지고 있다고 말하는 것을 들으면 우리는 그들이 "걱정하지 마세요, 안심하세요" 혹은 "눈길을 돌리세요."라고 말하는 것과 같다고 생각한다. 하지만 나는 상황이 좋아질 때 그런 말을 전혀 하지 않는다. 나는 세상의 끔찍한 문제들을 외면하는 것을 옹호하는 뜻으로 말하는 게 절대 아니다. 나는 상황이 더 나쁠 수도 있고 더 좋을 수도 있다고 말하는 것이다.[13]

얼마나 멋진 말인가. 현실적 개혁주의자! 로슬링의 관점이 옳다. 우리는 세상을 변화시키기 위해 무언가를 해야 하고 동시에 세상에서 긍정적인 일들이 일어나는 것을 목격해야 한다. 당신이 현실적 개혁주의자로서 생각하면 당신은 적극적으로 세상의 가능성을 주시하며 찾는다. 그러나 안타깝게도, 대부분의 사람들은 로슬링이 묘사한 것처럼 세상에서 어둡고 절망적인 전망만을 바라보고 희망을 잃거나, 주변의 문제들에 대해 무관심하거나, 그런 문제들을 외면한다. 그런 사람들에게는 '가능성 치료'가 필요하다.

> 우리는 대부분의 사람들에게 가능성 치료법을 사용해야 한다.

당신은 현실적 개혁주의자인가? 다음 질문에 하나라도 "그렇다."라고 대답한다면, 당신은 현실적 개혁주의자다.

- 발전할 수 있지만 쉽지 않다고 생각하는가?
- 사물을 있는 그대로 보지만 낙담하지 않는가?
- 마음을 뭉클하게 하는 문제를 보고 외면하지 않는가?
- 세상을 더 좋은 곳으로 만들기 위해 내가 할 수 있는 일을 기꺼이 할 것인가?

내 친구 마커스 버킹엄Marcus Buckingham은 리더 중에는 비관주의자가 거의 없다고 주장한다. 변화를 주도하고 변화의 촉매자가 되려면 변화를 가져올 수 있다고 믿어야 한다. 당신이 변화를 주도할 수 있다는 것은 좋은 소식이다. 예전에는 그렇지 않았다고 해서 당신이 할 수 없다는 것을 의미하지 않는다. 당신이 변화의 촉매자가 되지 말라는 법은 없다.

세상의 많은 변화의 촉매자들은 다른 사람들에게 알려지지도 않고 이름도 없는 현실적 개혁주의자들이다. 롭은 페루의 리마Lima에 있는 극도로 가난한 학교를 방문하고 있을 때 12살 소녀였던 티파니Tiffany를 만났다. 그는 교실에 들어가려고 기다리는 동안 벽에 걸린 학생들의 그림을 보고 있었다. 그 가운데 생기와 희망으로 가득 찬 그림 한 점이 그의 눈에 확 들어왔다.

그 그림을 그린 학생은 자신감이 넘치고 낙관적인 생각으로 가득 찬 티파니였다. 그녀는 롭과 촬영 직원이 포함된 팀을 집으로 초대했다. 그는 흔쾌히 수락했다. 그녀가 생활하는 지역사회를 좀 더 잘 이해하기 위해 그들은 그녀를 따라 산 후안 데 루리간초San Juan de Lurigancho라고 불리는 무단거주자 구역으로 들어갔다.

"우리가 마을 안으로 더 깊이 들어가면 갈수록 점점 더 가난한 사람들이 살고 있어요."라며 롭은 이렇게 말을 이었다. "우리가 그녀가 사는 판잣집에 도착했을 때, 지붕값을 치르지 못해 노동자들이 지붕을 사실상 압류하고 있었답니다. 그녀의 아버지는 화가였지만 실직한 상태로 술에 취해 쓰러져 있더군요. 그녀의 어머니는 가족을 먹여 살리려고 일하러 나간 상태였지요. 저는 티파니의 얼굴에서 생기발랄하고 낙관적인 모습이 사라지고 수치심과 부끄러움으로 당황하는 모습을 보았어요. 저는 그녀를 보고 마음이 아팠답니다."

롭은 즉시 촬영 직원에게 카메라를 꺼달라고 부탁했다. 그들은 지붕을 되찾기 위해 대금을 치렀다. 그는 그녀를 격려하려고 최선을 다했다. 이런 상황에서 롭은 티파니와 같은 아이를 입양하고 싶었다. 하지만 그는 티파니가 한 인격체로 발전하도록 기회를 제공할 수 있는 사람들과 프로그램에 그녀를 연결해 주는 것이 최고의 방법이라는 것을 알고 있었다.

그는 즉시 자기 생각을 행동으로 옮겼다. 주변 사람들의 도움과 격려로 티파니는 그녀의 가족 가운데 고등학교를 졸업하고 대학에 간 첫 번째 인물이 되었다. 그 덕분에 그녀는 자신의 세상을 바꾸었고 어디든지 갈 수 있었으며 무엇이든 할 수 있었다. 하지만 티파니는 고향에 머물면서 변화의 촉매자가 되는 길을 선택했다. 그녀는 어려운 가정의 아이들을 위해 사랑의 작은 별들이라는 의미의 에스트레리타 드 아모르Estrellitas de Amor라는 학교를 설립했다. 그녀는 그녀가 태어난 빈민가에서 자란 소년과 소녀들이 배우고 성장하도록 도와줌으로써 그녀가 속한 사회에 긍정적인 변화를 일으키고 있다. 학교를 졸업한 그들 역시 자신들의 세계를 바꿀 수 있다. 게다가 그녀의 사례는 가족들에게도 커다란 영향을 끼쳤다. 그녀의 아버지는 술을 끊고 매일 학생들에게 점심을 가져다주는 등 딸을 도왔다.

꿈의 주인이 되라!

나는 저서 《꿈이 나에게 묻는 열 가지 질문Put Your Dream to the Test》에서 사람들에게 가장 먼저 물어보는 질문 중 하나는 이것이다. '내 꿈이 정말 내 꿈일까?' 당신이 이렇게 질문하는 이유를 아는가? 만약 당신이 추구하는 꿈이 진정으로 당신의 꿈이 아니라면, 당신은 그것을 소유하는 것이 아니기 때문이다. 그리고 만약 당신이 그것을 소유하지 않는다면 당신은 그것을 성취하는 데 필요한 일을 하지 않을 것이기 때문이다. 당신이 꿈을 실현하는 데 이바지할 때 그것은 당신의 꿈이 된다. 변화의 촉매자가 되는 것도 마찬가지다. 당신의 꿈을 당신 것으로 만들어야만 변화를 성취할 수 있다.

나는 2011년에 내가 설립한 비영리 단체인 이쿱EQUIP의 이사회 임원들을 만났을 때 그런 생각이 떠올랐다. 우리는 전 세계 500만 명의 리더들을 훈련시킨 환상적인 결과를 기념했다. 우리는 10년 넘게 추구하던 주요 목표를 마침내 달성하고 나서 다음에 무엇을 추구할 것인가가 새로운 문제로 등장했다. 나는 이사회에서 다음에 무엇을 해야 할지 의논했다. 또 다른 백만 명의 리더들을 훈련해 6백만 명에 도달하는 것을 목표로 삼아야 할까? 아니면 우리의 승리를 축하하며 이제 조직을 해산하고 그만두는 것이 좋을까?

대부분의 임원이 조직이 해산 되는 것을 바랐지만 나는 우리가 하나의 조직으로서 완성되지 않았다는 것을 강하게 느꼈다. 몇 년 동안 내 머릿속에 맴돌고 있는 무언가가 있었다. 즉, 리더를 양성하는 차원을 넘어 리더들을 변혁시키는 것이었다. 이사들은 좀 더 자세한 내용을 알고 싶어 했지만, 그때 나는 그것을 명확하게 설명할 수 없었다. 나는 어떻게 해야 할지 몰랐으며 그 당시만 해도 변혁을 어떻게 정의해야 할지조차 몰랐다. 하지만 해답을 모두 알지 못하더라도 행동해야 한다고 확신했다.

몇몇 이사들은 나의 의견에 공감했다. 내가 사리에 맞는다면 그들은 기꺼이 나를 지지했다. 대부분 이사는 그것을 이해하는 데 시간이 좀 필요했지만 나를 지지했다. 하지만 모두가 그랬던 것은 아니다. 이사 두 명은 나의 뜻을 이해하지 못하고 이사회에서 물러났다. 하지만 나의 그들에 대한 사랑이 줄어들지는 않았고 나 혼자만 남더라도 나는 변혁을 이끌겠다고 다짐했다.

그날이 바로 내가 내 꿈의 주인이 되는 날이었다. 내가 다짐하면 그것은 변화의 촉매자가 되기 위한 실질적인 단계가 된다. 나는 어떤 문제에 대해 확신이 들 때마다 내가 가야 한다고 믿는 방향으로 행동해야 한다는 것을 배웠다.

변화에 대한 자신의 비전을 가진 변화의 촉매자를 대신하는 환상적인 예가 배우이자 작가, 영화감독 겸 제작자인 타일러 페리Tyler Perry다. 몇 년 전 그는 존맥스웰컴퍼니John Maxwell Company가 주최한 '리브투리드Live2Lead' 행사에서 강연했다. 대부분 사람은 그가 뉴올리언스에서 학대받으며 가난하게 자랐다는 사실을 알고 있었다. 그는 오프라 윈프리가 글쓰기의 장점에 관해 이야기했던 TV 쇼를 본 뒤 일종의 치유 차원에서 글을 쓰기 시작했다. 페리는 연극

〈나는 내가 변화한 것을 알아요I Know I've Be Changed〉의 대본을 쓰고 출연하면서 그의 경력을 시작했다. 그가 처음 무대에 섰을 때, 아무도 그것을 보러 오지 않았다. 하지만 그가 두 번째 기회를 얻었을 때, 그의 작품은 매우 성공적이었다. 그런 뒤 그가 영화 〈마데아 Madea〉에서 주인공 마데아로 출연했을 때 할리우드를 비롯한 미국 전역에서 그의 진가를 알아봤다.

페리는 조지아주 애틀랜타에 있는 타일러 페리 스튜디오의 설립자이자 소유주다. 그는 주요 영화 스튜디오를 소유한 최초의 아프리카계 미국인으로 인정받고 있다.[14] 그는 언젠가 이렇게 말했다. "저는 남의 문을 두드리며 '저 좀 받아주세요'라고 말한 적이 한 번도 없어요. 저는 항상 제 자신의 길을 만들려고 노력했지요. 사람들에게 당신을 받아달라고 부탁한다고 변화가 찾아오는 것은 아닙니다. 저는 스튜디오, 프로젝트, 콘텐츠의 소유자가 되고 나서야 변화가 제 것이 되었다고 생각합니다."[15]

페리가 강연 무대에 오르기 전에 우리는 리더십에 관해 이야기를 나눌 기회가 있었다. 그는 내게 자신의 성공담을 조금 들려줬다. 2006년 그는 초기 영화 〈마데아〉를 성공한 후에 애틀랜타에 첫 번째 스튜디오를 건축했다. 스튜디오 공간이 빠르게 협소해지자 그는 그 땅을 팔고 더 큰 대지를 사서 두 번째 스튜디오를 지었다. 그 장소 역시 공간이 모자라게 되었다. 그래서 그는 절대 협소하지 않을 스튜디오를 짓기 위해 더 큰 대지를 매입했다. 놀랍게도, 그곳 역시 공간이 부족해졌다.

페리는 세 번째 스튜디오가 또다시 공간이 부족해지는 것을 보고 이렇게 생각했다고 말했다. '더이상 이런 일을 계속하지 말아야지.' 그는 더이상 건축에 시간과 정력을 쏟고 싶지 않았다. 그는 그저 영화와 텔레비전 쇼를 제작하고 싶었을 뿐이다. 하지만 그는 이미 자신을 위해 일하는 사람들과 그가 앞으로 고용할 수 있는 사람들에 대해 생각했다. 결국 그는 훨씬 더 큰 공간을 찾아다녔다. 2015년에 그는 애틀랜타의 역사적인 장소인 포트 맥퍼슨Fort McPherson의 일부를 샀다. 그는 그곳에 4년에 걸쳐 25만 평의 녹지 공간, 12개의 음향 무대, 옥외 촬영지, 부속 건물들을 건축했다. 그곳은 미국에서 가장 큰 영화 제작지 중 하나가 되었다.[16]

페리는 성공하면 더이상 일할 필요가 없다고 설명하면서 "당신이 그만둘 수 있다고 하더라도 그만둬서는 안 된다."라고 주장했다. 하지만 그때가 바로 예전에 했던 것보다 더 많은 것을 할 수 있을 때다. 그때가 당신이 가장 큰 변화를 창조할 수 있는 때다. 그가 세상을 변화시킬 수 있다

> 기억하라.
> 아이 한 명, 선생님 한 분,
> 책 한 권, 펜 한 자루가
> 세상을 바꿀 수 있다.
>
> – 말랄라 유사프자이
> Malala Yousafzai

는 희망을 품었기 때문에 수천 명의 사람에게 영향을 줄 수 있었다. 게다가 그의 지속적인 헌신은 미래에 더 많은 사람에게 영향을 미칠 뿐만 아니라, 후세에 유산을 남길 것이다. 그가 가진 목적의식과 호기심은 그보다 훨씬 위대한 것이며 더 오랫동안 사람들에게

전해질 것이다. 그는 교육운동가 말랄라 유사프자이^{Malala Yousafzai}가 역설했던 주장의 살아있는 증거다. 그녀는 "기억하라. 아이 한 명, 선생님 한 분, 책 한 권, 펜 한 자루가 세상을 바꿀 수 있다."라고 주장했다.[17] 타일러 페리는 펜 한 자루와 한 가닥의 꿈을 가진 아이로 시작했다. 하지만 지금 그가 이룩한 현실을 보라.

과거의 변화를 미래의 변화를 위한 영감으로 활용하라

과거에 당신이 투쟁하고 승리했던 어떤 변화도 당신이 미래에 다시 변화할 수 있다고 믿을 수 있는 영감을 줄 것이다. 그리고 심지어 점진적인 내부 변화조차도 당신의 세상을 변화시키는 데 도움이 될 것이다. 그리스 철학자 플루타르코스^{Plutarch}는 "우리가 마음속으로 성취하는 것은 외부의 현실을 변화시킬 것이다."라고 말했다.

나는 "내가 해냈으니 당신도 할 수 있다."라는 생각을 철두철미하게 믿는다. 이유가 무엇일까? 나는 나 자신이 스스로 즐거워하는 사람에서부터 리더로 변화하는 것을 직접 경험했기 때문이다. 나는 목적지에 도달하려고 안절부절못하는 사람으로부터 꿈꾸지도 못한 곳에 도달하려는 평생 학습자로 변신했다. 즉 나는 목표 지향적이 아닌 성장 지향적으로 변화했다. 나는 기본적으로 이기적인 사람으로부터 다른 사람들에게 가치를 더해 주는 이타적인 사람으로 성장했다. 나는 변화했으며 다른 사람들의 변화를 도와줄 만한 자격을 갖추게 되었다. 그것은 또한 내 마음속에 다른 사람들이 변화하는 것을 도와주겠다는 열정을 불어넣었다. 우리는 다른 사람들에게 변화를 가져다주려면 우리 자신이 먼저 변해야 한다. 꿈은 사업의 규모가 아니라 그것을 이끄는 사람들의 마음속에 있는 믿음의 수준과 변화의 정도에 의해 측정된다.

다른 사람을 명분에 동참하도록 초대하라

당신이 변화의 촉매자가 되고자 할 때, 당신이 해야 할 가장 중요한 일은 다른 사람들이 당신의 명분에 동참하도록 초대하는 것이다. 다른 사람이 당신과 함께 일하고 당신이 하는 일에 영향을 받는 순간, 당신은 리더가 된다. 당신보다 더 큰 명분을 가진 사람이 리더다. 마틴 루터 킹 주니어는 변화에 관한 리더의 중요성에 대해 이렇게 말했다. "나는 용기 있고, 지적이며, 헌신적인 리더십을 강조하려고 한다. (중략) 청렴결백한 리더들. 대중의 인기에 영합하지 않고 정의를 사랑하는 리더들. 돈을 사랑하지 않고 인류를 사랑하는 리더들. 리더들은 위대한 명분을 위해 개인의 자아를 희생할 줄 아는 사람이다."[18]

당신은 리더들에게는 중요한 명분이 필요하다는 킹의 설명에 겁먹거나 낙담하지 않아도 된다. 당신은 변화를 일으키기 위해 유능한 사람이 반드시 되어야 하는 것은 아니다. 리더십은 영향력이다. 그

> 당신이 변화의 촉매자가
> 되고자 할 때,
> 신이 해야 할 일 가운데
> 가장 중요한 일은
> 다른 사람들이
> 당신의 명분에 동참하도록
> 초대하는 것이다.

이상도 그 이하도 아니다. 당신은 다른 사람들이 당신과 함께 일하도록 영향을 줄 수 있고 또 그래야 한다. 변화하려면 다양한 재능과 기술이 필요하다. 당신이 해야 할 일은 당신과 함께 하는 모든 사람에게 그들이 갖고 있는 자신의 재능을 발휘할 수 있도록 격려하며 이야기의 주인공이 되도록 초대하는 것이다. 만약 당신이 훌륭한 대중 연설가가 아니라면 그런 사람을 찾아라. 만약 당신이 회의적이라면 낙관적인 사람을 찾아 균형을 잡으면 된다. 왜 그럴까? 누구도 우리 모두를 합한 것만큼 똑똑하지 않기 때문이다.

우리는 당신이 가장 먼저 친구와 가족과 함께 변화를 시작하라고 추천한다. 당신은 이미 그들에게 영향력을 행사하고 있으며 적어도 어떤 면에서는 같은 생각을 하고 있다. 만약 당신이 자신의 영향력이 어느 정도인지 모른다면 다음 질문에 최대한 많은 사람의 이름을 적어보라.

- 당신의 말에 경청하는 사람은 누구인가?
- 당신에게 조언을 구하는 사람은 누구인가?
- 당신의 경험을 존중하는 사람은 누구인가?
- 당신의 권고를 따르는 사람은 누구인가?
- 당신의 의견을 물어보는 사람은 누구인가?
- 당신과 함께 일하는 것을 즐기는 사람은 누구인가?
- 당신을 옹호하는 사람은 누구인가?
- 당신의 시간을 존중하는 사람은 누구인가?

○ 당신의 긍정적인 면을 공유하는 사람은 누구인가?
○ 당신이 가치를 더해 주는 사람은 누구인가?

당신이 대답한 사람들이 당신의 명분에 관해 대화할 수 있는 첫 번째 사람들이다. 나의 저서《신뢰의 법칙Winning with people》에서 설명한 우정의 법칙에 따르면 "모든 조건이 동일하다면 사람들은 그들이 좋아하는 사람들과 함께 일할 것이다. 모든 조건이 동일하지 않더라도 역시 사람들은 자신이 좋아하는 사람들과 일하고 싶어 한다." 따라서 그들이 당신의 명분에 동참할 가능성이 가장 높다.

여기 당신이 그들을 동참시키는 방법이 있다.

열정을 공유하라

당신이 할 수 있는 가장 중요한 것은 당신이 이루고 싶은 변화와 그것을 이루기 위해 무엇을 하고 싶은지에 대해 마음에서 우러나오는 진실한 대화를 나누는 것이다. 그것이 당신에게 얼마나 중요한지와 그 이유를 사람들에게 알려줘라. 열정은 같은 생각을 하는 사람들에게 전염된다. 비전을 생생하게 표현하기 위해 열정을 공유하라.

그들의 생각이 무엇인지 질문하라

일단 당신의 열정을 공유했다면, 당신의 명분을 그들에게 설득하려고 하지 마라. 대신 그들이 어떻게 생각하는지 물어보고 그들이 하는 말을 진정으로 경청하라. 당신은 그들의 말뿐 아니라 몸짓에도 주의를 기울여야 한다. 후속 질문을 하라. 그들이 당신의 아이디어와 같은 생각을 하는지 전혀 다른 생각을 하는지 아니면 그 중간 어디에 있는지 판단하라.

당신의 아이디어를 개선해 달라고 부탁하라

당신은 모든 문제에 대한 정답을 알지 못한다. 그들도 마찬가지다. 그들에게 아이디어를 달라고 요청하라. 그들은 당신의 아이디어를 개선하거나 훨씬 더 좋은 아이디어를 제공할 수 있을 것이다. 의견을 요청하는 것도 동의율을 높이는 방법이다. 만약 사람들이 모호한 태도를 보인다면, 그들은 아이디어를 제공하는 과정을 통해 당신과 당신의 명분에 더 단단하게 연결하게 될 것이다. 사람들이 자신의 아이디어를 제공하기 시작하면 당신의 꿈은 그들의 꿈이 된다.

함께 할 수 있는지 물어보라

당신이 명분에 관한 설명을 마쳤다면 모든 것을 모호한 상태로 남겨두지 마라. 용기를 내라. 그들에게 변화를 가져오는 일에 기꺼이 동참할지 물어보라. 세상을 바꾸는 사람들은 자신의 삶과 다른 사람의 삶에 긍정적인 변화를 가져오도록 다른 사람들이 생각하고 말하고 행동하는 데 영향을 미친다. 운에 맡기지 마라. 당신은 그들이 비전을 바라보고 행동하도록 설득해야 한다. 당신에게는 죄수처럼 얽매여 수동적으로 일하는 사람이 아니라 능동적으로 함께 일하는 동반자가 필요하다. 당신의 팀에 합류하려는 사람들을 반갑게 맞이하고 그렇지 않은 사람들은 자신의 길을 가도록 내버려 두라.

당신이 할 수 있는 일에 집중하라

억만장자 자선가 빌 오스틴Bill Austin이 말했다. "우리가 모든 것을 바꿀 수는 없지만, 우리는 무언가를 바꿀 수 있다."[19] 당신은 이런 질문들을 해야 한다. 내가 무엇을 바꿀 수 있을까? 내가 특별히 잘할 수 있는 것은 무엇일까? 내가 최고의 기량을 발휘할 수 있는 것이 무엇인가? 내가 지속적으로 긍정적인 영향을 줄 수 있는 일은 무엇인가? 그것이 바로 당신이 집중해야 할 일이다.

당신은 이런 질문을 받으면 어떤 생각이 드는가? 어디에 초점을 맞춰야 할지 확실히 알고 있는가? 만약 그렇지 않다면 어쩌면 당신은 좀 더 넓은 시야가 필요할지 모른다. 조직 심리학자인 벤저민 하디Benjamin Hardy는 이렇게 말했다. "같은 것을 새로운 시각으로 볼 수 있을 때 진정한 학습이 가능하다. 예를 들어, 사람들은 태양이 지구 주위를 도는 것이 아니라 그 반대라는 사실을 깨달았을 때 그들은 그것을 코페르니쿠스 혁명이라고 불렀다. 통찰력 하나로 우리는 사물을 보는 방식을 바꿨다. 우리는 동일한 자극을 새로운 관점으로 봐야 한다."[20]

당신은 어떻게 하면 새로운 관점을 개발할 수 있을까? 당신은 자신을 객관적으로 바라볼 필요가 있다. 당신이 최상으로 이바지할 수 있는 토대는 다음과 같다.

- 당신의 재능
- 당신의 과거 성공
- 당신의 열정
- 당신의 기회

당신은 시간을 내서 이것들이 과연 무엇인지 적어보라. 만약 당신이 잘 알 수 없다면 당신을 잘 아는 다른 사람들에게 의견을 요청하라. 그런 다음 그것들을 한데 모아라.

> 당신은 해야 할 일을
> 하기 전까지는
> 결코 미래에 되고 싶은
> 인물이 될 수 없을 것이다.

이런 과정이 왜 중요할까? 몇 가지 이유가 있다. 첫째, 초점을 맞추는 대상을 확장할 수 있다. 둘째, 당신이 자신을 바라보는 시각에 초점을 맞추는 것이 결국 당신의 미래에 영향을 미친다. 셋째, 당신은 해야 할 일을 하기 전까지는 결코 미래에 되고 싶은 인물이 될 수 없을 것이다.

무엇인가 하라

롭의 아버지 밥은 1987년에 원호프OneHope를 설립했다. 그는 항상 행동이 중요하다는 사실을 잘 알고 있었다. 롭은 아버지가 "뭐라도 해 봐!"라고 말하는 것을 자주 들었다. 누군가 밥에게 절박한 상황을 설명하면 그는 언제나 "그래서 당신은 무엇을 할 건가요?"라고 물었다. 그의 아버지는 절박한 상황에서도 항상 행동했다. 그것은 롭이 원호프를 이끄는 방식과 그가 관여하는 많은 다른 사업과 변혁 운동에 영향을 미쳤다. 아본데일의 긍정적인 변화를 실천하는 데 도움을 주었던 듀안 멜러Duane Mellor은 이렇게 강조했다. "가장 작은 행동이 거창한 의도보다 위대하다."

지금은 무엇인가를 해야 할 때다. 당신이 모든 답을 갖고 있지 않더라도 시작하는 것은 좋다. 당신이 해야 할 일을 하라. 모든 단계를 알고 있을 필요는 없다. 세상에 만병통치약은 없다. 완벽한 계획은 없다는 말이다. 완벽함 보다 목적에 집중하라. 변화를 추구한다면 가만히 앉아 있을 수는 없다. 당신은 앞으로 나가기도 하고 뒤로 미끄러지기도 한다. 전진하라. 다른 사람들도 당신의 활동에 동참하도록 초대하라. 만약 그렇게 하지 않으면 앞으로 1년 후에 가서 뒤를 돌아보며 그때 시작했을 걸 하고 후회할지도 모른다. 나는 이큅을 처음 시작했을 때 우리는 수백만 명의 리더들을 훈련하게 될 줄은 몰랐다. 롭이 원호프를 물려받았을 때 그는 이 단체가 세계 거의 모든 나라의 어린이들을 도와주는 단체로 성장할 줄은 몰랐다. 우리는 변화하기 위해 발걸음을 앞으로 단지

> 가장 작은 행동이
> 거창한 의도보다 위대하다.
>
> – 듀안 멜러Duane Mellor

한 발짝 내디뎠을 뿐이다.

당신의 목표는 당신이 할 수 있는 한 더 좋은 것을 만드는 것이다. 당신이 무엇을 더 잘할 수 있는지 생각해 보라. 점진적인 변화가 가만히 있는 것보다 낫다. 저자 겸 세계 최대 서비스 전문회사인 서비스마스터Servicemaster의 명예회장인 윌리엄 폴라드William Pollard는 "변화하지 않는다면 혁신, 창의성, 개선을 위한 동기부여도 없다. 변화를 시작하는 사람들은 불가피한 변화를 관리할 수 있는 더 좋은 기회를 얻게 될 것이다." 당신은 긍정적인 변화에 동참하고 싶은가 아니면 당신과 상관없이 발생할 부정적인 변화에 휩쓸리고 싶은가? 우리는 오히려 아무런 전제조건 없이도 긍정적인 변화의 촉매자가 되는 편이 훨씬 더 좋다고 생각한다. 우리는 당신도 그럴 거라고 믿는다.

방글라데시를 위하는 마음 ———

당신이 작은 시도를 시작하고 변화의 촉매자가 되려고 노력하면 그것이 앞으로 어떤 모습으로 발전하고 당신이 영향력을 얼마나 크게 발휘할 수 있는지는 알 수 없다. 나는 마리아 콘세이카오Maria Conceicao가 소녀였을 때 그녀에게 장차 다른 사람들에게 어떤 영향을 미칠지 물어봤다면, 그녀는 지금 실제로 이룩한 일의 일부분이라도 이야기했을지 궁금하다.

나는 두바이에서 마리아를 만났다. 우리는 어느 회의에서 연설할 예정이었다. 차례를 기다리는 동안 그녀는 내게 자신의 이야기를 몇 가지 들려줬다. 그녀의 이야기를 듣는 순간 나는 깜짝 놀랐다. 우리는 우정을 쌓기 시작했다. 집으로 돌아와 나는 그녀에 관한 더 많은 자료를 수집했다.

마리아는 포르투갈의 작은 마을인 아방카Avanca에서 태어났다. 그녀가 두 살이었을 때, 병든 어머니는 일자리를 찾기 위해 리스본으로 떠났다. 마리아는 청소부였던 앙골라 이민자 마리아 크리스티나 마토스Maria Cristina Matos의 손에 자랐다.[21] 애석하게도 마리아의 어머니는 리스본에서 다시 돌아오지 않았다. 마토스는 이미 자녀가 6명이나 있었지만 마리아를 자신의 아이로 키웠다. 그녀는 심지어 마리아를 위탁 양육 기관으로 데려가려는 당국에 맞서기도 했다.[22]

마리아가 9살이었을 때, 마토스는 세상을 떠났다. 마리아가 12살이 되었을 때 그녀는 학교를 그만두고 청소일 등을 하며 생활비를 벌어야만 했다. 그녀는 일에 몰두했다. 마리아는 "제가 만약 청소부가 된다면 세상에서 가장 훌륭한 청소부가 될 거라로 생각했어요."라고 말했다. 그녀는 열심히 일했다. 그러면서도 세계를 여행하는 꿈도 꿨다. 18살에 그녀는 더 좋은 삶을 찾아 고국을 떠났다. 그녀는 열심히 일했고, 영어와 불어를 배웠으며, 레스토랑에서 더 좋은 직업을 얻었다. 마침내 그녀는 영국에 있는 동안 두바이에 본사를 둔 에미레이트 항공사의 승무원으로 일자리를 얻었다.[23]

그녀는 방글라데시에서 일했다. 그녀가 그곳에서 목격했던 일들은 그녀에게 고통과 영감을 동시에 가져다주었다. 그녀는 당시 상황을 이렇게 설명했다. "저는 2005년 다카Dhaka에 있으면서 슬럼가를 방문했어요. 그곳 사람들은 온통 쓰레기와 오물로 범벅이 된 임시 주택에서 생활하고 있었답니다. 슬럼가는 자원이 부족했기 때문에 그곳 생활은 끔찍했습니다. 저는 작은 일부터 도와야겠다고 결심했어요."

마리아는 특히 그곳 소녀들이 겪고 있는 곤경에 충격을 받았다. 그곳에서는 여자아이들을 대표적인 재산으로 취급해 13살이 되면 시집을 보냈다. 가족들은 그들이 13살이 되면 시집을 보냈다. 18살 정도가 되면 그들은 보통 네다섯 명의 아이들을 낳았고 평생 가난하게 살았다.

마리아는 그런 현상을 외면하기보다 무언가 해야겠다고 결심했다. "저는 방글라데시에서 휴가를 모두 보내면서 일을 시작했어요. 저는 600명의 학생을 키우는 101개 가정에 그들의 아이들을 가난, 노예 상태, 궁핍에서 벗어나도록 모든 것을 하겠다고 약속했지요. 두바이에 있는 많은 사람이 방글라데시의 지역사회에서 학교 등 여러 시설을 구축하는 것을 도와주었답니다."[24]

마리아는 방글라데시의 가난한 사람들을 돕기 위해 두바이의 기업 후원자와 영향력 있는 사람들과 함께 일했다. 하지만 2009년 금융 위기가 닥치자 기부금과 기금은 하룻밤 사이에 사라졌다. 하지만 그런 일을 겪었어도 그녀는 멈추지 않았다. 이제 그녀는 변화의 촉매자가 되었기 때문에, 그 무엇도 그녀가 변화를 일으키는 것을 막지 못했다. 자금을 모을 방법을 찾던 중 그녀는 인터넷에 눈을 돌렸다. 그녀가 기금을 모으는 최고의 방법은 사람들의 주목을 받을 수 있는 자선 캠페인을 벌이는 것이었다. 경험도 없고 특별한 운동 재능도 없던 그녀는 등산 훈련을 받았다. 마침내 그녀는 2010년에 킬리만자로산을 등정했다.

하지만 그것은 그녀가 바랐던 만큼 다른 사람들의 주목을 받지 못했다. 그녀는 목표를 다시 세웠다. 그녀는 2011년에 북극 등반을 시도했다. 그녀는 북극 등반에 성공한 세계 최초의 포르투갈 여성이 되었다. 그 해에 그녀는 아랍에미리트의 7개 에미리트 연합국에서 7일 동안 마라톤을 완주했다.[25]

그녀는 두바이의 어느 유명한 학교가 다카 빈민가 출신 아이들 5명에게 18세까지 장학금을 제공했을 정도로 사람들의 지원을 많이 받았다.[26] 하지만 그녀는 자기 노력이 오랫동안 영향력을 미치지 못한다는 사실에 좌절했다.[27] 그녀는 정말 큰 일을 해야겠다고 결심했다. 그녀는 에베레스트산을 오르기로 했다. 1년 동안 훈련한 후, 그녀는 2013년에 에베레스트산 정상에 올랐다. 마리아는 "제가 이 탐험에 도전한 것은 제 영광을 위해서가 아니었습니다."라며 이렇게 말을 이었다. "다카의 빈민가 아이들을 돕기 위한 교육지책이었어요. 저는 아이들이 자존감을 느끼며 살아가기를 원했어요. 게다가 제가 어릴 때 받았던 기회도 제공하고 싶었답니다."[28] 그녀는 에베레스트산 등정으로 100만 달러를 모으겠다는 목표는 달성하지 못했다. 하지만 자신의 명분에 관한 사람들의 관심을 끌기 시작했다.

그녀는 그런 성공을 기반으로 더 많이 노력함으로써 놀라운 업적을 연이어 달성했다. 그녀가 가진 중요한 재능은 운동 재능이 아니라 순수한 결단력이었다. 그녀는 기네스 세계 기록을 다수 보유하고 있다. 그중에는 여성으로서 공식 울트라마라톤을 가장 여러 날 연속해서 달리고 모든 대륙에서 가장 빨리 달린 기록도 포함되어 있다.[29] 그 이후 철인대회에도 참가했다. 그녀는 수영을 배운지 겨우 1년 만에 영국 해협 횡단에 도전했다. 그녀는 자신을 "미친듯 도전을 하는 작은 빈민가 마을의 소녀"라고 묘사했다.[30] 결국 그녀의 노력은 성과를 거뒀다. 15년 후, 그녀가 도왔던 아이들 가운데 현재 대학에 다니는 아이들도 있다.

"나는 인생을 바꿀만한 변화의 계기를 경험함으로써 나는 변화되었다. 내가 인생을 바꿀만한 변화의 계기를 공유함으로써 당신이 변화했다. 우리가 인생이 바뀔만한 것을 원활히 추진함으로써 다른 사람들도 변화한다."

나는 마리아의 이야기에 영감을 받았다. 그녀에게 올랜도에 있는 코치 3천 명 앞에서 그녀의 경험담을 강연해달라고 요청했다. 그녀는 너무나 열정적이어서 방 안에 있는 모든 사람이 그녀의 명분에서 영감을 받았다. 그들은 몇 분 만에 15만 달러를 기부했다. 하지만 그녀가 걸어온 길은 전혀 순탄하지 않았다. 그녀는 "여성이 강하거나 리더로서

적합하다는 것을 진정으로 받아들여지지 않는 국가나 사회에서 진지하게 받아들여진다는 것은 항상 도전이었습니다."라고 말했다. 그녀는, "특히 방글라데시에서는 당신이 진정으로 자신이 옳다는 것을 증명해야 합니다. 당신은 행동하는 여성이 되어야 합니다. 그것은 다른 나라에서도 마찬가지라고 생각해요. 행동이 일을 완성하는 것이지요."라고 강조했다.[31] 그녀는 진정한 변화의 촉매자처럼 말했다.

마리아 콘세이카오는 변화의 순환을 경험했고 변화의 촉매자가 되었다. 페루의 노만 볼로그와 타일러 페리, 티파니도 마찬가지였다. 그들은 각자 서로 다른 기술과 배경을 가지고 있지만, 모두 변화를 이루어 냈다. 당신도 할 수 있다. 변화하는 과정은 다음과 같다.

나는 인생을 바꿀만한 것을 경험함으로써 나는 변화했다.
내가 인생을 바꿀만한 것을 공유함으로써 당신이 변화했다.
우리가 인생이 바뀔만한 것을 원활히 추진함으로써 다른 사람들이 변화한다.

변화 과정은 당신과 함께 시작한다. 당신이 하는 일의 규모는 중요하지 않다. 당신이 스스로 변화를 받아들이고 행동한다면, 변혁 과정은 이미 시작했다. 당신은 이미 변화의 촉매자가 되기 시작했다. 당신은 당신의 세상을 바꿀 수 있다.

우리는 모두
서로가 필요하다

나는 당신이 할 수 없는 것을 할 수 있고,

당신은 내가 할 수 없는 것을 할 수 있다.

우리가 함께하면 위대한 일을 할 수 있다.

– 테레사 수녀Mother Teresa[1]

2020년 3월 25일, 오하이오주 베를린Berlin에서 회사를 운영하는 샘 요더Sam Yoder는 애크론Akron에 있는 친구 사업가로부터 전화를 받았다. 코로나19 대유행이 기승을 부리기 시작하는 시점이었다. 2019년 12월, 중국 당국은 우한 시민 수십 명이 폐렴과 비슷한 증상을 보이는 불가사의한 질병에 걸렸다고 확인했다. 그로부터 2주도 채 지나지 않아, 중국 관영 언론은 코로나바이러스에 의한 사망자가 발생했다고 처음으로 보도했다. 코로나바이러스는 중국 당국이 2019년 말 우한 지역을 봉쇄했음에도 불구하고 다음 해 1월에 유럽, 아시아의 다른 지역, 중동, 미국, 남미 등 전 세계로 빠르게 퍼졌다. 세계보건기구는 3월 12일 코로나바이러스 팬데믹 대유행이라고 선언했다.[2]

자가 격리를 해야 하는가?

   3월 22일, 샘이 사는 오하이오주의 마이크 드와인Mike DeWine 주지사는 주민들에게 자가 격리 명령을 내리면서 필수적인 사업체를 제외한 다른 사업체는 모두 폐쇄하라고 지시했다. 폐쇄 조치에는 샘이 운영하는 베를린 가든스Berlin Gardens처럼 옥외 가구, 정자각, 화덕 등 야외용품 제조업체도 포함되어 있었다. 그것은 샘에게 고통스러운 조치였다. 그것은 회사 문을 닫고 직원들을 모두 집으로 돌려보내야 하는 상황을 의미했다. 그는 비록 영업 매출은 없더라도 폐쇄 기간 중 주 40시간에 해당하는 급여를 모든 직원에게 지급하는 방법을 찾으려고 애썼다. "제가 가진 소신 중 한 가지는 직원들을 먼저 돌봐야 한다는 것입니다. 그러면 모든 게 제자리를 찾을 것입니다."라고 샘은 말했다.[3]

   샘은 인쇄, 광고, 맞춤 제작 전문점인 'TKM 프린트 솔루션스TKM Print Solutions'으로부터 페이스 실드face shield(안면 보호 플라스틱 마스크-옮긴이) 제작이 가능한지에 관한 문의를 받고 흥분했다. 코로나바이러스가 전국적으로 맹위를 떨치면서 의료 종사자들이 사용할 플라스틱 페이스 실드가 부족했다. 수요량은 수백만 개였다. TKM은 그 문제를 혼자서 해결할 수 없었다. TKM은 페이스 실드를 만드는 데 필요한 재료는 제공할 수 있지만, 그들에게는 페이스 실드를 생산할 인력이나 시설이 없었다. 베를린 가든스의 직원들은 플라스틱을 다루는 데 익숙했다. 그들은 평소 재활용 플라스틱으로 가구를 만들었기 때문이다. 문제는 그들이 페이스 실드를 생산하기 위해 TKM과 협력할 의향이 있느냐는 것이었다. 샘은 그렇게 되면 직원들이 계속 일할 수 있다고 판단했다.

그날 오후 즉시 샘과 그의 관리팀 그리고 TKM의 직원들은 페이스 실드 생산 문제를 의논하기 위해 근처 주택 보수 업체의 주차장으로 차를 몰았다. 그들은 코네티컷에서 페이스 실드에 대한 수요가 가장 크다는 것을 알았다. 불과 닷새 후인 3월 30일까지 플라스틱 페이스 실드 15만 개를 생산해야 했다![4] 그들은 생산 가능성을 토론했다. 샘은 희망에 부풀어 올랐다. 그것은 힘에 벅찬 일이었지만 직원들을 계속 고용할 수 있을 뿐만 아니라 코로나 대유행 기간에 변화를 일으키는 방법이기도 했다.

아니면 함께 일해야 하는가?

다음 날 아침, 샘은 베를린 가든스 시설에서 페이스 실드를 만드는 방법을 알아내기 위해 직원들을 만났다. 그들이 가구 제조시설을 페이스 실드를 만드는 시설로 변환할 수 있을까? 그들은 탁자 생산을 하던 설비를 멈추고 페이스 실드 생산 공정을 시험하기 위해 시범적으로 페이스 실드 40개를 제작했다. 그것은 효과가 있는 것처럼 보였다. 그들은 페이스 실드가 생산 요건에 맞는지 확인하기 위해 코네티컷으로 시제품을 보냈다.

샘은 품질 승인을 받았다. 그는 직원들에게 소식을 전하고 본격적으로 페이스 실드 제작을 위해 직원들과 함께 회사로 출근했다. 한편 TKM은 페이스 실드를 만드는 데 필요한 가로 1.2미터 세로 2.4미터 투명 플라스틱판을 들여왔다. 거의 100명에 가까운 직원들이 모두 생산에 참여했다. 그들은 처음부터 페이스 실드 15만 개를 생산할 수 있었던 것은 아니었다. 하지만 그들은 3월 30일까지 거의 9만 개를 생산할 수 있었다. 그들이 생산한 페이스 실드 중 일부는 예일 뉴헤이븐 병원Yale New Haven Hospital에 전달됐다.[5]

샘의 모든 직원들은 다시 일을 시작하게 되었다. 그들은 사회적 거리두기 규칙을 준수하면서 하루에 페이스 실드 3만에서 3만 5천 개를 생산해 포장하고 운송할 준비를 마쳤다. 회사는 그 덕분에 자가 격리 직원들에게 지급해야 할 급여를 거의 충당할 수 있었다. 그것은 서로 상생하는 게임이었다. 하지만 그보다 더 중요한 소득이 있었다.

샘의 직원들은 평소 7개 건물에 흩어져 작업했다. 하지만 페이스 실드를 제조하면서 모든 직원이 한 군데 시설로 모여 함께 일해야 했다. 직원들은 평소 볼 수 없었던 다른 직원들을 매일 보면서 우정을 다시 쌓아 나갔다. 그들은 작업하면서 서로 대화를 나눴다. 샘은 여기저기 돌아다니며 모든 직원에게 안부를 묻고 제조 공정을 개선할 방법과 더 효율적이고 신속하게 작업할 방법에 대한 조언을 구했다. 모든 직원은 자신이 일정한 역할을 한다고 자부심을 느끼며 강한 공동체 의식을 공유했다.

샘은 직원들을 격려하려고 일일 생산량을 표시하는 대형 스크린을 설치하고 제품 포장이 끝날 때마다 숫자를 갱신했다. 직원들은 작업 진도를 쉽게 확인할 수 있었다. 그 덕분에 직원들은 더 열심히 일했다. 샘은 하루 생산량 목표를 일찍 달성하면 일찍 퇴근할 수 있음은 물론, 일찍 퇴근하여도 하루 몫의 임금 전액을 지급하겠노라며 직원들을 격려했다.

샘은 그들에게 이렇게 말했다. "우리는 코로나19 전쟁의 최전방에 있어요. 당신이 만든 모든 페이스 실드는 바이러스 총탄을 제일 먼저 막아줌으로써 사람들을 보호하는 역할을 합니다." 생산량이 최고에 달했을 때, 그들은 페이스 실드를 15초마다 한 개씩 만들었다. 모든 직원이 진정한 변화를 가져왔다고 생각했다. 그들은 다른 사람들의 생명을 구했다.

샘은 이런 모든 노력이 지역사회에 활력을 불어넣었다고 말했다. 그것은 그들에게 바이러스를 물리치고 있다는 자부심을 가져다주었다. 주민들 사이에 그런 감정이 아주 강하게 나타났다. 그들은 온종일 페이스 실드를 만드는 직원들을 위해 매일 저녁 음식을 가져왔다. 그뿐만 아니다. 많은 주민이 자발적으로 조립 설비에서 페이스 실드를 만드는 것을 도와주었다. 그들은 보통 저녁 8시까지 일했다. 그런 일이 발

> 위기의 시기에 우리를 제한하는 유일한 것은 창의성의 부족이다. 우리는 창의성과 함께 서로가 필요하다는 사실도 인식해야 한다.
>
> – 샘 요더Sam Yoder

생한 이유를 살펴보면 그것은 단지 그들이 세상을 바꾸는 경험을 조금이라도 해보고 싶었기 때문이었다.

"우리는 코로나바이러스와 최전방에서 싸우는 사람들을 보호하기 위해 노력한다는 사실에 겸허해졌으며 축복받았다는 느낌이 들었어요!"라며 샘은 이렇게 자랑스럽게 말했다. "무보수 상태로 얼마나 지내야 할지 몰랐던 것이 급여를 제대로 받고 충분한 수입을 올린 것은 물론 의료 산업을 도울 수 있다는 사실은 정말 놀라운 일입니다."

샘은 좋은 사람이고 훌륭한 리더다. 그와 그의 직원들, TKM과 지역 주민들이 이룩한 일은 사람들이 자발적으로 협력하면 중요한 일을 얼마든지 할 수 있다는 증거다. 샘은 이렇게 강조했다. "위기의 시기에 우리를 제한하는 유일한 것은 창의성의 부족입니다. 우리는 창의성과 함께 서로가 필요하다는 사실도 인식해야 합니다."

변혁의 진실

우리가 어떤 부문에서 어떤 방식으로든 변화의 촉매자가 되려고 할 때는, 비전을 달성하기 위해 다른 사람들과 함께 일함으로써 더 많은 것을 얻을 수 있을 것이다. 함께 일하면 모든 것이 배가된다. 비전이 크고 명분이 달성하기 어려울수록, 우리는 그것을 성취하기 위해 더 많은 사람과 함께 일해야 한다.《17가지 확실한 팀워크 법칙The 17 Indisputable Laws of Teamwork》에서 소개한 중요성의 법칙에 따르면 "위대한 일을 하기에는 한 사람은 너무나 적은 인원이다." 당신 스스로 세상을 변화시킬 수 있다. 그것은 당연한 말이다. 하지만 당신이 변화를 가져오는데 일이 많아지기 시작하면, 당신은 지속해서 더 좋게 변화하기 위해 당신과 함께 일할 다른 사람들이 필요하다. 만약 당신이 이미 그런 팀을 이끌고 있다면, 당신은 변화를 성공적으로 이루어 내는 데는 그들이 반드시 필요하다는 사실을 깨달아야 한다. 모두가 함께 일하는 것은 가치 있는 일이고 우리는 모두 서로를 필요로 한다.

변화를 불러일으키려고 다른 사람들과 함께 일할 때 다음 조언을 명심하라.

'나'보다 '우리'가 더 중요하다

나는 스물두 살에 처음으로 리더 역할을 맡았다. 나는 무엇보다 변화를 불러일으키고 싶다고 생각했다. 나는 다른 사람들을 도와주고 그들의 가치를 증대하기 위해 최선을 다하는 과정에서 느꼈던 희열은 지금도 기억에 생생하다. 나는 활력이 넘쳤고 시야가 넓어졌다. 다른 사람을 도와주려는 열망은 날이 갈수록 커져만 갔다. 나는 내가 하는 일을 사랑했다. 시간이 흐르면서 나는 변화를 가져오기 위해 모든 것을 혼자 해결하려다 보면 많은 사람에게 가치를 더하는 일에 제한이 발생한다는 현실을 인식하게 되었다.

기업가이자 링크드인LinkedIn의 공동 창업자인 라이드 호프만Reid

Hoffman은 "당신의 정신력이나 전략이 아무리 뛰어나더라도 혼자서 게임을 치른다면 팀으로 경기하는 사람들에게 항상 패배할 것입니다."라고 말했다.[6] 그래서 당신이 스스로 물어봐야 할 첫 번째 질문은 이것이다. "나는 변혁 팀에서 활동할 준비가 되었는가?"

어떤 경우든 성공할 확률은 다른 사람들과 협력할 때 극적으로 증가한다. 리더십 컨설턴트이자 강연가인 구스타보 라제티Gustavo Razzetti는 이렇게 말했다. "훈련개발협회의 연구에 따르면 당신이 다른 사람과 협력하면 목표를 달성할 가능성이 65%나 더 높게 나타났다. 지속적인 파트너십을 구축하면 성공 확률은 95%로 커진다."[7]

> 당신의 정신력이나 전략이
> 아무리 뛰어나더라도
> 혼자서 게임을 치른다면
> 팀으로 경기하는 사람들에게
> 항상 패배할 것이다.
>
> – 라이드 호프만Reid Hoffman

팀 구성원들의 대다수가 "팀은 나를 도와주기 위해 존재한다."라는 생각에서 "나는 팀을 도와주기 위해 존재한다."라는 생각으로 바뀌었을 때 그들은 변화를 가져오는 팀을 만들 수 있다. 경영 컨설턴트 리처드 바렛Richard Barret은 이렇게 설명한다. "'나를 위하는 것이 무엇인가?'에서 '공동의 선을 위해 무엇이 최선인가?'로 태도가 변화할 때 근본적인 변화가 발생한다. '나'로부터 '우리'로 문화의 변화가 일어난다."[8] 이렇게 되면, 팀을 위해서가 아니라 우리 자신을 위해서 내려놓을 수가 있다.

혼자 일하는 것에서 다른 사람들과 함께 일하는 것으로 변화가 필요한 것은 단지 사업이나 비영리 세계에서만 나타나는 현상은 아니다. 당신은 심지어 자연에서도 그런 현상을 찾아볼 수 있다. 늑대는 무리를 지어 돌아다닌다. 동물의 왕인 사자들도 함께 모여 살면서 사냥하고 자신들을 방어한다. 무리를 지어 날아가는 거위는 대열이 약 70%까지 증가한다.[9] 말과 같은 가축도 팀을 만들어 작업을 시키면 더 많은 것을 성취할 수 있다. 가장 힘이 센 말은 무게가 2톤 정도 되는 썰매를 끌 수 있다고 한다. 만약 당신이 그 말을 능력이 모자라는 다른 말과 함께 작업을 시킨다면 두 마리는 5.5톤의 짐을 끌 수 있다고 한다. 네 마리의 말이 함께 일하면 짐을 끌 수 있는 능력이 13톤 이상으로 증대된다. 놀랍지 않은가!

나는 몇 년 전 척 스윈돌Chuck Swindoll이 공동 작업의 중요성을 일깨워줬던 다음의 글을 좋아한다.

아무도 혼자서 온전한 사슬이 될 수 없다. 각자는 하나의 고리다. 하지만 고리를 하나 빼면 사슬이 끊어진다.

아무도 혼자서 완전한 팀이 될 수 없다. 각자가 한 명의 선수이다. 하지만 한 명이 빠지면 그 경기는 패배한다.

아무도 혼자서 완전한 오케스트라가 될 수 없다. 각자는 한 명의 음악가다. 하지만 한 명이 빠지면 교향곡 연주는 불완전해진다. 당신은 짐작할 것이다. 우리는 모두 서로가 필요하다. 당신은 누군가가 필요하고 누군가는 당신이 필요하다. 우리는 고립된 섬이 아니다. 필생의 사업을 완수하려면 우리는 서로 의지하고 지지

해야 한다. 관계를 맺고 소통해야 한다. 주고받아야 한다. 고백하고 용서해야 한다. 먼저 손을 뻗어 포옹하라. 자유롭게 풀어주고 믿어라 등등.

우리 중 누구도 완전하고 독립적이며 자급자족하고 조능력이 있으며 전지전능한 실력자가 아니다. 우리는 이제 그런 행동을 그만하자. 우리가 그런 어리석은 행동을 하지 않더라도 인생은 너무나 외로운 법이다.

이제 그런 경기는 끝났다. 서로 협력해야 한다.[10]

팀TEAM이라는 단어가 '함께Together, 모두Everyone, 성취하다 Accomplish, 더More'라는 단어의 앞 글자를 따서 만들었다는 이야기도 있다. 세상을 바꾸고 변혁 운동에 참여하려면 당신은 '나'보다 '우리'를 중시해야 한다. 당신은 자진해서 다른 사람들과 관계를 맺어야 한다.

팀TEAM이라는 단어는 '함께Together, 모두Everyone,
성취하다Accomplish, 더More'를 의미한다.

'사람'이 '방법'보다 중요하다

명분과 팀이 개인보다 더 중요하다는 것을 인식했다면 다음으로 중요한 것은 "누구와 팀을 이뤄야 하는가?"이다. 이것은 내가 어렵게 배운 교훈이다. 나는 일찍부터 다른 사람들을 돕고 싶었다. 나는 '변화를 가져오고 싶다'라고 생각했다. 나는 변화를 가져오려면 다른 사람들의 도움이 필요하다는 것을 깨달았다. 그러자마자 내 생각은 '다른 사람들과 함께 협력하면서 변화를 가져와야 한다.'라는 생각으로 확장했다. 그리고 나는 내 명분을 도와줄 사람들을 모집하기 시작했다. 나의 열정과 성격 덕분에 사람들을 모을 수 있었다는 것은 기분 좋은 일이었다. 하지만 내가 모집했던 사람들이 모두 나의 명분을 지지했던 것은 아니었다. 어떤 사람들은 그냥 한배에 같이 타고 있는 것으로 만족했다.

당신은 조정팀이 함께 운동하는 모습을 본 적이 있는가? 스컬이라고 불리는 가장 큰 조정 경기용 배에서 선수 8명이 일제히 노를 젓는다. 키잡이가 선미에서 노 젓는 박자에 맞춰 구령을 외친다. 팀원들이 함께 노를 저어야만 승리할 수 있다. 내가 처음 리더가 되었을 때 나는 배의 모든 자리를 채우려고 사람들을 모았다. 하지만 단지 그중 몇 명만이 노를 젓고 있었다. 나머지는 그냥 앉아서 휴식을 취하며 배 타는 것을 즐기고 있었다.

이런 사실을 이해하자 나는 생각이 다시 바뀌었다. 나는 변화를 원하는 사람들과 변화를 이룩하고 싶었다. 나는 마침내 세상을 변화시키기 위해 일할 때는 변화하는 '방법'보다 참가하는 '사람'이 중요하다는 사실을 깨달았다. 우리가 변화를 가져오려면 같은 명분으로 무장하고 싸워야 한다. 따라서 나는 팀원으로 사람을 선택하는 문제에 대해 좀 더 신중해야 한다는 사실을 깨달았다.

그런 결정을 내리는 것은 주변의 모든 사람을 기쁘게 할 수는 없다. 나는 처음에 그런 결정을 한다는 것이 힘들었다. 앞에서 설명한 것처럼 내가 처음 사회생활을 시작했을 때 나는 다른 사람들의 비위를 맞추는 사람이었다. 사람들이 내가 결정한 선택을 비판하면 나는 미국 26대 대통령 시어도어 루스벨트가 비판적인 사람들에 대해 한 말을 떠올리며 내면에 있는 나의 옛 모습과 싸웠다.

강한 사람이 어떻게 넘어지는지, 일하는 사람이 어떻게 더 잘할 수 있었는지를 지적하는 비판자가 중요한 것이 아니다. 실제로 경기장에서 경기하는 사람에게 공적을 돌려야 한다. 그의 얼굴은 흙과 땀과 피로 뒤범벅이 되고 용감하게 싸우고 실수를 거듭하며 계속해서 실패하는 사람이다. 세상에 실수하지 않거나 단점이 없는 사람은 없다. 그는 위대한 열정과 신념을 간직하고 가치 있는 명분을 위해 자신을 바치는 사람이다. 결국, 그는 최고의 업적으로 승리한다. 최악의 경우 실패했다고 해도 적어도 용감하게 도전해서 실패한 것이다. 그는 승리도 패배도 모르는 냉담하고 소심한 영혼들과 절대로 함께하지 않을 것이다.[11]

나는 작가이자 연설가이며 교수인 브렌 브라운이 루스벨트의 인용문에 대해 관찰한 것을 좋아한다. 그녀는 이렇게 썼다.

나는 루스벨트의 '경기장의 남자' 연설에서 나를 사랑하는 사람들, 즉 내가 진정으로 의지하는 사람들은 내가 비틀거리는 동안 내게 손가락질하는 비평가들이 결코 아니라는 것을 배웠다. 그들은 관중석에 앉아 경기를 구경하는 사람들이 아니다. 그들은 경기장에서 나와 함께 경기하는 사람들이었다. 나를 위해 싸우고, 나와 함께 싸운다.

나는 관중석에 있는 사람들의 반응으로 나의 가치를 평가하는 것이 시간 낭비라는 사실을 깨달았다. 그것이 내 인생을 가장 많이 변화시켰다. 나를 사랑하고 결과에 상관없이 함께 행동하는 사람들은 가까운 곳에 있다. 그런 사실을 깨닫자 모든 것이 바뀌었다.[12]

같은 가치관을 갖고 같은 명분을 위해 기꺼이 일하고 서로를 위해 싸울 사람들, 즉 올바른 사람들과 파트너 관계를 맺으면 세상이 달라진다.

세상을 변화시키기 위해 누구와 함께 일해야 하는가? 먼저 당신의 마음을 사로잡은 명분에 대해 이미 무언가를 행동하는 사람들을 찾는 것이 좋다. 당신이 동의하는 명분과 가치를 위해 이미 활동하는 조직에 가입하거나 그들과 협력할 수 있는가? 만약 그렇다면 당신은 시간을 낭비할 필요가 없다. 당신이 변화를 가져오려면 그들 조직에 가입하라. (6장에서, 롭과 나는 사람들이 변혁 탁자에서 삶이 변화하는 것을 목격한 우리의 경험담을 소개하겠다. 우리는 당신에게 무료로 변혁 탁자에 참여할 기회를 줄 것이다. 거기서부터 시작하는 것이 좋다.)

달리 생각해 보면 사람들을 불러 모아야 할 사람이 당신일 수도 있다. 당신은 먼저 가까이 있는 사람들과 연결하라. 그런 다음 그 이상으로 확장하라. 당신은 어떤 인맥이 있는가? 당신이 알고 싶어 하는 사람을 알고 있는 사람은 누구인가? 1960년대 심리학자 스탠리 밀그램Stanley Milgram이 '작은 세계 실험Small World Phenomenon'으로 소개한 6단계 분리 법칙을 이용하라. 이 법칙에 따르면 한 사람이 6단계 정도의 사람 연결고리를 거치면 모르던 사람과도 연결될 수 있다.[13] 롭은 요즘 주로 소셜 미디어 덕분에 사람들 사이의 관계는 과거 6단계가 아니라 3단계 정도 떨어져 있다고 주장한다.

> 나는 관중석에 있는
> 사람들의 반응으로
> 나의 가치를 평가하는 것이
> 시간 낭비라는 사실을 깨달았다.
>
> – 브렌 브라운Brené Brown

'작은 세계 실험'의 중요성은 무엇인가? 당신이 팀을 구성하기 위해 같은 생각을 하는 사람들을 모으는 변화의 촉매자가 되거나, 이미 무언가를 하고 있는 그룹이나 팀, 조직에 변화를 위해 합류하려는 개인이든지 간에 당신은 함께 일할 다른 사람들을 찾아낼 수 있다. 가장 먼저 당신이 잘 아는 사람들과 연락하라. 그런 뒤 당신이 잘 알지 못하는 사람들까지 연락 범위를 넓혀라. 그리고 당신이 적절한 사람들을 찾을 때까지 계속해서 연결고리를 탐구하라.

그것이 바로 우리가 과테말라에서 혁신 운동을 시작했을 때 나의 비영리 단체들이 채택한 방식이다. 우리는 과테말라 프로스페라

Guatemala Próspera라는 현지 비영리 단체를 찾았다. 그들은 자신들의 나라가 변화하기를 원했으며 제대로 활동하고 있었다. 우리는 그들의 지도자들과 함께 일하면서 사람들에게 긍정적인 영향을 끼칠 수 있는 전략을 생각해 냈다. 그리고 우리는 그 전략을 통해 변혁 운동이 시작할 것이라고 믿었다. 우리가 국민 10%에게 가치관을 심어주고 그들이 그 가치관을 열심히 실천한다면 과테말라에 전환점이 형성될 것이라고 믿었다.[14] 하지만 국민의 10%에 도달하기 위한 최고의 방법은 얼마나 많은 사람을 훈련했는가가 아니라 '누구'를 훈련했는가가 결정적으로 중요하다는 것에 우리 모두 동의했다. 우리는 정부, 교육, 기업, 종교, 언론, 예술, 스포츠, 보건 등 8가지 분야에서 가장 영향력 있는 지도자들을 영입하기 위해 노력했다. 우리가 그들에게 영향을 미칠 수 있다면, 그들이 다시 다른 사람들에게 영향을 미칠 것이라고 믿었다. 우리는 아직 목표에 도달하지 못했다. 하지만 지금까지 우리의 전략은 효과가 있었다. 우리는 과테말라가 변화한 모습을 조만간 보고 싶다.

> 당신을 짓누르는 것은
> 짐의 무게가 아니라
> 그것을 운반하는 방식이다.
> – 미상

누군가 언젠가 이렇게 말했다. "당신을 짓누르는 것은 짐의 무게가 아니라 그것을 운반하는 방식이다." 당신이 혼자서 변혁에 대한 부담을 짊어졌다면 다른 사람들을 초대하라. 그러면 그들은 당신의 짐을 덜어주고 변혁 과정은 즐거워질 것이다.

분열하지 말고 단결하는 것이 더 중요하다

당신이 다른 사람들과 연결되자마자 물어봐야 할 가장 중요한 질문은 "우리는 가치관이 일치합니까?"이다. 《17가지 확실한 팀워크 법칙》에서 소개한 정체성의 법칙에 따르면 '공유된 가치가 팀을 정의한다'. 만약 당신의 가치와 팀원들의 가치가 일치하면 당신은 단결, 통합, 효과를 경험할 것이다. 만약 그렇지 않다면 당신은 결코 조화롭게 활동한다는 생각이 들지 않을 것이다. 당신과 팀원들은 좌절감을 느낄 것이다.

팀 구성원들 사이에 공통된 가치를 공유하는 것과 공유하지 않는 것의 차이점은 집단에 위기가 닥쳤을 때 말과 당나귀가 행동하는 모습을 닮았다. 말 조련사 스티븐 브라운Stephen Brown은 차이점을 이렇게 설명했다. 말들은 위협에 직면하면 서로를 마주 보고 둥글게 원형을 만들어 뒷다리를 바깥을 향하도록 서서 적을 찰 준비를 한다. 반면에 당나귀는 정반대의 행동을 한다. 그것들은 위협에 직면하면 서로를 마구 걷어찬다.[15]

> 우리는 모두 우리를 분열시키는 문제들을 장황하게 떠벌리는 대신 우리를 단결하게 도와주는 것이 무엇인지를 찾아야 한다.
>
> – 존 F. 케네디John F. Kennedy

당신은 다른 사람들과 가치관이 일치한다고 확인하면 차이점이 아니라 공통점에 초점을 맞춰야 한다. 우리가 공통점에 초점을 맞추면 공통점이 확장한다. 우리가 차이점에 초점을 맞춘다면 차이점이 확장된다. 만약 우리가 단결력에 집중하면 우리의 단결력이 강화할 것이다. 존 F. 케네디 대통령은 단결을 이렇게 강조했다. "우리는 모두 우리를 분열시키는 문제들을 장황하게 떠벌리는 대신 우리를 단결하게 도와주는 것이 무엇인지를 찾아야 한다."[16]

우리는 작년에 존 맥스웰 팀의 많은 자원봉사 코치들과 함께 아이리드iLead라는 가치 기반 청소년 프로그램을 시작하기 위해 파라과이를 방문했다. 그곳에서 우리는 경쟁 팀이 함께 협력하는 환상적인 예를 보았다. 파라과이에서 가장 인기 있는 축구팀 중 하나인 세로 포르테뇨Cerro Porteño는 자신들에게 선한 가치관을 주제로 강의해 달라고 나를 초대했다. 그들은 우리가 가르친 선한 가치관들을 받아들였다. 그들은 자신들의 팀은 물론 청소년 축구 프로그램 및 심지어 팬클럽에서도 선한 가치관을 가르치기 시작했다. 그들은 아주 놀라운 결과를 경험했다.

그다음에 일어난 일은 훨씬 더 주목할 만했다. 세로 포르테뇨는 가치관 훈련 프로그램을 경쟁팀 중 하나인 클럽 올림피아Club Olimpia와 공유했다. 그들 역시 클럽 전체에 선한 가치관을 심어주기 위해 변혁 탁자 운동을 시작했다. 그들은 결과에 매우 고무되어 다시 다른 경쟁팀인 클럽 리베르타드Club Libertad와도 관련 자료를 공유했다. 클럽 리베르타드는 현재 그들의 조직에 변혁 탁자 운동을 도입했다.

당신이 축구팬이라면, 축구팀 간의 경쟁이 매우 치열하다는 사실을 잘 알고 있다. 하지만 그들은 또한 자신들을 하나로 연결해

주는 형제·자매애를 공유하고 있다. 이런 축구팀들은 경쟁하면서도 자신들의 지역사회를 위해 무언가 훌륭한 일을 하고 싶어 한다. 따라서 그들은 서로의 차이점을 지향한다. 그들이 지역사회를 변화시키기 위해 함께 노력할 수 있디면 그들은 국가 전체를 변화시킬 수도 있다.

독립선언문 서명 당시 벤저민 프랭클린은 "우리는 모두 함께 뭉쳐야 한다. 그렇지 않으면 우리는 한 사람 한 사람 교수형을 당할 것이다."라고 반복해서 강조했다. 건국의 아버지들은 다양한 배경과 직업을 가진 집단이었다. 비록 그들은 같은 언어를 사용했지만 그들은 자신들을 통일 국가의 국민이 아니라 자신들이 속한 주의 주민으로 인식했다. 그들이 국가명을 연합한 주, 즉 합중국United States이라고 결정한 것은 우연이 아니었다. 하지만 그들은 자유에 대한 열망을 공유한다는 사실에 초점을 맞췄다. 그것이 그들을 하나로 묶어주었다. 그들은 서로 단결하지 않으면 명분을 잃게 되리라는 것을 잘 알고 있었다.

내가 갖고 있는 것이 내게 없는 것보다 더 중요하다

우리가 물어볼 다음 질문은 "내가 변혁 팀에 어떤 자산을 제공할 수 있을까?"이다. 당신은 이런 자산을 확실히 가졌는지 혹은 가치 있는 것을 실질적으로 제공할 수 있는지에 대해 의문을 품을 수 있다. 하지만 당신은 어떤 팀에도 소중한 존재이며 그들에게 가치를 제공할 수 있다. 당신은 당신이 아닌 다른 사람이 되려고 한다거나 당신에게 없는 능력을 기대하지 마라. 당신은 이미 가진 장점을 활용하고 그것을 바탕으로 다른 사람들에게 도움을 주기만 하면 된다. 시인 에드윈 마크햄Edwin Makham은 이렇게 묘사했다.

우리는 형제가 될 운명이다.
혼자 가는 사람은 아무도 없다.
우리가 다른 사람들의 인생에 도움을 주는 것은
우리의 인생으로 모두 되돌아온다.[17]

팀원들이 우리에게 가치를 더해 주기 때문에 우리는 다시 팀 동료들에게 가치를 더해 줄 수 있다. 우리가 함께한다면 세계를 변화시키는 가치를 더할 수 있다.

당신이 명분에 이바지하는 것은 무엇인가? 당신은 차이점을 만들기 위해 어떤 자질을 변혁 탁자로 가져올 수 있는가? 만약 당신이 그것을 파악하기 어렵다면 다음 자산 목록을 살펴보고 자산별로 1점(가장 약함)에서 5점(가장 강함)의 척도로 자신을 평가하라.

열정
경험
지식
기술
관계

영향력

비전

시간

자원

《17가지 확실한 팀워크 법칙》에서 소개한 틈새의 법칙에 따르면 "모든 사람은 자신의 가치를 가장 잘 발휘할 수 있는 역할이 있다." 당신이 그것을 찾아내면 당신의 독특한 역할로 팀에 남다르게 이바지할 수 있다. 그렇게 되면 당신은 팀을 더욱 강하고 완전하게 만들 수 있다.

우리는 1장에서 롭이 아본데일에서 겪었던 경험을 살펴봤다. 그는 사람들이 자신이 가진 것을 기반으로 다른 사람들에게 베푸는 것을 여러 차례 목격했다. 예를 들어, 그는 아본데일 근처 노인회관의 노인들이 매주 어린아이들을 돕기 위해 길을 건너와 그들에게 책을 읽어주는 것을 봤다. 노인들은 자신들이 할 수 있는 것으로 아이들에게 베풀고 있었다. 어떤 사람들 눈에는 그

> 그녀는 허점이 있고 나도 허점이 있어요. 하지만 우리가 함께하면 그 허점을 메울 수 있어요.
>
> – 『록키 발보아』,
> 실베스터 스탤론Sylvester Stallone

것이 사소한 것처럼 보일 수도 있다. 하지만 노인들은 아이들이 살아가는데 필요한 글 읽기를 더 잘하도록 도와주고 있었다.

모든 사람은 무언가를 할 수 있다. 그들이 행동할 때 다른 사람 모두에게 더 좋은 것을 제공할 수 있다. 나는 아카데미상 수상작인 영화 〈로키Rocky〉에서 주인공 로키 발보아Rocky Balboa가 그런 생각을 표현한 말이 마음에 든다. 로키는 여자 친구인 아드리안Adrian에 대해 이렇게 말했다. "그녀는 허점이 있고 나도 허점이 있어요. 하지만 우리가 함께하면 그 허점을 메울 수 있어요."[18]

협조보다 협업이 더 중요하다

우리는 현재 적대감, 분열, 파벌주의의 시대에 살고 있다. 사람들은 대화함으로써 함께 해결책을 찾기보다는 편을 가르고 서로에게 돌을 던진다. 이런 상황에서 우리는 사람들 사이의 협조가 최선이라고 생각한다. 하지만 그것은 우리 자신을 과소평가하는 것이다. 우리는 더 잘할 수 있다.

협조는 말 그대로 단결을 위한 단결이다. 협조는 "그냥 사이좋게 지냅시다. 그렇지 않으면 아무것도 달성할 수 없습니다."라고 말하는 것이다. 협업은 공유한 비전을 달성하기 위한 단결이다. 협업은 "이것은 꼭 달성해야 하므로 함께 일합시다."라고 말하는 것이다.

협조에 내포된 함축적 의미는 사람들이 서로에게 적대적으로 대하지 않는다는 것이다. 하지만 진정한 협업은 서로를 위해 일하는 것이다. 협업하는 사람들은 모두가 가치 있다고 생각하는 것을 달성하기 위해 서로 도와주면서 계획적으로 같은 방향으로 간다.

우리는 파라과이의 학교들 사이에 이런 협업이 이루어지고 있는 것을 보았다. 우리는 그곳에서 '아이리드' 프로그램을 시작했다. 우리는 학생들에게 그들이 배운 가치관과 관련된 프로젝트를 수행하도록 격려했다. 프로그램에 참여한 어느 학교는 마을 광장을 아름답게 꾸미기 위해 지역사회의 다른 학교와 접촉하기 시작했다. 그들은 함께 쓰레기를 줍고, 건물 벽을 칠하고, 꽃을 심었다. 주변 지역사회의 학교들도 이런 모습을 보고 자신들의 마을 광장을 아름답게 꾸미기 위한 프로젝트를 곧바로 시작했다. 그것은 학교들이 지역사회를 위해 최선의 것을 제공하려고 서로 경쟁하면서 국가적인 도전과제가 되었다. 그들은 단순히 협조하는 것 이상을 하고 있다. 그들은 협업하고 있다.

협조는, "그냥 사이좋게 지냅시다. 그렇지 않으면 아무것도 달성할 수 없습니다."라고 말하는 것이다. 협업은 "이것은 꼭 달성해야 하므로 함께 일합시다."라고 말하는 것이다.

우리가 모두 협력해서 일할 때 모두가 혜택을 받는다. 나는 종종 협업의 사례로 해안가 삼나무가 어떻게 자라는지 소개한다. 나무들은 보통 비교적 곧은 뿌리를 깊게 내리면서 성장한다. 하지만 해안 삼나무는 그렇지 않다. 삼나무는 키가 120미터까지 자란다. 삼나무 뿌리는 깊이가 겨우 2미터 혹은 4미터 정도지만 반경은 30미터 이상으로 넓게 퍼져나간다. 그리고 그것들은 뿌리가 서로 얽히면서 숲을 형성하며 격렬한 폭풍우 속에서도 꿋꿋하게 서 있다. 삼나무는 세계에서 키가 가장 큰 나무다. 하지만 그것들은 거의 쓰러지지 않는다. 수령이

2,000년 이상 된다는 사실은 그리 놀랄만한 일이 아니다.[19]

롭은 집단적 영향이라는 협업 방법을 연구했다. 그것은 크고 복잡하며 다양한 사회 문제들을 해결하기 위해 2011년 파운데이션 스트래티지 그룹Foundation Strategy Group의 존 카니아John Kania 전무이사와 존 F. 케네디 행정대학원John F. Kennedy School of Government의 마크 크래머Mark Kramer 교수가 처음으로 도입했다. 그것은 우리가 채택한 다음의 다섯 가지 중요한 합의사항을 포함한 일종의 집단적 협업을 촉진한다.

○ 공통 의제
○ 측정 시스템 공유
○ 참여 활동
○ 지속적인 커뮤니케이션
○ 지원팀

이제 다섯 가지 합의 내용을 하나씩 살펴보자.

공통 의제

협업의 출발점은 문제가 무엇인지와 이를 해결하기 위해 모든 사람이 어떻게 협력할 것인지에 대한 합의다. 이런 공통 의제가 없다면 모든 사람이 자발적으로 함께 일하고 같은 방향으로 가는 것은 불가능하다.

공동의 명분을 위해 함께 행동하면 항상 중요한 변화를 가져올 것이다. 종종 이런 변화 중 하나가 훨씬 더 큰 변화를 가능하게 하는 쐐기돌 역할을 한다. 건축에서 쐐기돌은 아치형 모양이나 천장을 만들 때 필요하다. 작가이자 사업가인 그렉 사텔Greg Satell은 이렇게 말했다. "핵심적인 변화를 확인하는 것이 모든 변혁 운동의 가장 중요한 도전이다. 당신이 그 도전을 극복하지 못한다면 당신의 노력은 물거품이 될 것이다."[20] 사텔은 변혁 운동을 촉진한 핵심적인 사례를 소개했다. 1930년에 마하트마 간디는 영국의 소금 독점을 항의하기 위해 파괴력이 있지만 비폭력적인 소금 행진을 조직했다. 그는 80명의 다른 시위자들과 함께 사바르마티Sabarmati에 있는 자신의 집에서 바다로 향해 걷기 시작했다.[21] 그들은 24일을 걸었으며 행진하는 가운데 다른 사람들도 합류했다. 그들이 아라비아해의 단디Dandi에 도착했을 때 시위자들은 수천 명으로 불어났다. 간디는 그곳에서 소금을 만들었다. 그것은 불법이었다. 그는 이렇게 선포했다. "나는 이것으로 대영제국의 기초를 흔들고 있다."[22] 간디의 항의 시위로 인해 인도 전역에서 수백만 명이 항의 시위에 동참했다. 결국, '바다로 가는 행진'은 궁극적으로 인도가 영국으로부터 독립하게 된 핵심적인 사건이었다. 소금 독점에 대한 평화적인 항의라는 공통 의제가 없었다면 이 중요한 변화는 불가능했을지도 모른다.

측정 시스템 공유

당신이 실제로 성취한 것이 무엇인지 어떻게 알 수 있는가? 당신은 진도율을 측정해야 하며 측정하는 방법을 결정하지 않고 미정으로 남겨두면 안 된다. 측정 방법을 정의하면 모든 사람이 성공 요소가 무엇인지와 그것을 구체적으로 어떻게 측정할지에 대해 동의할 수 있다. 우리는 성과 측정에 관한 내용을 7장에서 자세히 살펴보려고 한다.

참여 활동

예술가 빈센트 반 고흐는 "위대한 일들은 일련의 작은 일들에 의해 이루어진다."라고 말했다.[23] 협업의 가장 큰 특징 중 하나는 모든 사람이 적극적으로 함께 일하는 것은 활동 자체를 위한 활동이 아니라 전진함으로써 대의명분을 위한 발전을 이룩한다는 것이다. 사명의 통일이 행동의 통일을 의미하는 것은 아니다.

롭은 이 개념의 가장 중요한 측면은 모든 사람들이 대의명분을 위해 행하는 각자의 모든 행동은 다른 사람들이 행하는 모든 행동과 함께 작동하는 것이라고 지적한다. 이론가들은 이런 생각을 '강화 활동'이라고 표현하고 공학자들은 이를 '환원 불가능한 복잡성'이라고 부른다. 그것은 모든 부분이 기능하며 동시에 함께 작동하고 각각 자신이 담당한 분야의 일을 한다는 개념이다.

지속적인 커뮤니케이션

《17가지 확실한 팀워크 법칙》에서 소개한 커뮤니케이션의 법칙에 따르면 '상호작용이 행동을 부채질한다.' 사람들이 성공적으로 함께 일하려면 그들은 서로 지속해서 대화해야 한다. 나의 멘토 중 한 사람인 찰스 블레어Charles Blair는 내게 "이해하세요. 그러면 오해가 없어요."라고 말하면서 의사소통이 잘못되면 위험에 빠진다고 경고했다. 의사소통이 잘 안 되는 것은 종종 가정이 서로 다르기 때문이다.

> 이해하세요.
> 그러면 오해가 없어요.
> – 찰스 블레어Charles Blair

커뮤니케이션이라는 단어는 공통된 부분을 의미하는 라틴어 커뮤니스communis에서 유래했다. 사람들이 공통된 명분을 확실히 공유하기 위해 계속해서 서로 대화할 때 의사소통이 훨씬 더 잘 이루어진다.

지원팀

명분을 달성하려는 사람들은 누구나 자신들에게 필요한 것을 제공하고 의사소통을 원활히 하며 각종 노력을 조화롭게 조정하는 데 헌신하는 팀이 지원해주면 한층 더 효과적으로 일할 수 있다. 학계에서는 이를 지원 조직이라고 부른다. 우리는 이들을 모든 것을 올바른 방향으로 진행하려고 헌신하는 직원 혹은 자원봉사자를 의미하는 지원팀이라고 부른다. 네트워크로 연결된 세계에서는 지원팀은 반드시 필요하다.

당신이 어떤 명분을 달성하려면 숙련된 지원팀을 구성해야 한다. 당신은 사람들과 지속적으로 소통하며 그들이 이바지할 수 있도록 조정하고, 구체적으로 진행 상황을 측정하는 방법에 대해 합의하며 공동 의제를 위해 일해야 한다.

함께 승리하기

내 친구 케이시 크로포드Casey Crawford는 변혁과 팀워크를 이해
한다. 그는 사업계에서 평판이 긍정적이었으며 회사의 눈부신 성공
으로 유명했기 때문에 나는 그를 만나기 전부터 이미 잘 알고 있었
다. 존 맥스웰 팀은 케이시에게 변혁 리더십 상을 수여했다. 나는
3시간 동안 점심을 같이하면서 그에 대해 많은 것을 알게 되었다.
그는 놀라운 일들을 이룩했다.

케이시는 워싱턴 DC 근처의 메릴랜드와 버지니아에서 성장했다.
당시 그곳은 살인 사건이 자주 발생하는 지역으로 악명이 높았다.
그는 그 지역의 가장 가난한 동네에 있는 아버지의 철물점에서 일
했다. 그는 훗날 이렇게 고백했다. "만약 당신이 그 당시 그렇게 가
난한 지역에서 태어났더라면, 당신의 앞날은 어두울 수밖에 없었을
것입니다."

케이시는 운동도 했다. 그는 버지니아대학교에서 장학금을 받을
만큼 훌륭한 미식축구 선수였으며 공격수로 활약했다. 그 후 그는
짧은 3년간의 NFL^{National Football League, 미국 프로 미식축구 리그} 경력을
쌓았다. 그는 유명 팀에 선발되지 못해 신인 선수로 캐롤라이나 팬
서스Carolina Panthers와 간신히 계약했다. 그러나 케이시는 세 번째

시즌을 맞이해 훈련 캠프 막바지에 팬서스에서 방출되고 탬파베이 버커니어스Tampa Bay Buccaneers에 선발됐다. 케이시가 플로리다에서 첫 번째 연습을 끝낸 뒤 존 그루덴Jon Gruden 탬파베이 감독은 "우리는 세계 챔피언십에서 우승할 것이다. 올해 여기 있는 사람들과 함께 목표를 달성할 것이다."라고 장담했다.

그루덴의 말은 실현됐다. 케이시는 "그 시즌은 마법의 시즌이었어요, 슈퍼볼 챔피언십으로 절정을 이뤘답니다."라며 이렇게 회상했다. "저는 경기가 끝난 뒤 본 조비Bon Jobi의 〈그것은 나의 인생〉을 부르면서 50야드 선에 설치된 무대에 있었어요. 한쪽 팔로 아내를 감싸 안고 롬바르디 트로피Lombardi Trophy 위에 손을 얹고 있었어요. 비록 저는 팀의 승리에 기여한 바가 거의 없지만 축구에 대한 제 목표는 달성했다고 생각했습니다."

케이시는 집으로 돌아오는 비행기 안에서 NFL에서 은퇴하기로 결정했다. 그는 불과 스물다섯 살이었다. "인생을 즐기는 삶에서 영향력 있는 삶으로 전환"하기를 희망했다. 그는 세상을 바꾸고 싶었다.

사람을 위한 마음과 사업을 위한 머리

케이시는 사람들을 도우려는 마음으로 그들에게 가치를 더해 줄 방법을 찾기 시작했다. 케이시는 스포츠도 잘할 뿐만 아니라 사업에도 재능이 있었다. 그는 항상 사업가 기질을 보였다. 그는 초등학교 1학년 때 용돈을 벌려고 혼응지(펄프에 아교를 섞어 만든 종이 반죽-옮긴이)를 팔기 위해 집집마다 방문했던 일을 기억한다. 그는 NFL이 끝난 기간에는 노스캐롤라이나 샬롯Charlotte에서 달리기와 역기 운동을 하기 위해 아침 6시에 일어났다. 아홉 시쯤에 운동을 마치고 나면 온종일 시간이 남았다. 그 시간을 이용해 그는 집을 사서 수리한 뒤 임대사업을 시작했다. 그의 사업은 번창했다. 급기야 누군가가 그에게 단기 대출을 받고 싶어 할 정도로 사업이 잘됐다. 그는 위험을 감수하고 싶지 않았기 때문에 처음에는 대출 요청을 거절했다. 하지만 최근 로스쿨을 졸업한 그의 아내 미셸Michelle이 안전한 대출 방법을 찾아 그들은 돈을 빌려주는 사업을 시작했다. 케이시는 대출해 준 뒤 대출을 상환받을 때까지 30일 동안 잠을 자지 못했다고 말했다.

케이시는 축구 선수에서 은퇴하고 5년 만에 노스캐롤라이나로 다시 돌아와 샬롯에서 부동산, 은행, 모기지 업계에서 일했다. 그때 그는 어떻게 변화를 불러일으킬지에 대한 비전을 갖고 있었다. 그는 황금률을 실천하는 조직을 설립하고 싶었다. 케이시는 "우리의 비전은 직원, 고객, 지역사회를 사랑하는 은행을 만드는 것이었습니다."라고 말했다. 그는 다른 사람들을 사랑하는 것에 초점을 맞춰 또다른 결정을 내렸다. 그는 만약 회사가 크게 성공하면 자신의 개인 수입의 상한선을 설정하고 초과 이윤은 다른 사람을 도와주는 데 사용하기로 했다.

케이시와 토비 해리스Toby Harris는 금융 위기가 몰아친 2008년에 무브먼트 모기지Movement Mortgage를 설립해 영업을 시작했다. 케이시는 "은행들은 채무 불이행을 피할 수 없는 부실 채권을 발행함으로써 지역사회에 치명상을 주었다는 사실은 잘 알려져 있습니다."라며 이렇게 말했다. "지역사회의 모든 주택 기치를 떨어뜨리는 과도한 주택담보대출로 지역사회 전체가 붕괴했습니다."

케이시는 "제 비전은 사업, 특히 은행이 어떻게 영원히 '변화의 주체'로 강력하게 역할을 할 수 있는지에 대한 새롭고 더 훌륭한 이야기를 들려주는 것이었습니다."라고 말했다. 대형 은행들이 도드 프랭크 법Dodd-Frank Act과 같은 새로운 규정을 준수하려고 애쓰는 동안, 케이시의 회사는 혁신을 추구하고 고객들을 도와주는 데 초점을 맞췄다. 무브먼트 모기지는 소위 6-7-1 정책을 시행했다. 회사는 고객이 대출을 신청한 후 6시간 이내에 대출을 승인하고, 적격 대출자의 서류를 7일 안에 처리하며, 하루 만에 대출을 실행하겠다는 약속이었다. 고객들 대부분이 30일 이내에 대출 절차를 끝낼 수 있었다. 그것은 일반적인 대출 처리 기간인 45일, 60일, 90일과 비교하면 상당히 짧은 기간이었다.[24]

무브먼트 모기지의 성공은 놀라웠다. 처음에 직원 4명으로 시작했다. 12년 후 직원이 4,000명 이상으로 늘어났다. 회사는 47개 주에 거의 800개 지점이 있다.[25] 이 회사는 2019년에 160억 달러 이상의 대출을 실행했고 소매 대출 부문에서 전국 상위 10위 안에 들었다.[26] 그러나 케이시를 흥분시키는 것은 이 숫자들 자체가 아니라 사람들의 삶을 변화시킨 것이었다.

그는 대출을 받지 못할 수도 있는 사람들에게 양질의 주택담보대출을 제공함으로써 사람들의 삶을 변화시켰다. 그것은 거기서 그치지 않았다. 그는 직원들을 도와줌으로써 그들의 삶을 변화시켰다. 회사는 금융 위기 상황에서도 팀원들을 조용히 도왔다. 독신 엄마가 차에서 생활한다는 사실을 알고 그녀가 거주할 장소를 물색하는 것을 도왔다. 가정 학대 피해자들을 도왔으며 재정적으로 어려움을 겪는 직원들이 사는 집에서 퇴거당하지 않도록 지원했다.

그런 일은 직원들 수가 적을 때는 비교적 쉬운 일이었다. 하지만 회사가 성장함에 따라 일은 더욱 어렵고 복잡해졌다. 이에 대응하기 위해 케이시는 회사 안에 '러브 웍스 펀드Love Works Fund'를 조성했다. 회사는 펀드를 통해 위기가 발생했을 때 무브먼트 직원과 그 가족에게 재정적인 지원을 계속했다. 지금까지 회사는 직원들에게 340만 달러를 제공했다! 케이시는 회사 직원의 약 70%가 펀드에 참여하고 있다고 추정했다. 회사는 그에 상응하는 금액을 펀드에 기부한다.

지역사회 팀워크

케이시에게는 회사의 고객과 직원들을 돕는 것은 보람 있는 일이었다. 그러나 그것만으로는 충분하지 않았다. 그는 워싱턴 DC의 침체한 지역에서 자랐던 어린 시절을 기억하면서, 샬롯에서 어렵게 생활하는 사람들을 돕고 싶었다. 그는 그들을 도와줄 수 있는 가장 좋은 방법은 아이들에게 더 좋은 교육 기회를 제공하는 것이라고 믿었다. 그는 무브먼트 재단Movement Foundation을 설립했고 차터 스쿨(독립 공립 초·중등학교-옮긴이)을 연구하기 시작해 효과가 있는 모델을 찾았다. 2017년 샬롯의 소외된 지역사회에서 무료 차터 스쿨인 무브먼트 스쿨Movement School이 문을 열었다. 학교는 처음에 유치원과 1, 2학년으로 시작했으며 8학년까지 매년 학년을 추가할 계획이었다. 학교는 매우 성공적이었다. 개교 2년 후, 입학하려는 아이들의 대기자 명단이 학교 정원의 거의 두 배에 달할 정도였다.

케이시는 재빨리 학교를 추가로 설립할 방법을 찾기 시작했다. 하지만 학교가 급속히 성공하는 바람에 다른 문제가 발생했다. 지역 의료 당국은 케이시에게 학교로부터 8킬로미터 이내에 소아과 의사가 한 명도 없으므로 지역 주민들의 건강 관리에 문제가 있다고 알려줬다. 케이시와 그의 팀은 이에 대응해 근처 주민 센터에 지역 보건소를 열 수 있도록 도왔다.

몇 달 후 케이시와 그의 팀은 이 지역의 저렴한 주택을 제공하는 문제를 해결하려는 한 비영리 개발업자로부터 연락을 받았다. 케이시와 개발업자는 팀을 구성했다. 그들은 마을의 인심 좋은 토지 소유자와 함께 일하면서 교회로부터 자선기금을 받아 학교와 보건소 사이에 저렴한 주택을 185채 지을 수 있었다. 케이시와 무브먼트 모기지에게는 변화를 가져올 여러 가지 기회들이 계속 등장했다. 지금까지 무브먼트 재단은 전 세계에 긍정적인 변화를 주기 위한 프

로젝트에 회사 수익금에서 4천만 달러를 투자했다.[27]

"변혁적인 학교를 우리 도시의 어려운 지역에 설립한다는 비전으로 시작한 것이 구체적이고도 전체론적이며 보상적인 발전으로 바뀌었습니다."라고 케이시는 말했다. "항상 팀에 속해 있는 것을 좋아하고 팀워크의 힘을 인정해 온 사람으로서, 저는 지역사회가 함께 힘을 합하면 강력한 무언가를 할 수 있다고 믿습니다."

"미국이 안고 있는 문제들은 어떤 조직도 혼자서 해결하기에는 규모가 너무 큽니다."라며 케이시는 이렇게 강조했다. "병원만으로 도시 빈곤층이 경험하는 문제들을 해결할 수 없습니다. 학교만으로도 불가능하지요. 거주 문제를 해결한다고 해서 오늘날 가난하게 태어난 아이들이 겪는 무수한 문제들을 해결해 줄 수 없을 것입니다. 하지만 올바른 리더십을 갖춘 훌륭한 조직들이 함께 일하면 저는 우리 사회의 가장 취약한 아이들을 사랑하는 일을 할 수 있다는 희망이 생깁니다." 다시 말해서, 우리는 모두 서로가 필요하다.

어디에서나 서로가 필요하다

작가이자 연설가인 패트리시아 프립Patricia Fripp은 이렇게 설명했다. "팀이란 같은 장소에서 동시에 일하는 사람들을 의미하는 것이 아니다. 진정한 팀이란 공동의 목표를 달성하기 위해 함께 일한다는 약속을 공유한 전혀 다른 개인들의 집합이다. 대부분 팀원의 경험, 재능, 교육 수준이 모두 다르지만 그들에게는 한 가지 매우 중요한 사실이 있다. 그것은 조직이 추구하는 선에 대한 그들의 헌신은 동일하다는 점이다. 가족, 직장, 지역사회 등 모든 그룹이 팀으로 일함으로써 최상의 결과를 얻을 수 있다."[28] 우리가 함께 노력한다면 우리는 함께 승리할 수 있고 함께 변화할 수 있다.

롭과 내가 이 장을 쓰기 시작하면서, 우리는 우리가 제시하는 아이디어들이 크든 작든 세상의 모든 측면을 바꾸기 위해 일하는 모든 사람에게 적용된다는 것을 알았다. 하지만 당신은 오늘날 축구, 농구, 미식축구 등 일상적인 운동 경기를 생각해도 모든 사람의 노력이 필요하다는 것을 알 수 있다. 운동 경기에서 어느 한 선수가 빠지거나 혹은 자신이 맡은 역할을 제대로 수행하지 못하면 그 팀은 경기에서 질 수밖에 없다. 직장에서 프로젝트를 수행할 때 어느 팀원이 자신의 역할을 제대로 하지 않으면, 다른 팀원들이 훨씬 더 어려워진다. 집에서 어느 가족 구성원이 자신이 역할을 제대로 하지 않으면 다른 가족 모두는 고통을 겪는다.

프로젝트나 목표가 크든 작든 간에 팀워크는 필수적이다. 따라서 모두가 함께 행동할 때 팀은 효과적으로 일할 수 있다. 효과적인 팀이 되려면 무엇이 필요할까? 줄리 램버트Julie Lambert는 다음과 같은 자질이 필요하다고 말했다.

> 서로의 약점에 대한 관용
> 서로의 성공에 대한 격려

모든 사람의 기여 가능성에 대한 인정

우리가 모두 이 세 가지 자질들을 높게 평가하는 배려

프로젝트의 범위는 별로 중요하지 않다. 명분은 가치 있는 것이 될 수 있다. 개인들이 자신보다 팀을 우선시하고 같은 가치를 공유하며 그들이 어떤 재능을 갖고 있든 명분을 위해 함께 협력한다면 그들은 커다란 변화를 가져올 수 있다. 당신은 세상을 크게 바꾸고 싶은가? 당신은 이미 그 답을 알고 있다. 팀을 만들어 협력하라!

> 당신이 세상을
> 크게 바꾸고 싶다면,
> 당신은 무엇을 해야
> 하는지 알고 있다.
> 팀을 만들어 협력하라!

우리 모두
같은 생각을 하자

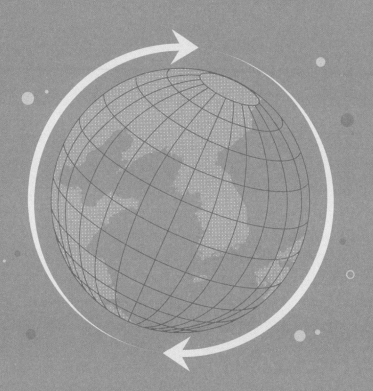

빨리 가려면 혼자 가라. 멀리 가려면 함께 가라.

– 아프리카 속담

우리가 이 책을 쓰기 시작했을 때, 우리에게는 두 가지 목적이 있었다. 첫째, 우리는 당신이 당신의 지역사회를 변화시킬 수 있도록 동기를 부여하고 준비시키고 싶었다. 둘째, 우리는 당신이 그 일을 다른 사람들과 함께 할 수 있도록 격려하고 싶었다. 이런 현상이 발생하면 변혁 운동이 탄생할 수 있다. 그것은 매우 바람직하다. 변혁 운동이 일어나면 문제를 인식할 수 있다. 사람들은 부당하고 불공정한 일을 당하면 리더십이 꿈틀대거나 사람들로 하여금 행동하도록 격려하거나 고무한다. 이 모든 것이 변화를 위한 긍정적인 계기가 된다. 변혁 운동은 규모와 관계없이 세상을 바꿀 수 있다.

사람들이 명분을 위해 모이는 이유

앞 장에서 우리는 사람들이 함께 일하면 혼자 일하는 것보다 항상 더 많은 것을 성취할 수 있다는 것을 살펴봤다. 사람들이 함께 모여 행동하면 그것은 더 강력해질 수 있다. 그 이유는 무엇일까?

다른 사람들과 연결되고 싶어 한다

사람들은 여러 가지 방법으로, 여러 장소에서 다른 사람들과 연결되려고 한다. 그들은 술집, 체육관, 클럽, 스포츠팀, 판타지 축구 리그 등 사람들이 함께 모이는 공동체를 갈망한다. 그들은 종종 공동의 목적의식을 가진 사람들을 찾는다. 성취욕이 강한 사람들은 단지 함께 어울리기 위해서만 모이는 것을 원하지 않는다. 그들은 원하는 것이 더 많이 있다. 그렇게 사람들이 목적의식을 공유하면 변혁 운동이 가능할 정도로 고차원적으로 서로 연결된다.

자신보다 더 큰 가치의 일부가 되고 싶어 한다

인간은 항상 의미를 찾는다. 바쁜 것에 만족하지 못한다. 삶의 목적이 있어야 만족한다. 자신보다 더 큰 무언가의 한 부분이 된다는 것은 매우 만족스러운 일이다. 대부분 사람은 같은 생각을 하는 다른 사람들과 함께 할 수 있는 열정적인 일을 찾고 있다. 그들은 간절한 소망과 최고의 포부를 이룰 수 있는 이야기를 만들고 싶어 한다. 그들은 기억에 남을 만한 일을 하면서 추억을 만들고 싶어 한다. 그렇지 않다면 사람들이 같은 목적이나 명분을 표현하는 색깔의 팔찌를 차고, '유방암 예방의 달'에는 분홍색 옷을 입고, '아이스 버킷 챌린지Ice-Bucket Challenge'에 참가하거나, 그들이 신뢰하는 단체에 기부하는 이유가 무엇이겠는가? 같은 가치를 공유하는 많은 사람이 변화하려는 의지가 강할 때 변혁 운동이 탄생한다.

기부를 통해 보상받고 싶어 한다

사람들이 거의 언급하지 않는 또 다른 이유가 있다. 우리는 다른 사람들이 어떤 명분에 동참하는 이유가 그 명분이 설득력이 있고 중요하며 정당하기 때문이라고 생각한다. 이런 것들이 어떤 사람에게는 동기부여가 되는 것은 사실이다. 하지만 대부분 사람은 자신들의 시간과 노력에 대해 개인적으로 보상받기를 원한다. 다른 사람들에게 가치를 더해 주는 일로 우리가 즉각적인 보상을 받으면 기분이 얼마나 좋은지 모른다. 이것이 중요한 여정의 시작이다. 우리는 기부한다. 그리고 우리가 이렇게 베푸는 여정이 더 오래

> 필연적인 보상: 다른 사람에게
> 오랫동안 베풀어 주라.
> 그러면 우리는 우리가 준 것보다
> 더 많은 것을 받을 것이다.
> 다른 사람을 깊이 사랑하라.
> 그러면 사랑은 열 배로 되돌아온다.
> 다른 사람을 높여 주라.
> 그러면 우리가 더 높아질 것이다.

갈수록, 다른 사람들을 돕는 것이 결국 우리 자신을 돕는다는 것을 더 많이 깨닫게 된다.

나는 이 과정을 필연적인 보상이라고 부른다. 다른 사람에게 오랫동안 베풀어 주라. 그러면 우리는 우리가 준 것보다 더 많은 것을 받을 것이다. 다른 사람을 깊이 사랑하라. 그러면 사랑은 열 배로 되돌

아온다. 다른 사람을 높여 주라. 그러면 우리가 더 높아질 것이다.

다른 사람에게 가치를 더해주면 돌아오는 필연적인 보상은 단계별로 이루어진다. 아래 나열된 항목을 살펴보고 당신의 현재 위치를 파악하라.

단계	중요한 표현
욕망	"나는 다른 사람에게 가치를 더해 주고 싶다."
질문	"내가 다른 사람에게 가치를 더해 주려면 어떻게 해야 하는가?"
공동체	"나는 다른 사람에게 가치를 더해 주는 사람들을 알고 있다."
관찰	"나는 그들이 다른 사람에게 가치를 더해 주는 것을 목격했다."
참여	"당신은 다른 사람에게 가치를 더해주도록 도와주는가?"
준비	"나는 다른 사람에게 가치를 더해 주는 방법을 알고 있다."
행동	"나는 다른 사람에게 가치를 더해 주고 있다!"
피드백	"그들은 내가 자신들에게 가치를 더해 준다고 말한다."
성취	"나는 다른 사람에게 가치를 더해 줄 때 만족한다."
동기부여	"나는 다른 사람에게 계속해서 가치를 더해 주고 싶다."
공유	"우리 함께 서로 가치를 더해 주자."
성장	"가치를 더해 줄 사람들을 찾아보자."
변화	"다른 사람에게 가치를 더해 주는 것이 나를 변화시킨다."
보상	"내가 가치를 더해 준 사람들이 내게 곱절로 보상한다!"

이런 단계를 거친 결과가 무엇으로 나타날까? 필연적인 보상이다! 여기 롭과 내가 파악한 사실이 하나 있다. 당신이 사람들에게 가치를 더해 주면서 계속 앞으로 나아가면 개인적인 보상은 단계를

거칠 때마다 증가할 것이다.

사람들은 다른 사람들과 연결되고 자신보다 더 큰 무언가를 하는 공동체 일부가 되는 변혁 운동에 참여하고 싶어 한다. 게다가 그들은 개인적인 정체성을 회복하고 인정을 받아 자신들의 노력에 대해 보상받는다. 롭과 나는 당신이 그렇게 되기를 원한다. 우리는 이 책이 당신이 변혁 운동에 동참하도록 도와주는 안내서가 되기를 바란다. 이런 일이 일어나려면 우리가 모두 같은 생각을 해야 한다. 우리 모두 변화를 이루기 위한 변혁 운동에 참여하자.

변혁 운동이 실패하는 이유

롭과 나는 수십 년 동안 변혁 운동을 촉진하기 위해 노력했다. 롭은 30년 이상 전 세계 어린이와 청소년들과 함께 일해왔다. 나는 지난 40년 동안 전 세계 지도자들을 훈련했으며 특히 지난 10년간은 개발도상국에서 변혁 운동을 이끌어 갈 사람들을 훈련했다. 롭도 역시 투자 부문 리더와 학자로서 변혁 운동을 연구했다.

이 과정을 통해 우리는 변혁 운동에 있어 무엇이 효과적이고 무엇이 효과가 없는지를 배웠다. 우리는 당신이 어떤 운동을 주도하거나 참여할 때 성공할 수 있도록 우리가 그동안 관찰한 내용을 당신에게 알려주려고 한다. 많은 변혁 운동이 실패하는 이유는 무엇일까?

통일성 결여

당신은 '월가 점령 운동Occupy Wall Street'을 기억하는가? 그것은 10년 전에는 대대적 뉴스거리였지만 지금은 더이상 존재하지 않는다. 2011년 9월 17일, 200여 명의 사람이 소득 불평등에 항의하기 위해 뉴욕 금융 지구인 월스트리트 주코티 공원Zuccotti Park에서 거의 한 달 동안 텐트를 치고 야영 생활을 시작했다. 다음 메시지가 촉매제가 되었다. "우리의 요구는 단 하나다. 월가를 점령하라. 텐트를 가져와라."[1] 사람들은 이에 반응해 모여들었다.

만약 '점령하는 것'이 그들의 목표였다면, 그들은 목표를 달성했다. 하지만 그들이 진정으로 추구한 목표는 무엇이었을까? 한마디로 대답하기 어렵다. 그들은 같은 장소로 모였지만 같은 명분으로 뭉친 것은 아니었다. 월스트리트를 점령하고 싶었던 이유 중 일부는 다음과 같았다.

- 소득 불평등
- 최저임금 인상 요구
- 키스톤 XL 파이프라인Keystone XL Pipeline(송유관 건설 사업-옮긴이) 건설 반대
- 기후 변화 반대
- 셰일 가스 추출을 위한 수압 균열법 반대
- 정치에 대한 기업 영향력
- 학생 부채 위기[2]

〈애틀란틱Atlantic〉지는 운동의 실패 원인을 이렇게 지적했다. "'월가를 점령하라' 운동은 자체 모순으로 제약을 받았다. 그들은 리더가 없다고 선언한 리더들로 가득 차 있었으며 합의에 도달하지 못하는 합의 체제를 운영했으며 운동이 정치적으로 변하는 것을 거부하면서도 정치를 변화시키려고 했다."[3] 월가 점령 운동이 흐지부지된 것은 당연하다.

긍정적인 목표의 부재

당신이 중요한 것에 찬성하지 않으면서 반대만 한다면 사람들이 초점을 맞춰 집중할 수 있는 의제를 만들어 변혁 운동을 주도한다는 것은 어려운 일이다. 그것이 월가 점령 운동이 실패한 또 다른 이유다. 운동에 참여한 사람들은 자신들이 반대하는 많은 주제에 목소리를 높였지만 무엇을 위한 것인지에 대해서는 긍정적인 메시지를 명확하게 제시하지 못했다.

어떤 문제에 대해 긍정적인 목표를 갖지 못하는 이유가 무엇일까? 울분을 토한다고 해서 변혁이 일어나는 것은 아니다. 당신은 마음에 들지 않는 것을 기반으로 변혁 과정을 구축할 수는 없다. 우리는 정의롭지 못한 일이나 비극적인 상황을 경험하면 부정적인

> 당신이 중요한 것에 찬성하지 않으면서 반대만 한다면 사람들이 초점을 맞춰 집중할 수 있는 의제를 만들어 변혁 운동을 주도한다는 것은 어려운 일이다.

감정이 가장 먼저 나타난다. 그런 부정적인 감정은 우리에게 강한 영향을 미치지만 그것은 오래가지 못한다. 특히 부정적인 감정이 지속되면 건강에도 해롭다. 게다가 무언가에 반대하는 것은 매력적이지도 않다. 그것은 긍정적인 변화를 위해 일하려는 긍정적인 사람들을 끌어모으지도 못한다. 만약 당신이 세상에 긍정적인 변화를 일으키고 싶다면, 당신은 무언가를 위해 행동해야 한다.

부적절한 리더십

작가 세스 고딘Seth Godin은 우리가 어떤 문제나 불공정한 일을 보면 이렇게 행동한다고 설명한다. "가장 쉬운 것은 반발하는 것이다. 두 번째로 쉬운 것은 반응하는 것이다. 하지만 가장 어려운 것은 시작하는 것이다."[4] 그러나 그것이 바로 변혁 지도자들이 해야 할 일이다. 그들이 먼저 시작해야 한다. 그것이 세상을 영원히 변화시키는 첫걸음이다.

> 가장 쉬운 것은
> 반발하는 것이다.
> 두 번째로 쉬운 것은
> 반응하는 것이다.
> 하지만 가장 어려운 것은
> 시작하는 것이다.
> – 세스 고딘

20세기의 가장 위대한 변혁 운동 중 하나가 미국 흑인들의 시민권 쟁취 운동이었다. 운동의 지도자는 마틴 루터 킹 목사였다. 그는 1955년과 1956년 앨라배마주 몽고메리에서 버스 탑승 거부 운동을 이끌었다. 킹 목사는 출신 배경, 전문가 지위, 리더십 때문에 전국적으로 유명해졌다. 그것은 미국에서 인종 차별에 반대하는 첫 번째 대규모 시위였다. 탑승 거부 운동이 끝날 무렵 대법원은 대중교통에서 인종 차별을 하는 것은 불법이라고 판결했다.[5]

1957년 초 탑승 거부 운동이 성공한 후 킹 목사는 60명의 다른 목사와 시민권 운동 지도자들과 함께 남부 기독교 지도자 회의 SCLC, Southern Christian Leadership Conference를 결성했다. 킹 목사는 그 단체의 회장에 선출됐다.[6] 기독교 비폭력 철학을 바탕으로 한 SCLC는 시민권을 도덕적 문제로 규정했으며 대규모 비폭력 시위 운동과 유권자 등록 운동, 25만 명이 참여한 '일자리와 자유를 위한 워싱턴 행진'을 주도했다.[7] 그리고 SCLC는 1964년의 시민권법과 1965년 8월의 투표권법이 신속하게 의회를 통과할 수 있도록 협조했다.[8] 킹 목사는 노벨 평화상을 받았다. 그는 수상 당시 35세였으며 최연소 수상자로 이름을 올렸다.[9]

민권 운동이 탄력을 받던 1968년에 킹 목사는 암살당했다. 그의 절친한 친구이자 SCLC 부회장인 랄프 데이비드 애버내시Ralph David Abernathy가 그의 뒤를 이었다. 하지만 민권 운동은 결코 예전 같지 않았다. 킹 목사의 사망 이후 아무도 그의 지도자 역할을 대신할 수 없었다. 그들은 그가 예전에 갖고 있던 지위를 물려받았지만 그가 했던 방식으로 명분을 전파하고 승리할 수는 없었다. 그가 우리에게 준 교훈은 변혁 운동은 변혁적

> 변혁 운동은 변혁적 리더가 이끌지 않으면 성공할 수도 없고 지속할 수도 없다.

리더가 이끌지 않으면 성공할 수도 없고 지속할 수도 없다는 것이다. 다른 모든 것처럼 변혁 운동은 리더십에 따라 성공하기도 하고 실패하기도 한다.

리더십에 대해 마지막으로 한 가지만 말하려고 한다. 마틴 루터 킹 목사와 같이 위대한 지도자도 처음부터 위대한 지도자로 시작하지 않았다. 사실, 킹 목사가 스스로 이 운동의 지도자가 된 것은 아니다. 다른 사람들이 그를 지도자로 만들었다. 그는 미국의 인종차별의 부당성에 대해 무언가를 하려던 작은 모임의 일원이었다. 그가 일을 처음 시작했을 때, 그는 친구들과 함께 현재 위치에서 그들이 할 수 있는 일을 했을 뿐이다. 거기서부터 그들은 계속 앞으로 나아갔다. 우리가 여기에서 얻은 교훈은 변화를 일으키는 위대한 리더는 리더로 태어난 것이 아니라는 사실이다. 그들은 주변 사람들에게 변화를 주기 위해 다른 사람들과 함께 행동하면서 위대한 지도자로 변화한다.

조직적인 지원의 부족

어떤 의미에서 변혁 운동이 지속하려면 그것을 조직적으로 지지해줄 사람들이 필요하다. 그렇지 않으면 변혁 운동은 흐지부지될 것이다. 그렇다고 전통적인 의미의 공식적인 조직이 꼭 필요한 것은 아니다. 지도자, 자원봉사자, 공식 조직 등 관련된 모든 사람이 변혁 운동을 헌신적으로 지원하면 동일한 효과가 나타난다. 그런 지원 활동은 명분을 위해 싸우는 사람들이 함께 일하고, 소통하고, 더 효과적으로 활동하는 데 도움이 되는 것은 물론 변혁 운동의 초석이 된다.

돈이 해결책이라는 생각

잠재적인 변혁 운동을 가로막는 장애물이 하나 더 있다. 돈만 있으면 모든 문제가 해결될 거라는 생각이다. 자원이 있어야만 어떤 일을 해결할 수 있는 것은 당연하지만, 돈으로 모든 문제를 해결할 수 있다는 것은 사실이 아니다. 예를 들어, 세계은행의 독립 평가 그룹Independent Evaluation Group은 1990년대 중반에서 2000년대 초반까지 세계은행이 투자한 25개 빈민국을 조사한 결과, 그중 절반에 해당하는 국가들의 빈곤율은 수십억 달러의 원조를 받기 전과 동일하거나 더 악화했다는 사실을 발견했다.[10]

돈이 저절로 변화를 가져오지 않는다. 변혁 운동은 돈으로 살 수 없다. 한 푼도 없어도 변혁 운동은 일어날 수 있다. 부유한 사람들이 수백만 달러를 쓰고도 아무런 결과를 얻지 못한 경우가 있다. 2020년 대통령 예비선거에 출마한 억만장자 마이클 블룸버그Michael Bloomberg를 생각해 보라. 그는 선거운동에 거의 10억 달러를 썼다.[11] 그는 다른 모든 민주당 후보들의 선거 자금을 모두 합친 것보다 돈을 더 많이 썼다.[12] 하지만 그는 아메리칸 사모아American Samoa 단 한 곳에서만 승리했다.[13]

블룸버그에게는 국가를 변화시

> "돈이 저절로 변화를 가져오지 않는다.
> 변혁 운동은
> 돈으로 살 수 없다."

킬 그의 비전, 전략, 능력을 믿어주는 보통 사람들이 부족했다. 만약 그를 믿는 사람들이 그의 지도력을 지지하며 선거 현장에 많이 있었더라면, 그의 돈은 선거운동을 도와주는 유용한 도구가 되었을 것이다. 하지만 블룸버그는 사람들이 자신을 지지하지 않았기 때문에 그 문제를 돈으로 해결하려고 노력했다. 결국, 그는 그가 할 수 있는 유일한 일을 했다. 그것은 바로 경선에서 중도 하차하는 것이었다.

변혁은 어떻게 일어나는가

그렇다면, 변혁이 일어나는 원인은 무엇인가? 변혁은 어떻게 일어나는가? 변혁의 핵심은 무엇인가? 여기 변혁 운동이 일어나는 방법을 보여 주는 여섯 장의 그림이 있다.

폭포 : 위에서 아래로―리더십이 필요하다

변혁은 영향력에서 시작한다. 영향력은 폭포처럼 위에서 아래로 영향을 미친다. 그 반대 방향이 아니다. 변혁이 일어나려면 지도자들이 참여해야 한다. 우리는 존맥스웰컴퍼니의 기업 교육 부서를 통해 이런 사실을 계속 확인할 수 있었다. 어떤 회사가 우리 팀과 함께 직원들을 교육할 때 교육이 효과가 있을지 없을지를 보여 주는 가장 중요한 지표는 지도자들의 참여 정도였다. 회사 지도자들이 단순히 직원들만 교육 훈련에 보내면 그 성과는 고르지 못하고 특별한 것도 없었다. 하지만 지도자들이 교육 훈련에 합류하면 그 성과는 일관되게 긍정적으로 나타

> 변혁은 영향력에서
> 시작한다.
> 영향력은 폭포처럼
> 위에서 아래로 영향을
> 미친다.
> 그 반대 방향이 아니다.

났다. 지도자들이 중요한 변혁을 완성하려면 자신들의 목소리를 내고 직원들을 격려하고 영향력을 발휘하며 변혁 운동에 적극적으로 참여해야 한다.

롭은 소련이 1985년 이후 글라스노스트glasnost('개방'을 의미함-옮긴이)와 페레스트로이카perestroika('개혁'을 의미함-옮긴이) 정책을 시행할 시기에 원호프를 이끌었다. 그 당시는 소련이 해체되기 직전이었다. 당시 소련의 교육부 장관은 원호프에 연락해 롭과 면담을 요청했다. 그와 소련의 다른 지도자들은 롭의 팀이 원호프가 출판한 《희망의 책Book of Hope》으로 전 세계 어린이들을 가르치는 것이 가치가 있는지 알아보고 싶었다. 그는 롭에게 이렇게 말했다. "우리나라에 새로운 것이 들어오고 있습니다. 그것은 바로 '선택'입니다. '선택'이라는 생소한 단어와 함께 영화, 음악, 마약, 포르노 등 모든 것이 서양에서 물밀듯이 밀려오고 있어요. 우리는 이 세상에서 가

장 큰 도덕적 재앙을 맞이할지도 모릅니다! 이 책이 우리 자녀들에게 희망과 해답을 가져다줄 수 있다면 이 나라에 오신 것을 환영합니다."

롭은 원호프가 5천8백만 어린이들, 즉 소련의 모든 학생에게 《희망의 책》을 나눠 줄 수 있다는 허락을 받고 돌아왔다. 어떻게 그게 가능했을까? 롭의 아버지 밥의 지도로 원호프를 신뢰한 교육부 장관은 자신이 마땅히 해야 할 일을 했다. 원호프는 엘살바도르의 교육부 장관과도 함께 일했으며 아우구스토 피노체트Augusto Pinochet 대통령 시절의 칠레, 다니엘 오르테가Daniel Ortega가 이끄는 니카라과 등 여러 나라에서 활동했다. 원호프가 다른 맥락에서도 아이들을 도와줬다는 사실 때문에 구소련 교육부 장관은 원호프가 소련에서도 효과가 있을 것이라고 믿었다. 롭은 최고 지도자로부터 원호프가 활동할 수 있는 권한을 부여받았다. 그런 일이 없었더라면 원호프는 소련에서 어떤 일도 할 수 없었을 것이다. 당신은 중요한 사실을 이해할 수 있다. 즉, 지도자들이 어떤 일을 할 수 있도록 영향력을 발휘하면 그들은 변화를 이룩할 수 있다.

존 맥스웰 리더십 재단John Maxwell Leadership Foundation, JMLF이 과테말라에서 가치관을 가르치고 전국적으로 긍정적인 성과가 나타나자 다른 나라들도 유사한 운동을 시행해 달라고 재단에 요청했다. 우리는 항상 새로운 나라로 갈 준비가 되어 있다. 하지만 그 나라의 최고 지도자들이 우리의 아이디어를 받아들여야만 변화를 일으킬 수 있다는 사실을 잘 알고 있다. 지금까지 과테말라, 파라과이, 코스타리카의 대통령들이 우리를 초대했기 때문에 우리는 그 나라에서 변혁 탁자 운동을 통해 가치관을 가르칠 수 있었다.

G. T. 버스틴Bustin는 파푸아 뉴기니에서 두 개의 국제 자선 단체를 이끌고 있으며 열정적으로 국가에 봉사하고 있었다. 그는 우리가 라틴 아메리카에서 이룩한 성과를 알고 변혁 탁자 운동을 통해 가치관을 가르쳐 달라고 우리를 파푸아 뉴기니로 초청했다. 우리 재단의 비영리 단체 지도자인 조지 호스킨스George Hoskins와 존 베리켄John Vereeken은 그를 만나기 위해 뉴기니를 방문했다. 그곳에서 만난 버스틴은 국가 부패에 넌더리가 난다고 말했다.

조지와 존은 버스틴이 진정으로 세상을 바꾸고 싶어 하는 정직한 사람이라는 것을 알았다. 변화의 필요성이 분명했으며 변화가 성공할 가능성이 컸다. 하지만 우리가 그곳에서 일을 제대로 하려면 국가 지도자들의 동참과 참여가 필요했다. 조지와 존은 그 사실을 버스틴에게 설명했다. 버스틴은 조용한 인플루언서였다. 그는 뉴기니의 기업가들과 정부 지도자들에게 연락하기 시작했다. 몇 달 후, 우리는 뉴기니 총리로부터 교육과정을 시작해 달라는 초대 연락을 받았다.

우리는 뉴기니에서 변혁 탁자 운동을 시작하면서 2021년에 어느 국가든지 변혁 운동에 우리를 초대하면 뉴기니에서와 같은 방식으로 일을 시작하겠다고 다짐했다. 우리는 정부, 교육, 기업, 종교, 언론, 예술, 스포츠, 보건 등 8개 분야의 영향력 있는 지도자들과 접촉해 그들에게 변혁 과정에서 각자 지속적으로 헌신해 달라고 요청할 것이다. 그들이 변혁 운동에 참여하고 목소리를 내며 영향력을 행사할 때만 우리는 변혁 운동을 시작할 것이다.

영향력은 위에서 아래로 흐른다. 아래에서 위로 흐르는 것이 아니다. 폭포의 꼭대기에 있는 지도부는 우리의 변혁 운동이 영향력 있는 8개 분야로 흘러 들어가게 하고 그런 뒤 전국으로 퍼져나가게 하는 역할을 담당한다.

사다리 : 아래에서 위로─활동성이 증가한다

영향력이 아래로 흘러 내려오면 변혁 운동은 활기를 띤다. 그것이 바로 우리가 사다리 그림을 사용하는 이유다. 당신이 다른 사람들이 삶을 개선하도록 도와주면 그들은 벌떡 일어난다. 그들은 더 좋은 세상을 꿈꾸기 시작한다. 환상적인 일이다. 꿈을 이루지 못하고 죽는 것보다 더 큰 비극은 꿈도 꾸지 못한 채 죽는 것이기 때문이다.

제임스 트러슬로 애덤스James Truslow Adams는 자신의 저서《미국 서사시The Epic of America》에서 '아메리칸드림'이라는 말을 처음으로 사용했다. 그는 1931년 대공황 기간에 미국인들은 가난을 딛고 일어나 잠재력을 추구할 수 있다는 커다란 가능성을 목격했다. 그것은 세계 다른 나라에서 사람들이 수백 년 동안 수많은 사회적 또는 경제적 제약을 극복하려고 투쟁했던 것과는 사뭇 다른 광경이었다. 애덤스는 이렇게 설명했다.

'아메리칸드림'은 모든 사람에게 인생이란 더할 나위 없이 좋고 풍요롭고 충만한 것이며 능력이나 업적에 따라 모두에게 공평한 기회가 주어지는 나라를 꿈꾸는 것이다. 그것은 유럽 상류층 계급이 제대로 이해하기 힘든 꿈이다. 우리 중 너무 많은 사람이 꿈꾸는 것을 싫어하고 불신하면서 자랐다. 아메리칸드림은 단순히 멋진 자동차와 고임금에 대한 꿈이 아니다. 그것은 남자든 여자든 모든 인간은 타고난 능력을 최대한 발휘할 수 있으며 우연한 출생 상황에 따라 얻어지는 지위에 상관없이 다른 사람들로부터 인정받을 수 있는 사회 질서에 대한 꿈이다.[14]

우리는 모든 사람이 자신의 잠재력을 마음껏 발휘하고 더 좋은 삶을 살기를 원하기 때문에 아메리칸드림이 모든 나라 사람들의 꿈이 될 수 있다고 믿는다. 하지만 그들이 올라갈 수 있는 사다리가 있어야 한다. 사다리가 꿈을 만들어 주는가? 꿈이 사다리를 만들어 주는가? 희망이 있는 한 두 가지 모두 정답이다. 당신이 희망을 품을 때 하이포인트 대학High Point University 총장인 니도 큐베인Nido Qubein의 말이 진정으로 가슴에 와닿을 것이다. "당신의 현재 상황은 당신이 어디로 갈 수 있는지를 결정하는 것이 아니라 단지 어디에서 시작할지를 결정할 뿐이다."

만약 사람들이 꿈을 가지라는

> "당신의 현재 상황은 당신이 어디로 갈 수 있는지를 결정하는 것이 아니라 단지 어디에서 시작할지를 결정할 뿐이다."
>
> – 니도 큐베인Nido Qubein

격려를 받고 선한 가치를 통해 그들 자신의 삶을 향상하는 데 도움을 받으며 성공의 사다리를 오를 수 있는 권한을 부여받는다면 그들 역시 다른 사람들을 위해 상황을 더 좋게 만들 수 있다. 그들은 "어떻게 하루를 버틸 수 있을까?"라고 묻는 생존을 위한 사고방식에서 "어떻게 다른 사람의 하루를 즐겁게 만들 수 있을까?"라고 묻는 의미를 찾는 사고방식으로 전환할 수 있다.

우리는 2020년 코로나바이러스 대유행 동안 생존적 사고에서 의미론적 사고로의 변화가 일어나는 것을 보았다.

- 교사들은 온라인으로 수업했다.
- 이웃들은 음식, 물, 화장지 등 생활필수품을 공유했다.
- 상점들은 노약자나 병약자들만이 이용하는 전용 시간대를 운용했다.
- 레스토랑은 무료 배달을 제공한다.
- 이탈리아에서는 이웃들이 발코니에서 서로 노래를 불렀다.
- 사람들은 푸드뱅크에 음식을 채우기 위해 현금을 많이 기부했다.
- 고용주는 작업장이 폐쇄된 후에도 임금을 계속 지급할 수 있는 방법을 찾았다.
- 이웃들은 기운을 북돋우기 위해 크리스마스 전구 장식을 설치했다.
- 음악가들은 온라인 콘서트를 연주했다.

○ 사람들은 중소기업을 살리기 위해 그들의 상품권을 구매했다.

사람들 사이에 너그러운 정신이 살아있었다.

마틴 루터 킹 목사는 이런 긍정적이고 이타적인 정신을 이렇게 말했다.

> 가치관의 진정한 혁명이 일어나면 우리는 과거와 현재의 많은 정책의 공정성과 정의에 대해 의문을 품게 될 것이다. 한편으로 우리는 삶의 여정에서 선한 사마리아인이 되라는 요청을 받지만, 그것은 단지 처음 행동에 불과하다. 언젠가 우리는 모든 사람이 인생의 긴 여정에서 끊임없이 얻어맞고 강도질 당하지 않도록 여리고 길Jericha Road 전체가 변화된 모습을 반드시 목격할 것이다. 진정한 동정심이란 거지에게 동전 몇 닢을 던져주는 것 이상이다. 그것은 거지들을 양산하는 체제를 변혁하는 것을 의미한다.[15]

큐베인은 "사람을 소중히 여기고 그들에게 가치를 더하는 변혁 운동은 우리의 세상을 재건할 수 있다."라고 말했다. 존 맥스웰 리더십 재단이 사람들에게 선한 가치관을 전파하고 그것을 실천하면서 살 수 있도록 도와주자 그들은 더욱 유능해졌다. 그들은 자존감을 되찾고 자아 인식이 더 크게 발달했다. 그들은 더욱 훌륭한 노동자, 배우자, 부모, 시민이 되었다. 그들의 삶은 개선되었고, 그들은 다른 사람들이 삶을 개선하도록 도와주기 시작했다.

사업가 빌 맥더모트Bill McDermott는 "모든 운동에는 시작점이 하나 있다."라고 말했다. 시작점은 언제나 사람의 마음속에 있다. 그것은 사람이 간직한 가치에서 시작한 마음의 표현이며 거기서부터 몸 바깥으로 흘러나와 개인의 행동과 의사소통으로 표현된다. 그런 뒤 다시 그것은 다른 사람들에게 퍼져나간다.

JMLF가 과테말라에서 변혁 가치 탁자 운동을 준비할 때, 수석 트레이너인 던 요더Dawn Yoder와 마이크 폴린Mike Poulin은 변혁 운동 진행자들을 훈련하기 위해 과테말라에 찾아온 200명이 넘는 자원봉사자들에게 우리가 계획하는 일의 정신을 간결하게 전달할 방법을 찾고 있었다.

우리의 궁극적인 목표는 과테말라 국민이 선한 가치를 배우고 그것을 실천하면서 나라 전체가 변화하는 모습을 보는 것이었다. 그것은 고귀한 목표처럼 보일지도 모른다. 어떻게 그것이 실제로 나타날 수 있을까? 그것은 진행자들이 변혁 탁자에 참석한 사람들에게 선한 가치를 가르치고 그 가치를 실천하라고 권장하기에 앞서 자신들이 먼저 실천하는 데서 시작한다.

선한 가치관에 따라 사는 것이 선한 가치관을 전파하는 것보다 우선한다. 사람들은 자신들이 보는 것을 따라 하기 때문에 진행자들은 자신들이 전파하는 가치의 본보기가 되어야 했다. 변혁이란 배워서 아는 교훈 이상의 것이다. 그것은 삶이다. 외부에서 강요한다고 변혁이 일어나는 것은 아니다. 변혁은 마음속에 가치를 간직한 사람들의 내면에서부터 일어난다. 우리가 변혁 탁자를 자원봉사자들에게 소개하는 자리에서 던과 마이크는 이런 변혁의 진실을 전달하기 위해 "변혁은 내 안에 있다."라는 구절을 계속 반복해 강조했다. 모든 사람은 변혁을 경험할 수 있는 잠재력이 있다. 따라서 변혁 탁자에 앉은 사람들은 두 가지 사실을 이해해야 한다.

첫째, 다른 사람의 변혁을 돕는 것의 가치를 인식하기 전에 자신의 가치를 인식해야 했다. 둘째, 사람들은 자신과 더 좋은 삶 사이에 존재하는 것은 오직 선한 가치를 실천하려는 의지라는 것을 인식해야 했다. 마하트마 간디가 말했듯이, "당신의 가치가 당신의 운명을 결정한다." 만약 각자가 자신의 변혁을 경험하고 많은 사람이 같은 경험을 한다면 회사, 조직, 지역사회, 국가가 변혁할 것이다.

악수 : 손에 손잡고–파트너십이 필요하다

《17가지 확실한 팀워크 법칙》에서 소개한 에베레스트산의 법칙에 따르면 "도전이 어려워지면 질수록 팀워크가 점점 더 필요하다." 모든 지역사회의 변혁은 에베레스트산에 도전하는 것과 같다. 즉 그것은 많은 사람이 함께 일해야 하므로 파트너십이 필요하다는 것을 의미한다.

> 도전이 어려워지면
> 질수록 팀워크가
> 점점 더 필요하다.

나는 전 세계 여러 곳에서 변혁 운동을 주도해 왔기 때문에, 우리 조직은 항상 파트너십을 활용하는 데 주력했다. 우리는 때로는 성공했고 때로는 실패했지만 많은 것을 배웠다. JMLF가 어느 나라에서든 변혁 운동을 시작할 때 우리는 항상 간절히 세상을 바꾸려는 지역 단체들과 함께 체계적으로 일했다. 그들은 우리가 정부, 교육, 기업, 종교, 언론, 예술, 스포츠, 보건 등 8개 분야의 영향력 있는 지도자들과 연결해 협력할 수 있도록 도와주었다. 그들은 변혁 운동의 지도부가 되어 변화가 가장 시급하게 필요한 부분과 자신들의 나라를 더 좋고 희망차게 만들기 위해 해야 할 일을 파악한다.

나라마다 도전과제가 다르다. 그들은 모두 고유한 문화를 갖고 있고 요구 사항이 서로 다르다. 과테말라에서는 JMLF가 일 년에 180일 동안 학교에서 학생들에게 가치 교육을 하기로 약속했다. 파푸아 뉴기니의 지도자들은 성차별 폭력을 종식하는 활동을 원했다. JMLF는 각국의 목표가 무엇이든지 간에 8개 분야의 지도자들을 돕기 위해 영향력, 자원, 도구를 제공한다. 지도자들이 변화하면 그들은 주변 사람들에게 변혁의 영향력을 행사하기 시작한다.

개인들은 선한 가치를 받아들이면 자신의 삶을 바꿀 수 있는 잠재력이 있다는 것을 깨닫는다. 그들은 자신이 다른 사람들의 가치를 증진할 기회를 얻었다는 것을 깨닫기 시작한다. 그렇게 되면 변혁 운동이 퍼져나가면서 개인 차원, 지역사회 차원, 궁극적으로 국가 차원에서 긍정적인 변화가 지속적으로 일어난다.

변혁은 개인으로부터 시작하고, 공동체에서 성장하며, 사회에 영향을 미친다는 것이 핵심이다. 그러나 변혁 과정은 항상 공통점을 공유한 파트너십에서 시작한다. 파트너십은 완전히 다른 배경과 문화를 가진 사람들 사이에서도 가능하다. 롭이 들려준 윌리엄 캐리

William Carey의 경험담에서 아주 특별한 예를 찾았다. 그는 영국인 선교사이자 교육자로서 1793년 인도로 이주해 1834년 사망할 때까지 그곳에서 살았다. 인도에 정착한 지 몇 년 후, 캐리는 최근 사망한 남편의 미망인을 남편과 함께 화장용 장작더미에 눕히고 화장하는 장례 의식인 사티sati를 목격했다.

미망인들이 함께 화장되는 끔찍한 관습은 인도에 뿌리 깊게 자리 잡고 있었다. 오래전의 서양 기록에 따르면 이런 관습은 적어도 2천 년 동안 지속됐다고 한다.[16] 사티라는 용어는 '훌륭한 아내'를 의미하고 사람들은 미망인들이 몸소 희생하는 것이 거룩하다고 믿었다.

캐리가 처음 사티를 목격한 이후 미망인들에게 사티에 참여하지 말라고 호소했다. 하지만 효과가 없었다. 그는 여성의 생명을 무시하는 잔인한 관습을 없애기 위해 끈질기게 노력했다. 캐리는 사티를 불법화하기 위해 영향력 있는 인도 지도자들과 함께 노력했다. 그는 힌두교 종교 및 사회 개혁가인 라자 람 모한 로이Raja Ram Mohan Roy 와 파트너십을 맺을 수 있었다. 그들이 모든 사람은 가치가 있다고 인정한 점이 공통점이었다. 그들은 함께 인도 총독인 윌리엄 벤틱 경Lord William Bentinck을 설득해 사티를 불법으로 만들었다.[17] 마침내 1829년에 사티는 금지되었다.

캐리의 사례에서 보듯이 지구상에서 멀리 떨어진 나라 출신이며 완전히 다른 종교를 믿는 사람들도 서로 협력할 수 있는 공통점을 찾을 수 있다면, 우리는 마음에서 우러나온 진정성으로 누구와도 연결될 수 있다는 자신감을 얻게 될 것이다.

로드 와그너Rodd Wagner와 게일 멀러Gale Muller는《결정적 순간 당신 옆에는 누가 있는가Power of 2》에서 파트너십과 그것이 일의 성취에 얼마나 중요한 역할을 하는지 설명했다. 그들은 갤럽 조사 결과를 이용해 강력한 파트너십 구축에 필요한 8가지 요소를 발견했고, 롭과 나는 여기에 두 가지를 추가했다.

- 상호 보완
- 공통 사명
- 공정성
- 신뢰
- 수용
- 용서
- 의사소통
- 이타심[18]
- 시간
- 파트너의 기여도 인정

당신이 세상을 변화시키기 위해 다른 사람들과 손을 잡을 때 변혁 운동의 성공 확률을 높이려면 공동으로 추구할 수 있는 가치를 찾아야 한다.

우리는 이것에 대해 한마디만 더 하려고 한다. 당신은 바그너와 멀러에게는 '공통 사명'이 최상위권에 있다는 것을 눈치챘을 것이다.

여기에서 흥미로운 것은 파트너들이 공통 사명에 동의해야 하지만, 그것을 추구하는 이유가 서로 같은 것은 아니라는 사실이다. 그들은 다음과 같이 설명했다.

비록 당신과 당신의 파트너가 당신의 사명에 동의해야 하지만 그것을 추구하는 이유가 같을 필요는 없다. 성공적인 파트너십이라 하더라도 종종 목표를 달성하려는 동기가 다를 수 있다. 이것은 보통 서로 간의 협력을 방해하지 않는다. 특히 두 사람 모두 상대방에게 동기를 부여하는 원동력을 이해하고 희망이 실현되는 것을 보려고 노력한다면 더욱 그렇다.[19]

하지만 파트너들에게 공통 사명이 없다면 그들은 자신의 개인적인 목표를 향해 표류하는 경향이 있다.

탁자 : 소수에서 다수로—성장 동력

변혁 운동의 탄생은 개인의 마음에서 시작한다. 변혁 운동의 발전은 탁자에 앉은 사람에 의해 발전한다. 대중운동은 대중이 아니라 소수의 사람이 시작한다. 사람들이 동등한 기여자로서 탁자에 함께 앉으면 모두가 승리한다.

우리는 최근에 코스타리카에서 변혁 탁자를 운영하기 시작했다. 하지만 우리는 이미 변혁이 이루어지고 있다는 소식을 들었다. 그중 하나가 후아니타 가르시아Juanita Garcia에 관한 이야기다. 그녀의 가족은 더 나은 삶을 찾아 니카라과에서 코스타리카로 이사했다. 그녀는 공부를 더 하고 싶었지만 가족을 도우려고 초등학교를 중퇴했다. 그녀는 10대 때 이미 아이를 낳았고 삶을 개선하려는 희망을 잃어버렸다.

하지만 그 후 그녀는 자신과 같은 처지에 있는 젊은 여성들을 도와주는 단체를 알게 됐다. 그곳에서 그녀는 우리의 변혁 탁자 중 하나에 합류했다. 그녀는 "제가 기회를 기대하면 삶이 바뀔 수 있다는 것을 발견했기 때문에 저는 제 인생에서 가장 큰 변화를 경험했어요."라고 고백했다. 그녀는 계획을 삶에 적용한 자신의 경험을 소개했다. 그녀는 야간 학교에 등록해 졸업했다. 그녀의 성공담으로 그녀의 남편도 자신감을 얻어 기술학교에 입학했다. 그녀의 아들 마티아스도 학교에서 더 훌륭한 학생이 되었다. 그녀의 성공은 또한 그녀가 변혁 탁자의 진행자가 되는 훈련을 받도록 영감을 주었다.

> 대중운동은 대중이 아니라 소수의 사람이 시작한다.

"저는 우리 사회에서 저와 같은 처지에 있는 다른 여성들을 도와주려고 이 일을 시작했어요. 그러면 그들은 새로운 삶을 살 기회를 잡을 거예요. 그것이 바로 변혁의 삶이죠."

변혁 탁자는 세상을 변화시킬 수 있는 매우 중요한 개념이다. 변혁 탁자는 사람들이 함께 모여 선한 가치를 배우고 공유할 수 있는 안전한 장소를 제공한다. 거기에서 사람들은 누구나 변혁 운동의 일부가 되는 기회를 얻으며 변혁 운동이 확산한다.

다리 : 변혁으로 이어지는 길

　모든 운동의 궁극적인 목표는 더 나은 미래를 창조하는 것이다. 그것은 선한 가치로부터 시작한다. 선한 가치는 성장을 낳는다. 성장은 변혁을 낳는다. 변혁은 운동을 낳는다. 운동은 변화를 가져온다. 그리고 변화는 우리가 더 나은 미래로 건너갈 수 있도록 도와준다. 이런 각각의 단계들은 한 단계에서 다음 단계로 이어지는 다리를 형성한다. 한 단계에서 다음 단계로 다리를 건너가는 여정은 귀담아들을 만한 가치가 있는 훌륭한 이야깃거리가 된다. 사람들이 이야기를 들으면, 자신들도 동참하고 싶어 하며 이야기의 일부가 되고 싶어 한다. 그것은 그들이 성장하도록 격려하고, 그들이 성장하면서 전체 변혁 운동의 주기는 계속 반복한다.

　우리가 '변혁' 혹은 '운동'이라는 단어를 들으면, 우리는 그것이 거창한 일이어야 한다고 상상한다. 하지만 때때로 작은 행동들도 지역사회에 큰 변화를 가져온다. 예를 들어, 파라과이의 시골에 있는 한 작은 학교는 교사와 교장 선생님이 갈등을 겪고 있었다. 그들은 의사소통이 잘 이루어지지 않았고 협업하려는 생각도 없었다. 하지만, 그 학교는 아이리드iLead 프로그램이 도입된 학교였다. 교사들은 변혁 탁자 회의를 진행할 때 학생들을 감독하는 임무를 위임받았다. 교사들은 프로그램의 한 과정으로 프로그램이 어떻게 진행되며 학생들이 무엇을 배우는지에 대해 서로 토론하며 상호 작용할 기회를 얻었다. 놀랍게도 교사들이 토론하는 과정을 거치면서 그들 사이의 의사소통이 원활해졌다. 그것은 교사들과 교장 선생님이 소통을 더 잘할 수 있다는 영감을 주었다. 그 결과, 모두가 한층 협조적으로 변했다. 그들은 힘을 한데 모아 학교 전체를 변화시킬 수 있는 다리를 건설한 것이다.

당신은 폭포, 사다리, 심장, 악수, 탁자, 다리 등 여섯 개의 그림 중 어디에서 당신 자신을 찾을 수 있는가? 우리는 당신이 그 그림 중 하나 이상의 그림 어디엔가 있기를 바란다. 왜냐하면 당신 자신보다 더 위대한 운동에 참여하려면 당신이 감동해야 하기 때문이다. 우리는 이 그림들이 당신이 변화하고 성장하는데 영감을 줄 수 있기를 바란다.

당신은 어떤 그림과 일치하는가? 어떤 것이 당신에게 가장 강한 반향을 불러일으키는가? 아마도 그것이 변혁 운동에서 당신이 담당할 주된 역할이 될 것이다. 더 중요한 것은 당신이 어떻게 변혁 운동이 일어나는지 이해해야 한다.

우리는 이 장과 앞 장에서 가치관이라는 주제를 여러 차례 언급했다. 거기에는 그럴 만한 이유가 있다. 당신이 선한 가치관 위에 모든 것을 짓지 않는다면 당신은 긍정적인 방식으로 세상을 바꾸거나 변혁할 수 없다. 선한 가치관이 모든 변혁 운동에서 가장 중요한 부분이다. 그래서 우리는 다음 장 전체를 통해 가치관이 얼마나 중요한지를 설명하려고 한다.

가치관의 중요성을
경험하라

비전과 사명은 인간의 머리와 마음이다.

하지만 가치관은 그들의 영혼이다.

2000년대 초 엔론Enron 사건이 발생한 직후, 나는 당시 타임 워너 북 그룹의 CEO였던 래리 커쉬바움Larry Kirshbaum과 함께 저녁 식사를 했다. 우리는 가치관의 쇠퇴에 관해 이야기했다. 래리는 내게 미국 기업의 기업 윤리에 관한 책을 쓸 수 있겠느냐고 물었다.

나는 그 말을 듣는 순간 그것은 도전할 만한 가치가 있는 일이라는 것을 깨달았다. 좋은 기업 윤리는 선한 가치관을 이해하고 실천한 결과로 완성된다. 나는 문화나 종교에 상관없이 모든 사람이 받아들일 수 있는 가치관이 과연 존재하는지 궁금했다. 나는 모든 사람이 행동하는 토대가 되는 가치관을 몇 주 동안 연구하고 조사했다. 그 결과 나는 황금률이 그런 근본적 가치관이며 모든 나라 사람은 황금률을 토대로 윤리적인 삶을 살 수 있다고 확신했다. 결국, 나는 거의 모든 문화와 종교에서 황금률을 찾을 수 있었다.

○ 기독교 : "남에게 대접을 받고자 하는 만큼 너희도 남을 대접하라."[1]

○ 이슬람 : "자신을 사랑하는 것처럼 형제나 이웃을 사랑하지 않는 사람은 믿음이 없는 것이다."[2]

○ 유대교 : "당신이 싫어하는 것을 동료들에게 하지 마라. 이것이 율법이다. 나머지는 해설에 불과하다."[3]

○ 불교 : "당신 자신이 상처받을 만한 방식으로 다른 사람들을 해치지 마라."[4]

○ 힌두교 : "남이 당신에게 하지 않기를 바라는 일을 남에게 하지 말라. 이것은 최고의 의무다."[5]

○ 조로아스터교 : "자신에게 불쾌한 일은 무엇이든 다른 사람에게 하지 마라."[6]

○ 유교 : "남이 당신에게 하지 않기를 바라는 일을 남에게 행하지 말라."[7]

○ 바하이 : "당신이 정의를 생각한다면 당신 자신을 위해 선택한 것을 당신의 이웃을 위해서도 선택하라."[8]

○ 자이나교 : "사람은 자신이 대접받기를 바라는 것처럼 모든 생명체를 대접하며 살아야 한다."[9]

○ 요루바 속담(나이지리아) : "새끼 새를 뾰족한 막대기로 괴롭히는 사람은 그것이 얼마나 아픈지 자신에게 먼저 실험해봐야 한다."[10]

그래서 나는 기업 윤리에 관한 입문서를 쓰기로 했다. 그 이후 나는 평생 사람들에게 가치관을 교육하는 데 전념했다.

선한 가치의 사례

나는 모든 일이 리더십에 따라 성공하기도 하고 실패하기도 한다고 강조해 왔다. 하지만 당신은 리더십을 향상하는 두 가지 요소를 알고 있는가? 첫 번째는 능력이다. 무능한 지도자를 따르고 싶은 사람은 아무도 없다. 두 번째가 가치관이다. 가치관은 당신의 결정과 행동을 안내하는 원칙이다. 선한 가치는 자신과 타인에게 해를 입히지 않고 이익만 가져다준다.

사람들은 리더들의 행동에서 선한 가치관이 배어 밖으로 드러나면 기꺼이 그들을 믿고 따른다. 지도자들은 물론 모든 사람이 선한 가치관을 지니면 다른 사람들을 도와줄 수 있다.

> 가치관은 당신의 결정과
> 행동을 안내하는 원칙이다.
> 선한 가치는 자신과 타인에게
> 해를 입히지 않고
> 이익만 가져다준다.

최근에 나는 사이먼 사이넥Simon Sinek의 저서《무한 게임The Infinite Game》을 읽고 있다. 저자는 대의명분과 사람이 행동하는 '이유why?'의 차이점을 설명했다. 그는 대의명분이란 아직 존재하지 않는 미래 상태에 대한 구체적인 비전이며 그것이 제시하는 미래가 너무 매력적이어서 사람들은 비전을 달성하는 것을 돕기 위해 기꺼이 희생한다고 주장한다. 그는 대의명분과 이유의 차이점을 이렇게 설명했다.

'왜?'는 과거에서 시작한다. 그것은 기원에 관한 이야기다. 그것은 우리의 가치와 신념을 모두 합쳐 현재의 우리가 누구인지를 설명해 준다. 대의명분은 미래에 관한 이야기다. 그것은 우리가 어디로 가야 할지를 결정하며 우리가 살고 싶어 하는 세상을 제시하고 건설할 수 있도록 도와준다. 모든 사람은 누구나 자신만의 '왜?'가 있다. (그리고 누구나 자신의 '왜?'를 알아내려고만 하면 알아낼 수 있다.) 하지만 우리는 반드시 자신만의 대의명분이 있어야 하는 것은 아니다. 우리는 다른 사람의 대의명분에 동참할 수 있다. 실제로 우리는 변혁 운동을 직접 시작할 수도 있고, 아니면 다른 사람의 변혁 운동에 동참해 그것을 우리 자신의 것으로 만들 수도 있다.

'왜?'를 집의 기초라고 생각하라. 그것은 시작점이다. 그것 위에 무엇을 세우느냐에 따라 집이 얼마나 견고하며 얼마나 지속하느냐가 결정된다. 우리가 표방하는 대의명분은 우리가 짓고자 하는 집의 이상적인 비전이다. 우리는 그것을 완성하려면 평생 노력해야 한다. 아직도 그 작업은 끝나지 않았다. 하지만, 우리의 작업 결과가 집의 형태를 만들 것이다. 그것이 우리의 상상 속에서 현실로 구체화하면 할수록 더 많은 사람이 대의명분에 동참하고 그 일을 계속 추구할 수 있는 영감을 준다.[11]

대의명분은 미래에 관한 이야기다.

그것은 우리가 어디로 가야 할지를 결정하며

우리가 살고 싶어 하는 세상을

제시하고 건설할 수 있도록 도와준다.

— 사이먼 사이넥Simon Sinek

변혁은 헌신할 가치가 있는 대의명분이다. 롭과 나는 변혁 운동에 최선을 다하고 있다. 나의 대의명분은 사람들이 자신과 다른 사람들의 가치를 증가시키는 선한 가치관을 배우고 실천할 수 있도록 도와주는 것이다. 당신은 무엇을 위해 일하는가? 더 나은 미래에 관한 당신의 비전은 무엇인가? 사이넥은 대의명분은 다음 5가지 기준을 충족해야 한다고 주장한다.

○ 대상은 긍정적이고 낙관적이어야 한다.
○ 이바지하려는 모든 사람이 참여할 수 있을 정도로 포괄적이어야 한다.
○ 다른 사람의 혜택을 우선시하는 서비스를 지향해야 한다.
○ 정치적, 기술적, 문화적 변화를 극복할 수 있을 정도로 탄력적이어야 한다.
○ 크고 대담하며 궁극적으로 달성할 수 없을 정도로 이상주의적이어야 한다. [12]

나는 대의명분은 반드시 선한 가치에 근거해야 한다고 강조하고 싶다. 수년 전 제임스 돕슨James Dobson은 35세에서 50세 사이에 있는 많은 사람들이 인생의 환멸을 느끼는 것이 무엇인지 분석했다. 우리는 흔히 그것을 중년의 위기라고 부른다. 돕슨은 사람들이 잘못된 가치관으로 살아왔다는 것을 깨달았을 때 환멸을 느낀다는 사실을 발견했다. 그는 이렇게 묘사했다. "어느 날 갑자기 당신은 당신이 기를 쓰고 올라가던 사다리가 엉뚱한 벽으로 오르도록 놓여 있다는 사실을 깨닫게 된다."[13] 우리가 세상을 변화하려면 단지 성공의 사다리만을 향해 올라가서는 안 된다. 우리는 선한 가치관을 지향하는 사다리를 올라가야 한다.

> 우리가 세상을 변화하려면 단지 성공의 사다리만을 향해 올라가서는 안 된다. 우리는 선한 가치관을 지향하는 사다리를 올라가야 한다.

선한 가치의 중요성

나는 대부분 사람이 선한 가치가 중요하다는 것에 동의하지만, 동시에 세상을 바꾸기 위한 전략도 토론하고 싶어 할 것으로 생각한다. 그것은 마치 사람들이 스스로 선한 가치를 배우고 수용할 것이라고 가정하면서 가치를 당연하게 여기는 것과 같다. 하지만 당신이 세상을 바꾸고 싶다면 행동에 앞서 선한 가치의 의미를 이해해야 한다. 그것이 바로 우리가 이 장 전체에서 선한 가치를 설명하고 사람들이 그것을 받아들이는 방법을 소개하는 이유다. 매일 당신의 삶에 영향을 가장 많이 미치는 것이 당신의 가치관이다.

선한 가치는 긍정적인 변화를 가져온다

개인적인 성격의 특징은 대부분 선천적이다. 우리는 각자 자신만의 재능과 능력과 결점을 갖고 태어난다. 나는 어렸을 때 농구를 좋아했다. 하지만 프로가 될 정도의 실력은 아니었다. 내게 그 정도 실력은 없었다. 비슷하게, 당신은 내가 발레 무용수나 다른 인물이 되어야 한다고 겁을 주거나 강요할 수도 있다. 하지만 당신은 굳이 '다른 인물'이 되려고 끝까지 애를 쓰지 않아도 된다. 내가 얼마나 노력하는지도 중요하지 않다. 그런 일은 절대로 일어나지 않기 때문이다.

가치관은 그렇지 않다. 당신의 출신, 재능, 성장 환경과 상관없이, 당신은 선한 가치관을 배우고, 받아들이며 실천할 수 있다. 그것은 당신의 선택이다.

JMLF가 변혁 운동을 시작할 때, 지도자들이 가장 먼저 하는 일은 정부, 교육, 기업, 종교, 언론, 예술, 스포츠, 보건 등 그 나라에서 영향력 있는 분야에 종사하는 사람들에게 다른 사람들이 가르치려는 가치가 무엇인지 파악하는 것이다. 우리는 그들이 쉽게 선택할 수 있도록 가치 목록을 다음과 같이 제공한다.

태도	감사	경청	책임감
약속	희망	사랑	절제력
의사소통	겸손	끈기(인내심)	자존감
용기	진취성	개인의 성장	봉사
공정성	진실성	우선순위	학습능력
용서	친절	관계	팀워크
관대함	리더십	존경	직업윤리

잠시 시간을 내 이런 가치들을 살펴보라. 당신은 그중 어떤 것을 당신의 삶에 적용하고 개선하고 싶은가? 좋은 소식은 이 모든 것들이 당신의 손에 달려있다는 것이다. 그 이유는 무엇일까? 그 어떤 가치도 당신이 선택만 한다면 모두 달성할 수 있기 때문이다. 당신은 당신이 받은 교육이나 지능, 재능, 기술에 상관없이 이런 가치의 일부 또는 전부를 추구하면서 살아갈 수 있다. 가치를 선택하는 것이 차이를 만드는 것이다. 선택해야만 변화할 수 있다.

우리는 멕시코에서 선한 가치를 선택해 실천함으로써 놀라운 일이 벌어진 이야기를 들었다. 치와와에 있는 어느 기업가는 JMLF가 만든 가치 교육과정에 따라 직원들과 함께 변혁 탁자를 운영했다. 그는 직원들과 용서의 가치를 주제로 토론하던 어느 날, 예전과 무언가 다르다는 것을 감지했다. 직원 중 한 명

> "가치에 관한 한 선택이 차이를 만드는 것이다. 선택해야 변화할 수 있다."

인 르네가 "용서한다는 말은 정말 좋은 말입니다. 저는 그것을 제 삶에 적용하려고 해요. 단 한 가지만 빼고요."라고 말했을 때 그 말이 확 다르게 다가왔다. 르네는 친형이 수년 전에 살해당했다고 말했다. 그는 살인범이 누구인지 알고 있었으며 자기 형이 살려 달라고 애원했는데도 무자비하게 살해당했다는 사실도 알고 있었다. 르네는 10년 동안 살인범을 적극적으로 찾고 있었다. 그는 이렇게 말했다. "만일 제가 그 녀석을 찾는다면, 저는 반드시 복수할 것입니다. 죽여 버려야죠! 그것이 제 마음의 고통을 덜고 잘못된 일을 바로잡을 수 있는 유일한 방법입니다."

기업가는 겁에 질려 토론이 끝나자 무슨 말을 해야 할지 몰랐다.

몇 주 후, 르네는 기업가를 만나자고 요청했다. 르네는 "저는 마침내 형의 살인범을 발견했어요."라고 말문을 열었다. 기업가는 르네가 그 남자를 살해했다고 말할까 봐 가슴이 철렁 내려앉았다. 르네는 복수하려고 했지만 용서에 관한 토론을 하고 난 뒤 그의 마음이 흔들렸다고 고백했다. 그리고 마침내 복수의 순간이 찾아왔을 때, 르네는 그 남자를 죽이겠다는 생각을 포기하고 그를 용서하기로 했다. 용서는 또 다른 생명을 구했을 뿐만 아니라, 마침내 살인범을 용서한 르네도 치유되기 시작했다. 결국 용서를 통해 폭력적인 복수의 악순환 고리가 끊어짐으로써 모두의 삶이 변화했다.

선한 가치는 항상 사람을 소중히 여긴다

당신은 어떤 가치가 좋은 것인지 아닌지를 어떻게 판단할 수 있는가? 여기에는 반드시 충족해야 하는 기준이 하나 있다. 그것은 모든 상황에서 모든 사람을 항상 소중히 여겨야 한다는 기준이다. 지름길도, 자기 합리화도 예외도 없다. 사람들을 소중히 여기는 것이라면, 그것은 긍정적이고 수용할 만한 가치가 있는 것이다. 어떤 식으로든 사람들을 평가절하하는 것은 선한 가치가 아니다. 선한 가치는 항상 황금률에 부합한다. 하비타트 운동Habitat for Humanity의 창시자인 밀러드 풀러Millard Fuller는 이렇게 말했다. "공동체가 완전하고 건강해지려면, 그것은 서로에 대한 사랑과 배려에 기초해야 한다."[14] 선한 가치관은 하비타트 공동체의 기초다. 그것은 누구도 배제하지 않으며 포괄적이다. 그것은 인종, 민족성, 종교, 정치적 견해의 차이에도 불구하고 사람들을 모두 끌어모은다.

불행하게도, 우리가 사는 세상에서는 사람들이 다른 사람들을 높게 평가하지 않고 오히려 깎아내린다. 그것은 다른 사람들에게 깊은 상처를 남기며 그들이 인생을 즐기고 잠재력에 도달하는 것을 가로막는다. 코스타리카에 사는 18세의 크리스티안 몰리나Cristian Molina가 바로 그런 경우다. 그는 학교에서 자주 괴롭힘을 당했다. 그는 전학했지만 소용이 없었다.

집에서도 모든 게 형편없었다. 그의 아버지와 계모는 그를 학대했다. 그의 생모가 그를 대하는 태도도 더 좋을 게 없었다. 그들은 끊임없이 그에게 착하지도 않고 어리석은 바보고 쓸모없는 실패자라고 말했다. 그는 16살 때 아버지 때문에 학교를 중퇴했다. 그는 좀 더 잘살기 위해 야간 학교에 다니려고 했지만, 아버지는 그것은 시간 낭비라고 귀가 따갑도록 말했다. 심지어 어느 날 아버지는 그가 일하는 가게로 찾아왔다. 그는 동료들이 보는 앞에서 크리스티안에게 이렇게 악담을 퍼부었다. "너는 학교 시험에 떨어질 거야. 게다가 목숨을 연명할 직업을 찾아 헤매다가 결국 길가에 나앉게 될 거야. 아이를 낳을 생각은 꿈에도 하면 안 돼. 아이들에게 제대로 된 인생을 마련해 주지도 못할 게 뻔해."

크리스티안은 그 사건이 있은 다음 마침내 결단할 시점이 왔다는 사실을 알았다. 그는 가치관을 배우던 중이었다. 그는 긍정적인 태도의 가치에 관해 배운 내용이 떠 올랐다. 크리스티안은 "긍정적인 태도가 필수적입니다. 그것은 꼭 필요해요. 긍정적인 태도는 한 인간으로서 당신의 만족도를 결정할 뿐만 아니라, 다른 사람들이 당신과 상호작용하는 방식에도 영향을 미칩니다."라고 말했다. 크리스티안은 아버지 집을 나와 숙모 집으로 가서 살았다. 그는 다른 사람들이 자신을 학대하는 것을 더는 받아들이지 않겠다고 결심했다. 그는 변혁 탁자에서 배운 또 다른 교훈에 감동했다. 그는 "당신은 당신의 삶을 멋진 한 편의 이야기로 만들 수 있습니다."라고 말했다. 그는 정확히 그 교훈을 실천하고 있었다. 그가 배운 선한 가치들 덕분에 그는 자신

> 우리는 다른 사람들을 소중히 여기고 그들에게 가치를 더해주는 귀중한 사람이다.

의 가치를 더 잘 이해하고 있었다. "이제 저는 제 경험을 친구들에게 이야기해주고 그들을 도와주는 게 즐거워요. 제 경험담을 듣고 더 좋은 결정을 내리고 삶의 가치를 높인 친구들도 있답니다."

인생에서 사람을 소중히 여기는 것보다 더 중요한 것은 없다. 사실, 사람을 소중히 여기는 것이 내가 운영하는 조직의 토대가 되는 기준이다. 나는 직원들은 물론 조직의 리더들에게도 그것을 항상 강조하고 역설한다. 나는 지도자나 강연자가 되려는 존 맥스웰 팀의 새로운 팀원들을 훈련할 때 이렇게 강조한다. "우리는 다른 사람들을 소중히 여기고 그들에게 가치를 더해주는 귀중한 사람입니다. 우리가 하는 모든 일은 이 기준을 반드시 지켜야 합니다."

선한 가치는 내면화되어야 한다

빌 퍼킨스Bill Perkins는 《내 안에 잠자는 리더십을 깨워라Awaken the Leader Within》에서 관행, 원칙, 가치 사이의 차이점을 다음과 같이 설명했다.

관행이란 어느 한 상황에서는 효과가 있지만 다른 상황에서는 효과가 없을 수도 있는 활동이나 행동을 의미한다. 가치는 관행과 달리 모든 상황에 효과가 있다.

그러나 가치는 원칙과도 다르다. 원칙이란 중력의 법칙과 같은 물리 법칙만큼 신뢰할만한 객관적인 진리다. 솔로몬이 "유순한 대답은 분노를 쉽게 하여도 과격한 말은 분노를 불러일으킨다."라고 말했다. 솔로몬은 보편적이면서도 시대를 초월하는 원칙을 말한 것이다.

우리는 많은 원칙을 신뢰할지 모르지만, 우리가 중요하다고 생각하는 원칙만을 나만의 것으로 내면화한다. 그렇게 되면 그 원칙들은 마음속의 지도처럼 우리의 삶을 인도하는 가치가 된다. 그러므로 가치란 우리의 결정을 안내하는 내면화된 원칙이다.[15]

켈러 윌리엄스Keller Williams에서 최고의 부동산 중개업자들의 멘토이자 코치였던 내 친구 다이애나 코코스카Dianna Kokoszka는 최근 내가 가치에 대해 강의한 것을 듣고 그녀가 실천했던 일을 들려줬다. 그녀는 자신이 믿는 가치를 실천하며 사는지 판단하기 위해 자기 평가를 했다. "저는 집에서 제가 생각하는 가치들을 나열하고 제 나름대로 그것들에 대한 정의를 내린 뒤 하나씩 점검하고 제대로 실천했는지를 평가했어요."

라며 다이애나는 내게 이렇게 말했다. "이런 과정을 통해 저는 제 인생에서 가장 중요한 가치에 집중할 수 있었어요."

> 가치란 우리의 결정을 안내하는
> 내면화된 원칙이다.
>
> - 빌 퍼킨스

그녀는 자신이 추구하는 가치를 상기하고 힘을 얻으려고 매일 볼 수 있는 자리에 가치 목록을 적어 두었다. "다른 사람들을 도와주는 것이 제게 매우 중요한 일입니다. 저는 사람들의 한계보다는 그들이 가진 위대한 잠재력을 믿어요. 저는 제 가치관에 초점을 맞추면서 그것을 실천하고 있습니다."

만약 당신이 당신의 세상을 바꾸고 싶다면, 당신은 바깥세상을 바꾸기 전에 당신 스스로 선한 가치를 내면화해야 한다. 롭이 말했듯이, 변화한 사람들만이 지역사회를 변화시킬 수 있다. 주변의 모든 것이 변하고 있는 것처럼 보이는 시대에 절대 변하지 않는 가치를 실천해야만 긍정적인 변화를 가져올 수 있다.

선한 가치관은 안정감을 준다

옛말에 이런 말이 있다. '빈 가방은 똑바로 서 있을 수 없다.' 가치관이 없는 사람은 속 빈 강정처럼 나약한 존재다. 많은 사람은 직업, 교육, 기술, 재정이 자신의 '가방'을 지탱해 줄 힘이 되어 주기를 바란다. 하지만 당신은 그런 것들에 의존할 수 없다. 예를 들어, 실리콘 밸리에 있는 팰로 앨토Palo Alto라는 도시를 보라. 그곳은 마치 천국의 낙원처럼 보인다. 그곳은 최첨단 기술이 한데 어우러진 용광로다. 그곳에는 테슬라Tesla, 휴렛팩커드Hewlett-Packard, 하우즈Houzz와 같은 초일류 회사들의 본사가 있다. 그 도시에 사는 사람들은 고학력자다. 그곳의 실업률은 낮으며 사람들의 평균 급여도 높지만 안타깝게도 자살률도 높다. 팰로 앨토에서 청소년 자살률은 전국 평균의 4배가 넘는다. 게다가 그것은 집단으로 발생한다. 전문가들은 청소년 자살 문제에 대한 해결책을 계속 찾고 있다.[16]

선한 가치관은 삶의 버팀목이며 삶의 의미를 제공한다. 그것들은 또한 사람들이 더 안정된 삶을 살도록 도와준다. 경제협력개발기구

OECD는 이것을 인정했다. 역사적으로 OECD는 빈곤 감소와 경제 발전에 중점을 두고 활동한다. 그러나 최근 OECD는 책임감, 자기 통제, 공감, 협동, 자기 효능감self-efficacy 등 가치를 교육하는 새로운 학습 과정에 초점을 맞추고 있다.[17] 그들이 가치관을 포함한 이유가 무엇일까? 그들의 활동이 선한 가치관을 토대로 하지 않으면 그들의 노력이 지속될 수 없기 때문이다.

"변화한 사람들만이 지역사회를 변화시킬 수 있다. 주변의 모든 것이 변하는 것처럼 보이는 시대에 절대 변하지 않는 가치를 실천해야만 긍정적인 변화를 가져올 수 있다."

가치관은 사람들이 더 잘 살 수 있게 도와줄 뿐만 아니라, 사람들이 자신에게 진실하도록 도와준다. 인생은 마라톤이지 단거리 경주가 아니다. 당신이 자신의 비전을 계속 추구하려면 자립할 수 있어야 한다. 나는 지금 70대다. 사람들은 내게 "왜 그렇게 열심히 다른 사람들이 의미 있는 삶을 살도록 이끌어 가고 격려해 주느냐?"라고 묻는다. 나는 "나의 가치관이 나를 강하게 만들고 나의 비전을 지속적으로 추구하도록 도와준다."라고 대답한다.

스티븐 코비는 그의 책《소중한 것을 먼저 하라First Things First》에서 이렇게 썼다. "지름길은 없다. 하지만 길은 열려 있다. 그 길은 인류가 역사를 통해 존중해 온 원칙들에 바탕을 둔다. 그런 지혜에서 우리가 얻을 수 있는 한 가지 교훈은 의미 있는 인생이란 속도나 효율성의 문제가 아니라는 것이다. 그것은 당신이 어떤 일을 얼마나 빨리하느냐가 아니라 무엇을 하고 왜 하느냐의 문제다.”[18] 당신이 무엇을 하며 그것을 하는 이유와 방법이 무엇인지는 당신의 가치관에 달려있다. 당신의 가치관이 선한 것이라면 당신의 인생은 안정될 것이다.

우리가 선한 가치관을 지속해서 추구하려면 그것은 문화의 일부가 되어야 한다. 작가 다이앤 칼렌 수크라Diane Kalen-Sukra가 가치관과 문화가 상호작용하는 방식을 묘사한 내용이 흥미롭다. 그녀는 자신이 관찰한 내용을 이렇게 설명했다. “문화는 숲이다. 씨앗은 당신의 핵심 가치관이다. 일단 그것이 당신의 행동으로 뿌리를 내리면 나무로 성장하고 문화의 숲을 형성한다. 나쁜 씨앗을 심으면 숲이 병들고 생식능력이 없으며 감염에 시달린다. 반대로 좋은 씨앗을 심으면 숲이 무성해지고 생명을 지탱해주는 생태계가 형성된다. 어느 숲은 계속 남아 있고 다른 숲은 그야말로 소멸한다.”[19]

2020년 3월 앨라배마주 버밍햄에서 일어난 일은 선한 가치관이 무엇인지를 보여 주었을 뿐만 아니라 그것들이 어떻게 사회에서 긍정적인 문화를 만들어내는지를 보여 주는 좋은 사례다. 그것은 내 친구 크리스 호지스Chris Hodges가 이끄는 하이랜드 교회Church of the Highlands에서 시작한 일이다. 그는 교회가 앨라배마주 전역에서 ‘일을 완수하는 교회’로 이름을 날렸다.[20] 특히 그 교회가 운영하는 드림 센터Dream Center는 수천 명에게 집수리, 음식 배달, 개인 교습, 직업 훈련 등 다양한 서비스를 제공하는 것으로 유명하다. 나는 평생 교회들과 교류하면서 지냈지만 하이랜드 교회 같은 곳은 본 적이 없다. 하이랜드 교회의 구성원들은 지역사회에 씨앗을 뿌리고 있다. 크리스와 그의 직원들은 리더십을 발휘해 프로그램을 시작하고 자원봉사자를 모집함으로써 구성원들을 도와준다. 그것은 믿을 수 없는 일이다.

따라서 코로나19 대유행이 시작하던 기간에 일어났던 일은 그리 놀랄만한 일이 아니었다. 하이랜드 교회가 설립한 건강 클리닉의 대표 의사인 로버트 레코드Robert Records는 환자들이 코로나바이러스 증상을 보였지만 그들을 검사할 방법이 없었다. 그는 그것에 대해 뭔가 이바지하고 싶었다. 하지만 버밍햄의 지역 의료 시스템으로서는 코로나 검사를 제대로 시행할 수 없었다.

레코드는 하이랜드 교회의 구성원인 어슈어런스 과학 연구소 Assurance Scientific Laboratories의 타이 토마스Ty Thomas에게 연락했다. 그들은 크리스 호지스와 함께 지역 주민들을 위해 뭔가를 해야겠다고 이야기를 나누었다. 그들은 코로나19 검사를 시행할 계획을 신속하게 수립했다. 그들은 48시간도 되지 않아 병원 직원 10명, 연구소 직원 3명, 교회 직원 20명, 자원봉사자 100명 이상의 도움을 받아 교회 주차장 한 군데서 코로나19 검사를 순조롭게 진행할 수 있었다.

사람들이 코로나19 검사를 받으려고 몰려들었다. 레코드는 "우리의 목표는 사람들이 쓸데없이 의사를 만나려고 병원에 가지 않도록 하는 것이었습니다."라고 말했다.[21] 그들은 단파 라디오 시설을 설치해 운전자들이 FM 방송국에 채널을 맞춰 지시 내용을 들을 수 있도록 준비했다.

운전자들은 검사를 마칠 때까지 차창을 올린 채 차 안에 있으라는 지시를 받았다. 의사들은 휴대폰을 사용해 환자들과 대화하면서 차창을 통해 그들을 진단했다. 검사 첫날 그들은 호흡곤란을 겪는 두 사람을 병원으로 보냈고, 그중 한 명은 인공호흡기를 달았다.

그들의 주차장 검사장은 나흘 동안 문을 열었다. 그때 그들은 2천 명을 검사했다. 그것은 그 지역의 다른 병원이나 보건 시설에서 검사했던 것보다 훨씬 많은 숫자였다. 그들이 얼마나 많은 생명을 구했는지 누가 알겠는가?

하일랜드 교회가 추구하는 가치 중 하나는 그들이 할 수 있는 한 다른 사람들을 도와주는 것이다. 크리스는 "우리는 우리 사회가 요구하는 사항을 충족시키기 위해 헌신하고 있습니다."라며 이렇게 말을 이었다. "우리는 축복받은 겁니다. 우리한테는 코로나19 검사를 실시 수 있는 공간이 있었으며 자발적으로 봉사하려는 수십 명의 직원과 봉사자들은 물론 훈련된 지도자들도 있었습니다. 게다가 재정적으로도 여유가 있었답니다." 지역사회 주민들은 소셜 미디어에 감사의 글을 올렸다. 자동차 유리창에 손수 만든 감사 표지를 붙인 차들도 있었다.

하일랜드 교회의 이런 활동은 사람들이 단지 자신의 가치관을 행동으로 실천하며 변화된 사람들이 함께 일할 때 어떤 일이 일어나는지 보여 주는 대표적인 사례다. 그것은 선한 가치관은 보편적인 것이며 사람들에게 안정감을 제공함으로써 그들이 세상을 변화시키기 위해 활용할 수 있는 강력한 기초가 된다는 사실을 보여 준다.

선한 가치관은 신뢰를 구축한다

롭은 긍정적인 관계를 맺는 데 재능이 있었기 때문에 수년 동안 원호프를 통해 생명을 주는 프로그램을 매우 성공적으로 개발했다. 그는 성공적인 프로그램에 대해 내게 이렇게 자기 생각을 알려줬다.

> 파트너십이 성공하려면 반드시 신뢰를 기반으로 삼아야 합니다. 파트너십 활동은 협업 과정을 통해 이루어지기 때문에 신뢰의 속도에 따라 달라집니다.
>
> 저는 신뢰를 관대함, 겸손함, 정직함이라는 세 가지 가치가 긍정적인 관계를 유지하며 세 발을 만들어 떠받치고 있는 의자처럼 생각합니다. 우리가 함께 일하려면 이 세 가지 가치를 모두 갖춰야 합니다.
>
> ○ 관대함 : 전체를 위해 자신의 자원이나 자질을 양보함.
> ○ 겸손함 : 자신의 관록, 지위, 권력을 포기함.
> ○ 정직함 : 다른 사람이 당신의 성격을 믿을 수 있는 진실성.
>
> 저는 이런 특성들이 우리가 누구와, 어디서, 어떻게 일을 함께 시작하고 완성하는지에 대한 기반이 된다고 믿습니다.

롭과 나는 신뢰의 중요성에 대해 같은 생각을 하고 있다. 롭은 우리가 JMLF를 통해 변혁 프로그램을 확장했던 일을 떠올렸다. 어느 나라의 지도자들이 우리에게 현지에 와서 변혁 탁자 운동을 일으켜 달라고 요청했다. 우리는 사전에 조사를 마치고 그들을 처음 방문해 본 결과 그들과 파트너십을 맺지 않기로 결정했다. 그 이유는 무엇일까? 우리는 그들에게서 위에서 설명한 세 가지 가치관을 찾아볼 수 없었기 때문이다. 우리는 그들과 신뢰할 만한 파트너십을 구축할 수 있을 것 같지 않았다.

나는 수년 동안 성경의 잠언서를 읽으면서 많은 것을 배웠다. 거기에는 실천적 지혜가 많이 들어있다. 잠언서에는 롭이 말했던 세 가지 가치관을 비롯해 통찰력 있는 내용이 가득하다.

관대함은 변혁의 원동력이다. 그것은 이기주의와 정반대다. 잠언서에는 "구제를 좋아하는 자는 풍족하여질 것이요. 남을 윤택하게 하는 자는 윤택해진다."라고 쓰여있다.

겸손함은 변혁의 정신이다. 그것은 자존심과 정반대다. 잠언서에는 "교만이 오면 욕도 오거니와 겸손한 자에게는 지혜가 있다."라고 쓰여있다.

정직함은 변혁의 힘이다. 그것은 기만과 정반대다. 잠언서에는 "정직한 자의 성실은 자기를 인도하거니와 사악한 자의 패역은 자기를 망하게 한다."라고 쓰여있다.

가족을 부양하거나, 사업을 영위하거나, 세상을 변화시키는 일은 당신이 하는 일이 무엇이든지 간에 신뢰를 쌓아야 한다. 신뢰는 오직 선한 가치로 구축할 수 있다.

선한 가치는 말보다 실천이 중요하다

한 친구가 내게 어느 회사의 가치관을 보여 주면서 어떻게 생각하느냐고 물었다. 거기에는 다음과 같은 내용이 적혀 있었다.

존경

우리는 우리가 대접받고 싶은 대로 다른 사람들을 대접한다. 우리는 직원들을 학대하지 않고 무례하게 대우하지 않는다. 무자비, 냉담, 오만이라는 단어는 우리 회사에 없다.

정직

우리는 고객은 물론 잠재 고객에게도 공개적이며 정직하고 성실하게 협력한다. 우리가 하겠다고 말한 것은 실천할 것이다. 우리가 할 수 없다거나 하지 않을 것이라고 말한 것은 절대 하지 않을 것이다.

의사소통

우리는 소통할 의무가 있다. 우리 회사에는 서로 이야기를 나누고 경청할 시간이 충분히 있다. 우리는 정보란 사람들이 행동하기 위한 것이며 정보가 사람들을 움직인다고 믿는다.

탁월함

우리는 우리가 하는 모든 일에서 최고가 되려고 한다. 우리는 모두를 위해 계속 기준을 높일 것이다. 여기서 우리가 경험하는 가장 큰 즐거움은 우리가 모두 실제로 얼마나 잘할 수 있는지를 발견하는 것이다.[22]

나는 그 회사의 가치관은 분명하고 간결하며 강력하다고 생각했다. 내가 말했다. "와! 좋은 회사 같은데요. 어느 회사인가요?"

"당신은 절대 상상도 못 했을 거예요."라고 그녀가 웃으며 대답했다. "엔론이랍니다!"

그 말은 충격적이었다. 2001년 엔론의 실패는 대재앙이었다.

그 당시 엔론 사태는 금융계에서 일어난 기업 파산 사례 중 가장 규모가 큰 것이어서 충격적이었다. 주주들이 입은 손실액은 740억 달러에 달했다. 퇴직금 전액을 엔론 주식에 투자했던 엔론 직원들은 대다수가 재정적 손실을 보았다. 회사 임원들은 공무집행 방해, 음모, 증권사기, 은행 사기, 전화 사기, 내부자거래로 유죄판결을 받았다.[23] 그들의 행동은 회사가 대외적으로 공표했던 회사 가치관과는 극명한 대조를 이루었다.

현실은 이렇다. 리더십을 훌륭하게 발휘하려면 선한 생활이 선행되어야 한다. 선한 생활은 선한 가치관에서 나온다. 만약 당신이 중요하다고 말하는 것과 당신의 행동 사이에 괴리가 있다면, 가치관을 가르치는 일은 쓸데없는 일이 된다. 미사여구도 마찬가지다. 우리의 행동이 사람들에게 진정한 신뢰를 준다. 그러므로 우리는 지도자가 "나를 따르라."라고 하는 말을 가장 중요하다고 믿는다. 19세기 작가 월리스 와틀스Wallace Wattles는 "세계는 가르침보다 솔선수범이 더 필요하다."라고 주장했다. 가치관을 우리 것으로 만들고 우리가 매일매일 그것을 실천하는 생활을 대체할 것은 아무것도 없다.

선한 가치관은 당신의 세상을 변화시킨다

나는 엔론과는 정반대되는 이야기를 하고 싶다. 그것은 과테말라 대형 은행인 반트랩Bantrab에 관한 것이다. 그 은행은 지점이 157개이며 직원이 4,200명 이상이다.[24] 2014년 반트랩의 인사 담당 이사인 후안 파블로 드 레온Juan Pablo de León은 과테말라 프로스페라 Guatemala Próspera(리더십 훈련단체-옮긴이)와 JMLF와 교류했다. 그는 우리의 변혁 탁자 운동을 은행에 도입해 직원들에게 책임감, 신뢰성, 정직, 인내, 근면성, 경청, 용서와 같은 가치를 가르치려고 했다. 반트랩은 2014년에 변혁 탁자의 진행자로 리더 331명을 뽑아 그들에게 진행자 교육을 시작했다. 그런 다음 그들은 직원 2,792명을 선발해 그들을 변혁 운동의 동지라고 불렀다. 직원들은 선한 가치관을 배우고, 공개적으로 토론하며, 얼마나 잘 실천했는지 스스로 평가하고, 각각의 가치 안에서 어떻게 성장하고 싶은지를 명확히 표현하는 훈련 과정을 거쳤다.

그는 은행이 긍정적인 가치관을 강조하면 직원들에 도움이 되고 은행의 성과도 향상되기를 바랐다. 놀랍게도 그 성과는 터무니없이 높게 생각했던 기대치를 훨씬 뛰어넘었다. 첫해 반트랩은 고객 경험의 지표이자 영업 성장의 예측 지수인 순純 추천 지수(고객의 반복 구매 행동이나 추천 활동을 측정하는 지수-옮긴이)가 3% 증가했다. 곧바로 반트랩은 과테말라 금융시장에서 자산수익률ROA과 자기자본이익률ROE이 3위 안에 들었다. 재무 포트폴리오는 가치 프로젝트가 시작된 이후 19.82% 성장했다. 은행은 3년 연속 가장 일하고 싶은 직장으로 선정되었으며 현재 중앙아메리카와 카리브해 지역 전체 은행권에서 2위다.

반트랩의 변혁은 매우 큰 영향을 미쳤다. 드 레온은 모든 직원이 공통된 가치를 추구하고 공통의 어휘를 사용하기 위해 은행 직원 교육과정에 가치 변혁 운동을 포함했다. 현재 4,400명 이상의 직원과 가족 및 협력 파트너들이 변혁 탁자에 참여해 가치관을 배우고 있다.[25]

반트랩의 CEO인 미셸 카푸티Michel Caputi는 선한 가치관이 은행을 얼마나 변화시켰는지에 대해 다른 기업 지도자들에게 이야기를 들려주고 싶었다. 그는 나에게 기업 고객 1,500명이 모인 회의에서 가치관을 주제로 강연해 달라고 부탁했다. 나는 선한 가치관이 회사 문화, 금융 혁신, 사회적 영향, 포용력을 개선하는데 이바지하는 방법을 강연했다. 그는 나를 참석자들에게 소개하는 자리에서 반트랩은 가치 변혁 탁자 운동 덕분에 세 가지 효과를 경험했다고 자랑스레 말했다. 첫째, 반트랩은 직원들이 배운 가치에 따라 행동했기 때문에 재정적으로 최고의 한 해를 기록했다. 둘째, 은행은 리더십 문화를 발전시켰다. 지금까지 은행에는 항상 리더 역할을 할 사람이 부족했다. 하지만 직원들이 번갈아 가면서 가치 변혁 탁자의 진행자 역할을 담당한 덕분에 리더들이 등장하고 더 큰 역할을 맡을 수 있게 되었다. 셋째, 직원들의 가족들도 변화했다. 직원들은 배우자, 자녀, 부모와 변혁 탁자에서 배운 가치를 공유함으로써 가족들도 눈에 띄게 변하고 있었다.

선한 가치관은 당신을 더 가치 있게 만든다

당신이 친구를 사귈 때 그 사람의 가치관은 당신에게 중요한가? 배우자의 가치관이 어떤가? 만약 당신이 누군가를 고용한다면 그들이 추구하는 가치관은 중요할까? 만약 당신이 새로운 동네로 이사한다면, 그곳에 사는 사람들의 가치관이 당신에게 중요한가? 물론 중요할 것이다. 당신은 선한 가치관이 자산이 되지 않는 상황을 생각할 수 있는가?

선한 가치관은 항상 우리에게 가치를 더해 주며 우리를 다른 사람들에게 더 가치 있는 존재로 만들어 준다. 추구하는 가치관이 올바르면 실력이 없는 사람과도 함께 일할 수 있다. 일에 서투른 사람도 성장하려는 의지만 있으면 훈련할 수 있다. 사람이 실수해도 정직하다면 당신은 그를 신뢰할 수 있다. 하지만 선한 가치관을 가지지 않은 사람과 함께 일하는 것은 매우 어려운 일이다.

경영 컨설턴트 리처드 바렛Richard Barrett은 이렇게 강조했다. "조직의 변혁은 리더들의 개인적인 변혁으로부터 시작한다. 조직이 변혁하는 게 아니라 사람이 변혁한다!"[26] 지역사회도 똑같은 방식으로 변화한다. 리더가 먼저 변화해야 다른 사람들을 변화에 동참시킬 수 있다. 그런 뒤 한 사람 한 사람 변화하기 시작한다.

롭과 나는 몇몇 지역사회의 변화를 관찰할 특별한 기회가 있었다. 그것은 원호프, 이큅, JMLF가 활동한 결과였다. 원호프는 여러 해 동안 어린이와 청소년들에게 선한 가치관을 가르쳤다. 이큅은 리더 교육에만 집중했다. JMLF는 많은 나라에 변혁 탁자를 전파했다. 그래서 롭이 몇 년 전 청소년들을 위한 리더십 가치 교육과정을 함께 만들자고 제안했을 때 나는 그의 생각이 마음에 들었다. 모든 것이 리더십에 달려있다. 나는 당신이 젊은 사람들에게 더 좋은 지도자가 되도록 가르치면 그들은 다른 사람들에게 가치를 더해 주고 그들의 지역사회를 개선할 수 있다고 믿는다. 우리 팀은 함께 일하면서 '리드 투데이Lead Today'를 설립했다. 십 대들은 그 과정을 통해 영향력, 비전, 진실성, 성장, 진취성, 자제력, 시기 선택, 팀워크, 태도, 우선순위, 관계, 책임감, 의사소통, 리더의 자질 등을 배울 수 있다.

롭은 서부 아프리카에서 가장 영향력 있는 나라 중 하나인 가나Ghana에서 리드 투데이를 시범적으로 적용해 보자고 제안했다. 그는 리드 투데이가 거기에서부터 아프

> "조직이 변혁하는 게 아니라
> 사람이 변혁한다!"
>
> – 리처드 바렛Richard Barrett

리카의 다른 지역으로 확장하기를 원했다. 하지만 우리가 직면한 도전 중 하나는 젊은 사람들이 지도자가 되는 것을 꺼리는 현상이었다. 롭은 "가나의 십 대들은 지도자를 생각하면 그들은 지위, 권력 남용, 뇌물, 부패를 가장 먼저 떠올렸어요."라고 말했다. 아프리카에 관한 원호프의 연구에 따르면, 사실 학생들은 자신들의 미래에는 다른 사람들의 삶에 영향력을 미칠 수 있는 능력이 그다지 중요하지 않은 가치 중 하나라고 생각했다. 게다가 일반적으로 가나 문화에서는 다른 사람들을 이끌고 공동체를 변화시킬 때 젊은 사람들은 나이 든 어른들 뒷자리에 있어야 한다고 생각한다. 우리가 프로그램의 명칭을 리드 투데이라고 정한 이유 중 하나는 젊은이들이 긍정적인 변화를 만들려고 자신의 영향력을 발휘하는 것이 결코 이른 것이 아니라는 사실을 깨우쳐주고 싶었기 때문이다.

2016년 가나의 6개 지역에서 12세부터 21세까지의 학생 참가자 173명을 대상으로 리더십 프로그램을 시작했다. 원호프의 조사에 따르면 학생들은 리더십의 가치를 배운 뒤 다음과 같이 변화했다.

- 24가지 성격 강점(마틴 셀리그만Martin Seligman 교수 등이 제시한 사람이 갖추어야 할 24가지 덕목-옮긴이) 측정 항목 중 19개 항목에서 학생들의 평균 점수가 크게 상승했다.
- 자신이 유능한 리더라고 생각하는 참가자들의 비율은 11% 이상 증가한 86%다.
- 참가자들의 90%가 리더십 교육에서 의미 있는 지식 향상을

경험했다.

- 참가자들의 92%는 리더로 발전하는 것을 경험했다고 발표했다.[27]
- 참가자들의 100%가 자신은 리더가 될 것으로 생각했다.[28]

리드 투데이의 성공으로 원호프는 가나 전역과 다른 나라들에서 리더십 가치 교육과정을 전파하기 시작했다. 2019년 현재 6개 대륙 61개 국가에서 17개 언어로 진행되는 리더십 가치 교육과정에 360만 명의 젊은이들이 참여했다.

더 중요한 것은 지역사회의 구성원들이 선한 가치관을 배우고 실천한 결과로써 자신들이 변화하는 모습을 실제로 체험한다는 사실이다. 롭과 내가 가장 많이 인용하는 이야기 중 하나가 케냐에 사는 고아 에릭Eric의 이야기다. 에릭과 그의 형제들은 부모 없는 소년 가장 가정에서 생활하며 스스로 살아가려고 안간힘을 썼다. 그들은 모두 마을 농장에서 일하며 먹을 거리를 얻었다. 에릭은 학교에 다녔다. 하지만 그는 너무 가난하다는 이유로 다른 아이들로부터 따돌림을 당했다.

에릭은 운 좋게 고등학교에서 실시한 리드 투데이 프로그램에 참여했다. 거기에서 그는 자신도 리더가 될 수 있다는 사실을 깨달았다. 오늘날 에릭은 어려움을 겪는 아이들에게 학비와 학용품을 제공하는 학생 자선 단체의 회장으로 활동하고 있다.

에릭은 "리드 투데이가 제 인생을 완전히 바꾸어 놓았어요."라며 이렇게 말했다. "이전에는 제 삶이 어려운 도전으로 가득 차 있다고 생각했어요. 하지만 지금 저는 모두가 부러워하는 삶을 살고 있어요!" 앞으로 그는 토목 엔지니어가 되어 돈을 벌어 고아들을 위한 학교와 재활원을 설립할 계획이다.

다른 사람들에게 더 나은 삶을 꿈꾸는 기회를 제공하고 그들이 그 꿈을 실현할 수 있도록 준비시키는 것보다 더 중요한 임무는 없다. 그들이 선한 가치관을 확인하고, 포용하고, 살도록 도와주는 것보다 더 좋은 일은 없다. 내가 살아가면서 세상을 더 많이 여행하고 사람들에게 가치를 더하기 위해 더 열심히 일할수록 나는 다른 사람들이 선한 가치의 중요성을 이해하도록 도와주는 것이 얼마나 중요한지 더 많이 깨닫게 된다. 예전에는 가치관을 당연하게 생각했다. 나는 선한 가치관을 추구하는 가정에서 자랐고, 나를 무조건 사랑하고 황금률을 가르쳐 주신 윤리적이며 근면한 부모님 밑에서 자랐다. 하지만 지금은 선한 가치관을 절대 당연하게 주어진 것으로 생각하지 않는다. 그것이 내가 사람들을 가르치는 데 헌신하는 이유다. 롭도 마찬가지다. 당신이 선한 가치관을 실천하면 여러 가지 혜택을 볼 수 있다.

당신의 마음은 긍정적인 변화를 일으키는 것들을 생각할 것이다.
당신의 눈은 긍정적인 변화를 일으키는 것들을 볼 것이다.
당신의 심장은 긍정적인 변화를 일으키는 것들을 느낄 것이다.
당신의 태도는 긍정적인 변화를 일으키는 것들을 받아들일 것이다.

당신의 입은 긍정적인 변화를 일으키는 것들을 말할 것이다.

당신의 삶은 긍정적인 변화를 일으키는 것들을 끌어들일 것이다.

당신의 발은 긍정적인 변화를 일으키는 것들에 다가갈 것이다.

만약 당신이 선한 가치관을 지닌 가정에서 성장하는 혜택을 보지 못했더라도 우리는 당신이 선한 가치관을 배우고 받아들일 수 있다고 믿는다. 우리는 이런 일이 일어나기 가장 좋은 장소가 바로 변혁 탁자라고 생각한다. 다음 장에서 이에 관해 설명하겠다. 당신이 선한 가치관을 실천하는 순간, 당신은 다른 사람들도 똑같이 행동하도록 도와줄 수 있다. 그것은 무엇보다도 당신에게 당신의 세상이 변화하는 모습을 계속 볼 수 있는 기쁨을 선사할 것이다.

CHAPTER 6

변혁은 한 탁자에서
동시에 일어난다

탁자는 모든 사람이 발전하도록

서로 도와주는 장소다.

롭과 나는 항상 변화를 가져오고 싶었기 때문에, 우리는 인생의 대부분을 다른 사람들을 도우면서 살아왔다. 여러 해 동안, 나는 여러 가지 방법으로 그 목표에 접근했다. 나는 사람들을 일대일로 상담했다. 나는 사람들을 가르쳤다. 나는 직원 교육 프로그램을 만들었다. 나는 회의와 세미나를 주최했다. 나는 큰 행사에서 연설했다. 나는 조직을 만들었다. 나는 책을 썼다. 나는 종이, 오디오 테이프, 비디오테이프, DVD, 인터넷 플랫폼으로 교육 자료를 만들었다. 50년 이상 지난 후에, 나는 결론에 도달했다. 변혁은 한 탁자에서 동시에 일어난다.

그렇다고 지금 오해하지 않기를 바란다. 이게 내 마지막 책이 아니다. 나는 연설을 하는 것도 자료를 만드는 것도 아니다. 하지만 그런 모든 것들은 가치가 있고, 사람들에게 가치를 더해 준다. 따라서 나는 앞으로도 계속 그 일을 할 것이다. 하지만 내가 경험한 것 중 가장 극적이고, 가슴속 깊이 감동을 주며 오래 지속되는 변화는 소수의 사람과 탁자에 둘러앉아 이야기를 나누면서 시작했다.

인생은 탁자에서 더 좋아진다

내가 진작에 깨달았어야 했다. 나는 나와 우리 형제, 누이들이 부모님으로부터 배운 선한 가치관은 우리가 매일 밤 저녁을 함께하며 이야기를 나누었던 식탁에서 형성되었다는 사실을 깨달았다. 나는 소수의 리더로 구성된 작은 회의 탁자에 참석해 나의 사고방식과 리더십을 구성한 여러 가지 교훈을 얻었다. 그리고 내가 이끌었던 최고의 멘토링 세션 중 일부는 소수의 사람이 참석한 탁자였다. 그곳에서 우리는 마음이 솔직해지고 유연해졌으며 자유롭게 말하고 서로한테서 많은 것을 배웠다. 적과 공통점을 찾는 가장 빠른 방법은 식탁에 둘러앉아 그들과 함께 밥을 먹는 것이라는 말이 있다. 변화는 함께 둘러앉은 탁자에서 일어난다.

내가 운영하는 비영리 단체들은 지난 9년 동안 이 방식을 적용했다. 그들은 소규모 사람들을 탁자로 불러모아 가치를 배우고 실천하는 방법을 논의하고 공유함으로써 가치 기반 교육을 지역사회 혁신의 중심 요소로 만들었다. 우리는 이 작은 모임을 변혁 탁자라고 부른다. 지금까지 130만 명의 사람들이 약 20만 개의 변혁 탁자에 참가했으며 그곳에서 일어난 긍정적인 변화들은 놀랍다.

앞에서 설명한 것처럼 우리는 이 과정을 과테말라에서 시작했다. 딸기가 들어간 생크림 케이크로 유명한 40년 역사를 자랑하는 레스토랑 체인인 팻시Patsy는 23개 지점에서 일하는 600여 명의 종업원에게 무언가 투자하고 싶었다. 그들은 직원들의 개인 발전을 지원하기 위한 자료 도서관을 설치했다. 2016년에 팻시는 JMLF 커리큘럼에 따라 변혁 탁자를 도입했다.

팀워크가 좋아지고 생산성은 급속도로 향상했다. 도서관 자료의 월 사용량은 1년 만에 400% 증가했다. 직원 10명 중 1명은 교육을 계속 받기로 했다. 게다가 직원의 99%는 그들이 개인적인 삶이나 직장에서 만족도가 높아진 것은 변혁 탁자에서 배운 가치들 덕분이라고 생각했다. 셰릴 샌드버그Sheryl Sandberg 페이스북 최고운영책임자COO가 말한 것은 사실이다. "대화는 마음을 변화시키고 마음은 행동을 변화시키고 행동은 조직을 변화시킨다."[1]

변혁 탁자에 참여하라

만약 당신이 다른 사람들이 삶을 변화하려는 것을 도와주고 싶다면, 당신은 변혁 탁자에 사람들을 모아 선한 가치들에 관해 이야기를 나누며 그것들을 일상생활에 적용하는 방법을 배워야 한다. 이제 우리는 변혁 탁자가 작동하는 방식과 그것을 이용해 세상을 변화시키는 방법을 살펴보려고 한다.

1. 작게 시작하라

위대한 일은 작은 일에서부터 시작한다. 변혁 운동은 한 사람, 즉 바로 당신이다. 변혁 탁자의 환상적인 매력 중 하나는 누구나 어디서나 변혁 탁자를 이용해 혁신할 수 있다는 것이다. 당신은 조직이나 교육 심지어 공식적인 훈련도 필요 없다. 여러 개의 모임도 구성할 필요가 없다. 당신은 단지 두 가지 질문에 대답할 수 있으면 된다. 당신은 자신을 스스로 개선한다면 당신이 속한 지역사회도 개선될 것으로 생각하는가? 당신 생각에 다른 사람들도 자신의 삶을 개선하고 싶어 하는가?

> "위대한 일은 작은 일에서부터 시작한다."

당신은 이 두 가지 질문에 "예!"라고 대답하면 변혁 운동을 시작할 준비가 된 것이다. 단지 네 명만 있으면 변혁 운동을 시작할 수 있다. 다른 세 사람을 탁자에 초대하라. 함께 성장하기로 결의하라. 무엇을 배우고 싶은지 파악하라. 그리고 시작하라.

2. 사람들에게 공통의 토대를 제공한다

인간의 상호작용에서 좋은 것은 모두 공통의 토대에서 시작한다. 공통의 토대가 있어야 연결고리가 형성되고 관계가 구축되며 공유한 가치를 중심으로 신뢰가 쌓이고 발전이 시작한다. 변혁 탁자는 사람들이 공동의 목적을 위해 모이는 장소와 시간을 제공하기 때문에 그들이 성장할 수 있는 비옥한 토양을 제공한다.

공통의 토대가 중요하다는 사실을 인식한 사람은 트랜스포메이션테이블Transformation Table이라는 비영리 단체의 설립자이자 대표인 티나 엘 싱글톤Tina L. Singleton이다. 그녀는 사람들에게 음식 대접을 하면서 그들이 서로의 차이점을 이해하고 진정한 인간관계를 형성할 수 있도록 도와주었다.

티나는 종종 소외된 사람들이 포함된 여러 사람들과 어울리면서 그들을 도와주는 삶을 살았다. 그녀는 수년 동안 평화봉사단에서 지역사회 발전을 위한 자원봉사자로 활동했다. 그녀는 베냉Benin의 어느 시장터에서 청각장애인을 도와주는 경험을 한 뒤부터 장애가 있는 사람들을 도와주고 싶은 자신의 열정을 일찌감치 발견했다. 그녀는 중앙아프리카공화국, 베냉, 콩고, 방글라데시, 리비아, 시에라리온, 코스타리카, 토고, 아프가니스탄의 사람들을 돕고 지원했다.

그녀는 아프가니스탄에서 식탁에 둘러앉아 함께 식사하면서 공통의 토대가 가져오는 힘을 진정으로 이해했다. 아프가니스탄에서 일할 때 그녀는 정원을 가꾸었다. 그녀는 경험이 부족해 항상 자신에게 필요한 양보다 훨씬 더 많은 농산물을 재배했다. 그래서 그녀는 남는 농산물을 사람들에게 나눠주고 점심을 대접하기 시작했다. 아프가니스탄과 같은 전쟁 지역 국가의 NGO에서 일하는 외국인들은 일반적으로 보안상 폐쇄된 장소에서 생활하기 때문에 현지 주민들과 격리되어 있었다. 티나는 그런 장벽을 넘어 현지인 집에서 현지인들과 파견 직원들을 초대해 함께 식사했다. 그녀는 사람들과 유대감이 형성되자 장벽이 제거되었으며 더 깊은 관계로 발전했다고 증언했다.

그녀는 사우스캐롤라이나주 찰스턴Charleston으로 이사했다. 몇 년 뒤, 그녀는 다양한 사람들을 모아 식사를 함께하는 변혁 탁자 운동을 시작할 수 있다는 아이디어가 떠올랐다. 티나는 마더에마누

엘 AME 교회Mother Emanuel AME Church에서 버니스 킹Bernice King 목
사가 2015년 찰스턴에서 일어났던 흑인 대학살 사건을 추모하는 연
설을 들었다. 킹 목사는 찰스턴의 다양한 집단이 서로 사랑하고 더
진지하게 이해하려면 그들은 계획적으로 더 자주 만나 저녁 식사
를 함께해야 한다고 말했다. 티나는 아프가니스탄에서의 경험을 회
상하면서 여기서도 같은 일을 할 수 있다고 판단했다.

2016년 11월 티나는 친구의 집에서 저녁 식사를 함께하는 첫 번
째 변혁 탁자를 마련했다. 다양한 사람들이 참석했다. 베트남 요리
사가 식사를 준비했다. 다음 달에는 평소에 보지 못했던 10명이 참
석했으며 다른 요리사가 음식을 차렸다. 그런 뒤 변혁 탁자 식사 행
사는 계속되었다. 그녀는 지금도 여전히 그 행사를 진행하고 있다.
매달 그녀는 누군가의 집에서 요리사가 준비한 음식을 먹기 위해
낯선 사람 10명을 초대한다. 그녀는 제각기 흩어져 사는 사람들이
서로 단합해 어울려 사는 모습을 보는 것이 소원이다. 그래서 그녀
는 그들이 외국 요리를 함께 즐기면서 서로를 받아들이고 교감하
며 동정심, 평화 의식, 신뢰를 구축할 기회를 마련했다. 그녀는 찰스
턴에서 사람들과 교류하는 연결고리를 건설하고 있다. 하지만 그녀
의 비전은 전 세계 모든 나라에서 사람들이 공통의 토대를 찾기 위
해 그녀 방식의 변혁 탁자에서 함께 식사하는 모습을 보는 것이다.
얼마나 멋진 꿈인가!

이것이 티나가 세상을 바꾸는 방식이다. 그녀는 모든 사람이 사
랑, 연민, 공감을 바탕으로 한 공동체에서 인정받고 이해받는다고

느끼는 세상을 만들고 싶어 한다. 롭과 나는 그녀에게 찬사를 보낸다. 우리는 그녀의 조직을 연구하면서 그녀가 '변혁 탁자'라는 용어를 상표로 등록했다는 사실을 발견했다. 그전까지 우리는 그런 사실을 까맣게 몰랐다. 우리는 즉시 그녀에게 연락했다. 우리는 우리가 사용하는 '변혁 탁자'라는 용어를 계속 사용할 수 있도록 허락해 달라고 요청했다. 그녀는 고맙게도 흔쾌히 동의했다. 우리는 그 사실에 고무되었다. 우리의 변혁 탁자도 사람들이 가치를 배우고 그들의 삶을 향상하기 위해 함께 모이는 장소이기 때문이다.

사람들이 변혁 탁자에 모여 앉으면 서로 연결될 가능성이 매우 크다. 변혁 탁자에 함께 모여 이야기를 나누면서 얻을 수 있는 이점들이 몇 가지 있다.

근접성

당신은 멀리서도 사람들에게 감명을 줄 수 있을지 모르지만, 오직 가까이 있을 때만 그들에게 영향을 미칠 수 있다. 변화는 개인적인 것이다. 그것은 한 사람이 다른 사람에게 정성을 쏟을 때 이루어진다. 변혁 탁자를 가장 효과적으로 운영하기 위해 진행자는 개방적이며 믿을만하며 다른 사람의 말을 경청할 줄 알

> 당신은 멀리서도 사람들에게 감명을 줄 수 있을지 모르지만, 오직 가까이 있을 때만 그들에게 영향을 미칠 수 있다.

아야 한다. 그들은 자신의 단점을 인정하고 자신의 실패에 대해 정 직해야 한다. 그들은 가치 있게 더 좋은 삶을 살기 위해 성장하고 변화하는 방법을 공유한다.

변혁 탁자에는 책임 측면도 있다. 사람들은 만날 때마다 그들이 어떻게 성장하기를 원하는지와 그 일을 달성하기 위해 무엇을 해야 할지를 확인한다. 다음에 만나면 그들은 서로 그동안 어떻게 실천 했는지 물어본다. 이상적인 변혁 탁자는 사람들이 물리적으로 한 장소에 함께 모이는 형태다. 하지만 이제 기술의 발전으로 다른 장 소에 있는 사람들도 '한 곳'에서 만나는 것이 가능해졌다.

환경

사람들은 동기부여를 과대평가한다. 환경이 더 중요하다. 우리는 시간을 함께 보내는 사람들과 비슷해진다. 만약 당신이 지식인들 의 가정에서 자랐다면, 당신은 아마 아이디어가 많은 사상가처럼 되기 쉬울 것이다. 만약 당신이 건강한 운동선수들과 종일 시간을 보낸다면, 당신은 아마 건강 관리의 중요성을 인식하고 건강을 유 지하는 일을 중요하게 여길 것이다. 만약 당신이 만나는 사람들이 주로 최고의 사업가들이라면, 당신은 아마 사업에 관해 이야기하 고 그것에 대한 요령을 배울 것이다. 만약 당신이 예술가라면, 당신 은 아마 당신의 창의력을 부채질해 줄 다른 예술가들에게 매력을 느낄 것이다.

변혁 탁자에서 회의 진행자가 가치에 관한 토론을 이끌어 간다. 참석자들은 과거의 행동을 검토하고 선한 가치와 그것을 삶에 적용하는 방법에 관해 이야기함으로써 자신을 더욱 잘 인식할 수 있다. 이런 환경이 조성되면 사람들은 다른 사람들이 무엇을 하는지 알 수 있으므로 성장과 변화를 빠르게 할 수 있다. 니컬러스 크리스태키스Nicholas A. Christakis와 제임스 파울러James H. Fowler가 공동 집필한 저서 《행복은 전염된다Connected》에서 이렇게 주장했다. "우리가 서로 관계 맺는 것은 우리 삶에서 자연스럽고 필요한 부분일 뿐만 아니라 선한 가치를 실천하는 힘이다. 마치 뉴런neuron 한 개가 할 수 없는 일을 뇌가 할 수 있듯이, 어떤 사람 혼자서 할 수 없는 일을 소셜 네트워크가 할 수 있다."[2]

반복

변화는 결코 즉각적으로 이루어지는 것이 아니다. 그것은 시간이 걸리고 반복이 필요하다. 나는 제임스 클리어James Clear의 환상적인 저서 《아주 작은 습관의 힘Atomic Habits》을 강력하게 추천한다. 그는 습관의 형성에 대해 이렇게 주장했다.

당신이 어떤 행동을 반복할 때마다, 당신은 그 습관과 관련된 특정한 신경 회로를 활성화한다. 이것은 단순히 당신이 행동 목록에 한 가지를 추가하는 것이 새로운 습관을 형성하는 가장 결정적인 단계 중 하나라는 것을 의미한다.

모든 습관은 연습을 통해 자동으로 행동하는 것과 비슷한 경로로 형성된다. 우리는 각 단계를 생각하지 않고 무의식적으로 행동하는 능력을 자동능自動能이라고 부른다.

자동능을 그림으로 표시하면 다음과 같다.

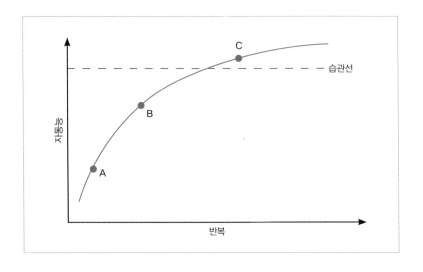

클리어는 사람들이 어떤 행동을 충분히 연습해 습관선을 통과하면 그다음부터는 생각하지도 않고 행동을 자동으로 반복한다는 사실에 주목했다. 그는 학습 곡선을 보면 습

> "학습 곡선을 보면 습관은 시간이 아니라 빈도에 따라 결정된다."

관은 시간이 아니라 빈도에 따라 결정된다는 것을 알 수 있다며 이렇게 주장했다.

내가 받는 질문 중 가장 흔한 것은 "새로운 습관을 들이는 데 시간이 얼마나 걸리는가?"이다. 하지만 사람들이 제대로 질문한다면 "새로운 습관을 들이려면 얼마나 많이 행동해야 하는가?"로 물어야 합니다. 즉, 자동적인 습관이 생기려면 얼마나 많이 반복해야 할까요?

습관 형성과 관련해 마법의 시간은 없다. 21일이 됐든 30일이 됐든 300일이 됐든 상관없다. 중요한 것은 행동하는 빈도다. 당신은 어떤 행동을 30일 동안 두 번 할 수도 있고 200번 할 수 있다. 차이를 만드는 것은 빈도다. 어떤 행동이 당신의 마음속에 확고히 자리를 잡아 습관선을 넘을 때까지 계속 도전해야 한다.

실제로, 습관이 자동으로 형성되는데 시간이 얼마나 걸리는지는 중요하지 않다. 중요한 것은 당신이 발전하기 위해 행동하는 것이다.[3]

변혁 탁자는 참가자들이 반복 작업을 수행할 수 있는 공동의 공간을 제공한다. 탁자에 앉은 모든 사람은 정기적으로 만나 추구하는 가치를 토론하고 수용하며, 발전에 필요한 행동을 반복함으로써 변화의 과정에 참여한다.

3. 사람들의 정체성을 재구축하고 강화한다

가치관은 모든 사람이 간직하고 있는 정체성의 핵심이다. 변혁 탁자는 선한 가치에 초점을 맞추기 때문에 참가자들의 정체성 가운

데 긍정적인 측면을 강화한다. 따라서 선한 가치가 나쁜 가치를 대체할 수 있으므로 사람들은 자신의 정체성을 재구축할 수 있다.

클리어는 《아주 작은 습관의 힘》에서 사람의 정체성이 어떻게 형성되는지를 다음처럼 매우 통찰력 있게 설명했다.

> 당신의 정체성은 당신의 습관에서 나온다. 당신은 미리 정해진 신념을 갖고 태어나지 않았다. 당신 자신에 대한 신념을 포함한 모든 신념은 경험을 통해 배우고 길들여지는 것이다.
>
> 더 정확히 말하자면, 당신의 습관이 당신의 정체성을 구체화한다. 당신이 어떤 행동을 반복하면 할수록, 그 행동과 관련된 정체성이 더 강화된다. 사실 영어의 '정체성identity'이라는 단어는 '존재한다'라는 의미의 라틴어 'essentitas'와 '반복적으로'라는 의미의 'identidem'에서 유래했다. 당신의 정체성이란 문자 그대로 '반복하는 존재'다.[4]

클리어는 변화를 가져오는 가장 좋은 방법은 사람의 내면에서 시작해 외부로 향해야 한다고 주장한다. 하지만 대부분 사람은 그 반대로 외부에서부터 내면을 변화시키려고 한다. 그들은 외부적인 결과를 강조하거나 변화의 다음 단계인 과정에 초점을 맞춘다. 사실 그들은 정체성을 바꾸는 일에 먼저 집중해야 한다. 클리어는 이렇게 관찰했다.

결과는 당신이 성취한 것에 관한 것이다. 과정은 당신이 하는 일에 관한 것이다. 정체성은 당신이 믿는 것에 관한 것이다. 지속하는 습관을 들이는 문제에서 중요한 것은 변화의 방향이다.

많은 사람은 그들이 성취하고 싶은 것에 초점을 맞춰 그들의 습관을 변화하는 과정을 시작한다. 이것은 우리가 결과 중심의 습관을 들이도록 만든다. 대안은 정체성에 기반을 둔 습관을 기르는 것이다. 이런 접근법에 따르면 우리는 가장 먼저 어떤 사람이 되고 싶은지에 초점을 맞춰야 한다.

어느 날, 당신은 너무 바쁘거나 너무 피곤하거나 너무 압도되거나 수백 가지 다른 이유로 당신의 습관과 씨름해야 할지도 모른다. 하지만 장기적으로 당신이 습관을 고수하지 못하는 진정한 이유는 당신의 자아상이 방해하기 때문이다. 이것이 당신이 자신의 한 가지 정체성에만 집착할 수 없는 이유다. 당신이 발전하려면 나쁜 습관을 고쳐나가야 한다. 당신은 자신을 최고로 만들려면 지속적으로 자신의 신념을 수정하고 정체성을 개선하고 확장해야 한다.[5]

클리어가 지적했듯이 누구도 각자의 정체성이 고정된 것은 아니다. 우리는 모두 자신에 대한 믿음을 바꿀 수 있다. 이것은 우리가 모두 자신의 인생을 바꿀 힘이 있다는 것을 의미한다.

25년 이상 나의 저술 활동을 도와준 찰리 웨첼Charlie Wetzel은 사람들은 자신에 대해 생각하는 방법을 변화함으로써 핵심 정체성을 변화시킬 수 있다는 개념에 대해 나와 같은 생각이다. 그가 담배를 끊기로 했을 때 그것이 자신에게 얼마나 중요한 일이었는지 내게 설명했다. 그는 중학생일 때인 13살이나 14살부터 담배를 피우기 시작했다. 20대 후반에는 하루에 두 갑 반 정도를 피웠다. 그는 금연하려고 여러 번 시도했다. 몇 주 동안 담배를 끊었지만 번번이 실패했다. 곧바로 담배 한 갑을 사서 다시 피우곤 했다. 그는 마침내 고비를 넘기는 데 도움을 준 것은 그가 마지막으로 담배를 내다 버리며, "나는 담배를 끊으려고 애쓰는 골초가 아니야! 원래부터 비흡연자야!"라고 스스로 다짐했던 날이라고 설명했다.

> 누구도 자신의 정체성이
> 고정된 것은 아니다.
> 우리는 모두 자신에 대한
> 믿음을 바꿀 수 있다.
> 이것은 우리가 모두
> 자신의 인생을 바꿀
> 힘이 있다는 것을 의미한다.

찰리는 금연하는 일이 지금까지 자신이 했던 일 중에서 가장 어려웠지만 가장 중요한 일이었다고 고백한다. '나는 비흡연자야.'라는 생각이 그를 힘들게 했다. 그가 금연한 지 30년이 지났다. 그는 금연하려는 많은 사람에게 비흡연자로서의 정체성을 다시 구축함으로써 자신에 관한 생각을 바꾸라고 충고했다.

그것이 바로 변혁 탁자가 효과가 있는 이유다. 변혁 탁자는 사람들이 자신에 관한 생각을 바꿀 수 있도록 도움을 준다. 사람들은 매주 변혁 탁자에 정기적으로 모여 그들이 추구하는 선한 가치를 검토하고 토론하며 적용함으로써 자신의 정체성에 대한 관점을 바꾸고 있다. 그들은 그들 자신 안에 핵심적인 선한 가치와 삶의 모든 측면에 영향을 미치는 자신에 대한 믿음을 만들고 있다. 하지만 그것은 변화하겠다는 자신의 선택에서부터 시작한다.

몇 년 전, JMLF는 과테말라의 청소년들을 위해 '아이리드'라는 3년짜리 가치 기반 프로그램을 시작했다. 현재 아이리드 변혁 탁자에 거의 50만 명의 학생들이 참여하고 있다. 2018년에 우리가 파라과이에서 이 프로그램을 시작했을 때 3만 명의 학생들이 참여했다. 그 숫자는 다음 해에 두 배로 불어났다. 첫해 과정은 아이추즈 iChoose로 선한 가치를 선택하는 과정이다. 그것은 우연이 아니다. 우리가 프로그램을 이렇게 구성한 이유는 학생들이 자신의 삶이 좋아지고 주변 사람들의 삶을 개선하고 싶다면 모두가 성장하고 발전하겠다는 가치를 적극적으로 선택하기를 바랐기 때문이다. 우리도 마찬가지다.

4. 자기 인식을 사람들을 위해 적용한다

사람들이 변혁 탁자에 참가할 때, 가장 중요한 측면 중 하나는 그들이 자기 인식을 실생활에 어떻게 적용할 수 있는지에 관한 방법이다. 내가 4장에서 소개한 '글로벌 우선순위 솔루션Global Priority Solution'의 설립자인 던 요더는 참가자가 이를 실행하는 데 도움을 주기 위해 '라운드 탁자 방법론Round Table Methodology™' 과정을 개발했다첫째, 참가자들은 선한 가치를 배운다. 즉 그들은 선한 가치의 의미, 자신에게 이익이 되는 방법, 다른 사람에게 긍정적인 영향을 미치는 방법, 자신의 세계를 개선하는 방법 등에 대해 배운다. 하지만 그 과정은 거기서 멈추지 않는다. 참가자들은 모두 그들이 배운 것에 비추어 스스로 점검해야 한다. 여기에서부터 변화의 과정이 실제로 시작한다. 그들은 자신을 잘 살펴보고 1에서 5까지의 척도로 자신을 평가한다. 그런 뒤 그들은 다른 참가자들과 자기 평가를 공유한다.

이것이 핵심이다. 모든 참가자가 변혁 탁자에서 서로에게 이바지해야 한다. 그 이유가 무엇일까? 만약 당신이 어느 팀을 이끌거나 다른 팀과 일할 때 구성원 중 누군가가 대화를 거부하거나 참여하지 않는다면 당신은 그것이 얼마나 실망스러운지 잘 알 것이다. 변혁 탁자에 적극적으로 참여하지 않는 사람들은 자신이 발전하지 못하는 것은 물론 주변 사람들의 발전을 자극하지도 못한다. 하지만 사람들이 마음을 열고 참여할 때 놀라운 일들이 일어난다. 각 참가자는 그룹의 다른 사람들에게 새로운 관점을 제공하는 데 이바지한다. 결과는 어떻게 될까? 모든 사람의 자기 인식이 높아진다.

변혁 탁자 진행자를 포함해 모든 사람이 성장해야 할 부분을 공감하면, 그들은 그 부분에서 변화하고 성장하기 위해 어떤 조치를 해야 하는지와 다음 주에 그것을 어떻게 수행할 것인지를 구체적으로 발표해야 한다. 그리고 다음번에 그들이 탁자에 다시 모이면 그 일을 끝까지 완수했는지 서로 이야기를 나눈다. 이런 방식으로 모든 사람이 서로에게 책임 있는 활동을 한다. 변화는 이렇게 계획적인 절차를 거쳐 영구화된다. 각자가 이런 방식을 반복적으로 적용하면 개선하는 속도가 배가된다.

롭은 모든 갱생 모임이 이런 개념 위에 설립됐다고 강조한다. 예를 들어 '익명의 알코올 중독자들Alcoholics Anonymous'이나 '회복을 축하하라Celebrate Recovery'와 같은 모임은 참가자들에게 놀라운 인생 변화를 가져다줬다. 변혁 탁자의 가치를 뒷받침하는 학술 문헌도 많다. 왜냐하면 사람들이 서로 책임감을 느끼고 협조하는 환경에서 자기 인식을 새롭게 하며 이를 실생활에 적용함으로써 그들이 심지어 가장 처참한 상황에 있더라도 그것에 도전하고 개선할 수 있기 때문이다.

5. 변혁을 추적하는 방법을 제공한다

나는 20대 후반일 때 라디오 방송인 얼 나이팅게일Earl Nightingale이 "5년 동안 매일 한 시간씩 같은 주제로 공부한다면, 당신은 그 분야의 전문가가 될 것이다."라고 말하는 것을 들었다. 그런 말이 나의 상상력을 자극했으며 내 인생의 궤적을 바꾸어 놓았다. 나는 리더십이 다른 사람의 삶에 영향을 미친다는 것을 실감했다. 나는 즉시 리더십 공부에 전념하겠다고 결심했다.

나는 하루에 한 시간 이상을 리더십 공부에 투자했다. 나는 손에 잡히는 대로 모든 책을 읽었다. 나는 지도자들의 메시지를 통해 배울 수 있는 것을 모두 배웠다. 나는 리더들의 연설을 들을 수 있는 회의와 행사에 참석했다. 나는 리더십 분야의 대가들에게 질문을 하기 위해 한 시간 정도 만날 수 있는지 요청하기도 했다. 나는 리더십에 관련된 내용을 배우기 위해 할 수 있는 모든 것을 했다.

나는 이 과정을 시작하면서 5년 안에 리더십 전문가가 되겠다고 나 자신과 약속했다. 이것이 내게 큰 힘이 되었다. 나는 내 앞에 놓인 목표를 바라보고 스스로 동기부여를 하면서 매일 책을 읽고 카세트테이프를 들었다. (물론 카세트테이프 시절은 CD나 팟캐스트가 나오기 훨씬 이전이다.) 나는 그 당시 참을성이 많을 것 같으면서도 사실 참을성이 없었다. 나는 최종 목표에 빨리 도달하고 싶었다. 하지만 그렇게 하려면 그 과정을 모두 거치는 것만이 유일한 방법이라는 것도 알고 있었다.

2년 반 정도가 지났을 때, 나는 뭔가 일어나고 있다는 것을 느끼기 시작했다. 나의 리더십이 향상되고 전략 수립에 능통하게 되었다. 나는 내가 생각하는 비전에 자신감이 생겼으며 그것을 더 명확하게 표현할 수 있었다. 나는 리더들을 모집하는 일을 더 능숙하게 처리했다. 게다가 내가 이끄는 팀들은 결속력, 집중력, 생산성 등 여러 측면에서 뛰어났다. 간단히 말해서, 나의 성장은 복합적으로 이루어졌다. 결국 나는 내가 추구하는 리더십 개발에서 일관된 결실을 보고 있었다.

그때 나는 또 다른 사고방식의 변화를 경험했다. 나는 리더로서 개인적인 성장을 즐겼다. 나는 달력을 보고 5년이 얼마나 남았는지 계산하는 행동을 그만뒀다. "시간이 얼마나 더 걸릴까?"라고 묻는 대신, 나는 "얼마나 더 멀리 갈 수 있을까?"라고 묻기 시작했다. 나는 이제 목적지에 도달하는 데 집중하지 않았다. 나는 끝없이 지속적으로 내 잠재력을 개발하는 데 집중했다. 몇 년 뒤 나는 《리더십 불변의 법칙The 21 Irrefutable Laws of Leadership》에서 그 교훈을 '리더는 하루아침에 발전하는 것이 아니라 나날이 발전한다.'라는 '과정의 법칙Law of Process'으로 정리했다.

변혁 탁자는 사람들이 실천할 수 있는 발전 경로를 제공한다. 당신이 선한 가치관을 실천하며 살아가는 법을 배우기로 하고, 매주 같은 그룹의 사람들과 함께 그것을 실천한다면 당신은 당신이 가고 있는 방향과 얼마나 멀리 갔는지를 알 수 있다. 그리고 당신은 결과를 근거로 발전 과정을 추적할 수 있다.

> 벤자민 프랭클린은 매일 아침
> 잠자리에서 일어나면서
> 이렇게 자신에게 물었다.
> "나는 오늘 어떤 선한 일을 할까?"
> 잠자리에 들 때는 이렇게 물었다.
> "나는 오늘 어떤 선한 일을 했는가?"

당신은 어떤 가치에 집중해야 하는가? 당신은 우리가 5장에서 소개한 JMLF가 당신의 진행 상황을 추적하기 위해 사용한 목록을 채택할 수 있다. 당신은 내가 수년 동안 사용했으며 《오늘을 사는 원칙Today Matters》에서 소개했던 나의 12가지 원칙에 초점을 맞출 수도 있다. 나는 그런 원칙을 벤자민 프랭클린에게서 배웠다. 벤자민 프랭클린은 매일 아침 잠자리에서 일어나면서 이렇게 자신에게 물었다. "나는 오늘 어떤 선한 일을 할까?" 잠자리에 들 때는 이렇게 물었다. "나는 오늘 어떤 선한 일을 했는가?" 그는 선한 것은 개인적인 덕목에서 나온다고 판단했으며 책임 있게 행동하려고 자신이 소중히 여겼던 13가지 덕목에 대한 '채점표'를 들고 다녔다.

여기서는 내가 매일 아침 다짐했던 12개 목록을 소개한다.

나는 올바른 태도를 선택하여 보여 줄 것이다.

나는 선한 가치를 받아들이고 실천할 것이다.

나는 가족들과 소통하고 그들을 돌봐줄 것이다.

나는 건전한 지침을 이해하고 따를 것이다.

나는 중요성의 우선순위를 결정하고 그에 따라 행동할 것이다.

나는 책임감을 받아들이고 실천할 것이다.

나는 적절한 약속을 하고 지킬 것이다.

내가 먼저 시작하고 탄탄한 관계를 구축할 것이다.

나는 돈을 벌고 재정 관리를 제대로 할 것이다.

나는 신념을 굳게 지키고 실천할 것이다.

나는 자기 계발을 갈망하고 경험할 것이다.

나는 너그럽게 행동하고 모범을 보일 것이다.

사람들이 변혁 탁자에 참여할 때, 발전 상황을 추적하기 위해 명심해야 할 중요한 사항이 두 가지 있다. 첫 번째는 일관성이다. 내가 리더십을 배우는 여정을 시작하면서 성장할 수 있었던 이유는 내게 일관성이 있었기 때문이다. 나는 매일 그 일을 반복했다. 하루라도 거른 적이 있을까? 물론 그런 날도 있었다. 나는 완벽한 것과는 거리가 멀다. 게다가 인생은 재미 일로 가득 차 있다. 하지만 나는 매일 성장하는 것을 우선시했다. 그리고 하루를 걸러야 할 때마다 절대 연속해서 이틀은 거르지 않겠다고 다짐했다. 나는 운동선수처럼 생각했다. 축구 선수들은 연속해서 경기하는 것을 자랑스럽게 생각한다. 야구 선수들은 안타 행진을 자랑스럽게 생각한다. 하지만 그들은 연속성이 깨졌다고 해서 운동을 중단하지 않는다. 그들은 즉시 경기장으로 나가 또다시 시작한다!

사람들이 자신의 발전 상황을 추적할 수 있는 두 번째 방법은 자신에게 물어보는 것이다. "이 가치는 내가 되고 싶은 사람이 되는 데 도움이 될까? 이 행동은 내가 추구하는 정체성 확립에 도움이 되는가 아니면 해가 되는가?" 당신이 희망하는 정체성과 충돌하는 가치는 당신에게 도움이 되지 않는다. 사람들이 가치를 배우고 실천하면 최고의 인물로 성장할 수 있다. 그렇다면 우리는 어떻게 그것을 측정할 수 있을까? 그것은 사람들의 이야기가 어떻게 변화하는지 확인함으로써 가능하다. 롭과 나는 그것이 바로 지역사회와 사람들이 변화하는 신호라는 것을 여러 차례 경험했다. 그들은 삶이 더 좋게 변화했을 뿐만 아니라 더 나아가 다른 사람들이 변화하도록 도와준다.

우리가 과테말라에서 목격한 수천 가지의 변화 중 하나를 소개한다. 베로니카 차베즈Verónica Chávez의 이야기다. 그녀는 시골 마을에서 알코올 중독에 빠진 부모들 밑에서 12명의 형제 중 맏이로 자랐다. 아이들은 먹을 것을 구하러 항상 집 밖으로 돌아다녀야 했다. 베로니카는 교육을 받고 싶었고 비서가 되는 것이 꿈이었다. 하지만 그녀가 초등학교를 졸업한 12살 때 그녀의 부모는 집안을 도우라며 학업을 중단시키고 돈 버는 일을 시켰다. 열네 살 때 그녀는 가정부로 일하기 위해 거의 160킬로미터나 떨어진 다른 도시로 갔다.

> 사람들이 가치를 배우고 실천하면 최고의 인물로 성장할 수 있다.

베로니카는 2년 동안 일했다. 그녀가 존경하는 사람들조차도 그녀는 가정부 이외에는 어떤 일도 할 수 없을 거라고 장담했다. 하지만 그녀는 과테말라 시티Guatemala City로 이사한 다음 가정부로 계속 일하면서 비서가 되려고 학교에 진학했다. 그녀는 학교를 졸업하고 상담 회사의 안내원으로 일했다. 그것이 바로 그녀가 과테말라 프로스페라와 연결되고 우리의 변혁 탁자에 초대된 배경이다.

변혁 탁자에서 논의하는 교훈 중 하나가 용서의 가치다. 그녀는 그 가치에 비추어 자신의 삶을 돌아보면서 자신이 얼마나 상처를 많이 받았는지 깨달았다. 그녀는 부모들의 음주와 무관심뿐만 아니라 그들의 행동으로 동생 중 한 명이 가족들로부터 격리 조치되었기 때문에 부모들에게 몹시 화가 났다. 베로니카는 동생이 보육원에 들어가는 것을 막으려고 부모들과 싸웠다. 그녀는 부모님을 용서하지 못했다는 자책감을 강하게 느끼고 살았다. 그녀는 부모님과 대화하려고 주말에 280킬로미터나 떨어진 집으로 찾아가 그들에게 용서를 구했다. 그녀 역시 자신이 겪었던 상처에 대해 그들을 용서했다. 그들은 서로 떨어져 생활한 지 몇 년이 지나고 나서야 비로소 다시 하나가 된 것이다. 그러자 베로니카가 지니고 있던 마음의 상처는 아물기 시작했다.

베로니카는 변혁의 가치를 배우고 그것을 자신의 삶에서 실천하면서 더 큰 꿈을 계속 꿀 수 있는 영감을 받았다. 동생에게 일어났던 일로 그녀는 사회복지사가 되고 싶었다. 그녀는 대학에 등록하고 주말 수업을 들었다. 2017년에 그녀는 사회복지학 학위를 받고 졸업했다.

베로니카는 작은 마을에서 대학을 졸업한 최초의 여성이다. 그녀는 이렇게 자랑스레 이야기했다. "이제, 우리 지역사회의 많은 젊은 이가 저를 자신들이 역경을 이겨나가는데 동기를 부여한 사람으로 생각합니다. 그들은 '그녀가 할 수 있다면 나도 할 수 있어!'라고 말해요. 저는 모든 사람에게 가장 먼저 목표를 세워야 한다고 말해줍니다. 그리고 일관성을 유지하라고 조언합니다. 사람들이 '너는 할 수 없어.' 혹은 '너는 능력이 없어.'라고 말한다고 하더라도, 절대 그들의 말을 마음에 두지 마세요!"

베로니카는 "변혁 탁자에서 가치를 배우는 것이 나의 삶과 가족, 지역사회를 변화시킬 뿐만 아니라 미래 세대도 변화시킬 것입니다."라고 강조했다.

당신이 발전 상황을 추적하면 발전한다는 사실을 더 쉽게 확인할 수 있다. 자신의 발전 상황을 추적하는 사람들이 그렇지 않은 사람들보다 성공할 가능성이 크다. 자신의 식습관을 추적하는 사람들은 그렇지 않은 사람들보다 살을 더 많이 뺐다. 운동 상태를 추적하는 사람들은 그렇지 않은 사람들보다 발전 속도가 더 빠르다. 판매량, 생산량, 재정 상태를 추적하는 사람들이 그렇지 않은 사람들보다 더 좋은 성과를 올린다. 선한 가치를 실천하는 법을 배우고 발전 상황을 추적하는 사람들이 개인적으로나 직업적으로나 성공할 가능성이 더 크다.

6. 다른 사람들이 더 좋은 삶을 함께 살 수 있도록 도와준다

존 D. 록펠러는 "위대한 것을 달성하려면 좋은 것을 포기하는 것을 두려워하지 마라."라고 말했다. 변혁 탁자를 사용해 선한 가치를 배우는 사람들은 더 좋은 삶을 살 수 있다. 그들은 지역사회의 가난, 질병, 굶주림, 문맹 등 여러 가지 문제들을 해결할 가능성이 커진다. 그 이유가 무엇일까? 왜냐하면 사람들이 더 행복하고, 더 건강하고, 더 생산적이고, 더 많은 콘텐츠를 개발하도록 도와주는 핵심 가치들을 발전시켜 그들이 스스로 미래를 창조하는 힘을 얻기 때문이다. 그들은 자신의 가족과 지역사회를 개선한다. 그것은 대단한 일이다!

그들은 새로운 변혁 탁자를 만들거나, 새로운 지역으로 이사하거나, 새로운 직업을 선택하거나, 새로운 팀에 합류할 때 만나는 사람들에게 마음속으로 다음 세 가지 질문을 한다.

○ 제게 관심이 있나요?

○ 저를 도와줄 수 있나요?

○ 당신을 믿어도 될까요?

변혁 탁자에서 선한 가치를 배운 사람은 다른 사람들에게 관심이 있으며 그들에게 도움을 주며 신뢰받는 사람이 된다. 변혁 탁자는 모두를 도와주고 격려하는 환경을 조성한다.

> 변혁 탁자에서
> 선한 가치를 배운 사람은
> 다른 사람들에게 관심이
> 있으며 그들에게 도움을 주며
> 신뢰받는 사람이 된다.

변혁 탁자가 문자 그대로 탁자가 아니어도 상관없다. 선한 가치가 학습과 성장을 위한 토대가 된다면 세 명 이상의 사람들이 자발적으로 모여 정직하게 토론할 수 있는 모든 장소가 혁신 탁자가 될 수 있다.

자신의 인생을 개선하려는 사람들이 변혁 탁자에 모이면,

새로운 관계가 형성되고,

믿음을 발견하고,

관점을 공유하고,

토론이 도움을 주고,

질문거리가 생기고,

해답을 찾고,

신뢰가 쌓이며,

취약성을 인정하고,

가치관을 실천하고,

좋은 습관이 구축되며,

자존심이 높아지고,

용서를 경험하고,

태도가 긍정적으로 되며.

책임감을 느끼고,

우선순위를 확인할 수 있고,

단절된 관계가 복원되며,

섬김의 자세가 살아나고.

관대함이 드러나고,

용기가 되살아나며,

헌신하며,

진취적으로 바뀌고,

정직이 존중을 받는다.

결국

인생이 바뀐다!

  그렇다면 당신은 변혁 탁자에 참석할 준비가 되었는가? 당신 자신을 살펴보고, 당신이 성장해야 할 부분이 있다는 사실을 인정하고, 그것을 해결한 준비가 되었는가? 당신은 다른 사람들을 변혁 탁자로 초대해 이런 성장 여정을 함께할 의향이 있는가? 당신이 준비되었다면, 시작하면 된다. 우리의 웹사이트 체인지유어월드닷컴 ChangeYourWorld.com을 방문하면 변혁 탁자에 관한 자료를 무료로 얻을 수 있다. 우리는 그것이 당신을 변화시킬 것이라고 확신한다. 변화한 당신은 세상을 변화시킬 것이다.

달성한 일을
측정하라

중요한 것을 측정하라.

– 존 도어 John Doerr

최근에 나는 친구들과 볼링을 치러 갔다. 나는 비록 40년 동안 볼링을 치지 않았지만, 그것은 매우 재미있었다. 친구들은 내가 볼링 레인 옆 도랑에 볼링공을 빠뜨리는 것을 보며 배를 잡고 웃었다. "존은 볼링 핀을 맞출 일이 없으니 핀을 치워야 할지도 몰라!" 그들 중 한 명이 비웃었다.

"안 돼! 내가 결국 핀을 맞출 거야."라고 나는 대답했다. 시간이 좀 걸렸다. 하지만 마침내 나는 핀을 맞췄다. 심지어 스트라이크도 기록했다. 모든 사람이 일어나서 환호했다. 사람들은 나를 치켜세웠다. 누군가 핀이 모두 쓰러진 레인을 사진으로 찍어 메시지로 보내줬다. "나중에 추억 삼아 사진을 잘 보관해요."라며 그가 이렇게 말했다. "다시는 그런 일이 없을지도 몰라요!"

모든 것이 재미있었다. 나는 그렇게 즐겁게 지낸 이후로 그 일이 자주 생각났다. 마침내 나는 이런 결론에 이르렀다. 볼링공을 레인 위로 굴리는 유일한 이유는 우리가 핀을 넘어뜨릴 수 있는지 확인하기 위해서다.

볼링에서는 핀이 얼마나 남아 있는지가 가장 중요하다. 볼링공이 내 손에서 떨어져 나가는 순간부터 나는 내가 얼마나 잘했는지 보기 위해 공을 끝까지 지켜본다. 내가 핀이 몇 개나 남아 있는지 결과를 확인하는 데는 불과 몇 초밖에 안 걸린다. 만약 내가 핀을 모두 쓰러뜨리면, 나는 열광한다. 만약 내가 레인 옆 도랑gutter에 공을 처넣으면, 나는 실망한다. 쓰러뜨린 핀이 없으면 점수도 없다.

어쩌면 당신은 내 생각에 동의하지 않을 수도 있다. 만약 당신이 매우 이성적이라서 이렇게 생각할지도 모른다. '볼링 핀이 중요한 게 아니야. 내가 볼링을 하는 이유는 운동도 하고 친구들과 어울려 즐겁게 지내기 위해서야.'

하지만 당신은 정말 핀이 없는 볼링을 즐길 수 있는가? 한번 시도해 보라. 친구들과 나가서 핀이 없는 볼링장에서 레인 위로 볼링공을 굴려 보라. 당신은 얼마나 오랫동안 그렇게 할 수 있다고 생각하는가? 내 생각에는 즉시 그만둘 것이다. 이유가 무엇일까? 볼링하는 재미는 당신이 얼마나 점수가 좋은지 확인하는 데서 나오기 때문이다. 측정 수단이 없다면 노력할만한 가치가 없다. 거기에는 즐거움도 없다.

누가 점수를 기록할까?

작가이자 갤럽의 전 연구원인 톰 래스Tom Rath는 최근 《인생의 가장 위대한 질문Life's Greatest Question》이라는 제목의 책을 썼다. 이것은 그가 공동 집필한 《지금 당신의 장점을 발견하라Now, Discover Your Strengths》의 후속작이다. 그는 자신의 강점을 알기 위해 스트렝스파인더StrengthFinder(갤럽의 강점 분석 테스트-옮긴이)를 사용한 많은 사람이 자기 자신에 집중하는 것을 보고 실망했다. 많은 독자는 자기만족에 초점을 맞췄지만, 래스는 자신의 강점을 찾는 목적이 다른 사람들에게 가치를 더하고 '평생 의미 있는 공헌을 하는 것이라고 믿었다.'[1] 사실, 그는 마틴 루터 킹 주니어의 연설에서 영감을 받아 책 제목을 결정했다. 그는 "인생에서 가장 지속적이고 시급한 문제는 다른 사람들을 위해 무엇을 할 것인지를 찾는 것이다."라고 강조했다.[2]

> 인생에서 가장 지속적이고
> 시급한 문제는
> 다른 사람들을 위해 무엇을
> 할 것인지를 찾는 것이다.
>
> – 마틴 루터 킹Martin Luther King Jr.

래스는 "당신은 당신의 활동을 특정한 사람들의 삶에 기여하는 방식과 연결하면서 하루를 시작할 수 있다. 즉, 그것은 당신이 봉사하는 사람과 당신이 하는 일을 연결하는 것이다."라고 언급했다. 그는 우리가 하는 일을 다른 사람들에게 주는 혜택과 계속해서 연결하면 어떻게 더 좋은 결과, 더 큰 만족, 개인적인 복지로 이어지는지에 관한 예를 제시했다.

예를 들어, 식당에서 요리사나 음식을 준비하는 사람이 실제로 그들이 대접하는 고객들을 볼 수 있다면 고객들의 음식 만족도가 10% 정도 상승한다. 요리사와 고객이 서로 얼굴을 볼 수 있다면 음식에 대한 만족도는 17% 정도 올라가고 서비스 속도는 13% 빨라진다. 당신은 다른 직종에서도 비슷한 결과를 확인할 수 있다.

인명구조요원들은 사람들의 생명을 구한 이야기를 읽으면 그들은 일을 빈틈없이 수행한다. 전화로 기금을 모금하는 사람들이 그들의 일로 혜택을 받는 사람들의 소식을 들으면 그들은 동기부여를 받아 자신들이 하는 일의 대의명분을 위해 기금을 훨씬 더 많이 모금한다. 당신이 봉사하는 사람이 내부 고객이나 동료라 하더라도 당신이 하는 일과 기여도가 직접 연결 된다면 실질적인 이득을 얻을 수 있다.

하버드대학의 한 연구에서 토마토를 수확하는 현장 근로자들에게 자신들의 활동이 공급망의 다음 단계에서 근무하는 동료들을 도와준다는 비디오를 보여 줬다. 이 짧은 비디오를 본 근로자들은 비디오를 보지 않은 통제 그룹보다 시간당 토마토 수확량이 7% 향상했다. 내가 이런 연구를 통해 깨우친 사실은 사람들은 자신의 노력이 다른 사람들에게 영향을 크게 미치면 미칠수록 그들은 소속감을 더 크게 느끼고 행복감을 더 지속적으로 경험한다는 것이다.[3]

다시 말해서, 구체적인 숫자로 측정하면 볼링 게임에서처럼 차이점을 만들어 낼 수 있다. 볼링 게임, 요리사, 인명구조요원, 전화 기금 모금원, 토마토 농장 근로자 등 모든 사례에서 알 수 있듯이 점수를 매기면 사람들은 삶의 활력과 성취감을 느낀다. 측정이 중요하다.

당신은 "측정할 수 있는 것은 관리할 수 있다."라는 말을 들어본 적이 있을 것이다. 그 말은 피터 드러커가 자주 하던 말이다. 이후 그 말은 비즈니스와 제조 분야에서 널리 사용되는 구호인 "측정할 수 있는 것은 달성할 수 있다."라는 문구로 발전했다.

우리는 이 문구의 앞뒤를 바꿔 "달성한 일을 측정하라."로 이 장의 제목으로 정했다. 그 이유는 무엇일까? 자선 단체나 비영리 단체에 종사하는 사람들은 자신들이 달성한 결과보다는 자신들이 어떻게 느끼느냐에 따라 자신들의 효용성을 판단하기 때문이다. 그것은 세상을 바꿀 수 있는 방법이 아니다.

> "사람들은 자신의 노력이 다른 사람들에게 더 큰 영향을 미친다면 훨씬 더 큰 소속감과 더 지속적인 행복을 경험한다."
>
> – 톰 래스Tom Rath

내가 롭과 원호프에 대해 감탄하는 이유 중 하나는 그들은 자신들이 하는 모든 것을 측정했다는 사실이다. 원호프에서는 이루어진 것은 실제로 측정된다. 롭과 그의 팀은 그들이 하는 일이 실제로 효과가 있다고 절대 가정하지 않는다. 그들이 하려는 일을 얼마나 좋게 느끼는지, 그들의 의도가 얼마나 좋은지, 그들의 목적이 얼마나 숭고했는지에 상관없다. 그들은 자신들이 변화를 가져온다고 가정하지 않는다. 그들은 어떤 것이 효과가 있는지와 어떤 것이 효과가 없는지를 데이터로 확인한다.

당신은 구글링할 수 있다

    투자자 존 도어John Doerr는 스탠퍼드 대학원의 중퇴자 두 명이 17쪽짜리 슬라이드를 넘기며 '세계의 정보를 조직하고 보편적으로 접근할 수 있는 유용한 방법'에 대한 아이디어를 설명하는 것을 끈기 있게 경청했다. 도어는 이 혁신적인 아이디어의 12% 지분을 확보하는 대가로 즉시 1,180만 달러를 지불했다. 그때가 1999년이다.[4] 오늘날, 그들의 아이디어는 세계에서 세 번째로 가치 있는 회사로 성장했으며,[5] 두 번째로 가치 있는 브랜드가 되었으며,[6] 사람들이 가장 일하고 싶어 하는 직장이 되었다.[7]

    혁신적인 아이디어가 세상을 변화시키는 중요한 것으로 바뀌는 방법은 과연 무엇일까? 측정할 수 있으면 가능하다.

    알파벳Alphabet의 CEO이자 구글의 공동 설립자인 래리 페이지 Larry Page는 존 도어의 저서 《OKR 전설적인 벤처투자자가 구글에 전해준 성공 방식Measure What Matters》의 서문에서 도어가 세르게이 브린Sergey Brin과 자신이 슬라이드에서 소개한 아이디어를 오늘날 '구글'이라는 혁신적인 검색 엔진으로 바꿀 수 있도록 어떻게 도와주었는지 설명했다. 페이지는 "저는 과정을 싫어하지만, 훌륭한 실행

력을 수반하는 좋은 아이디어는 마법을 부릴 수 있습니다."라고 말
했다.[8]

이런 '싫어하는 과정'이 성공의 기반이다. 이는 비즈니스 세계처
럼 개인의 노력, 지역사회 참여, 자원봉사 계획, 비영리 조직에서도
마찬가지다. 측정의 원칙은 보편적인 원칙이며 이는 성공한 모든 혁
신 기업의 핵심에 있는 모범 사례를 식별하고 지원하는 데 도움이
된다.

구글의 경우, 이는 설정된 목표와 중요 결과를 측정하는
OKRobjectives and key results 방식으로 이루어진다. 이것은 경영 관리
분야에 가장 널리 영향력 있는 사상가 중 한 명인 피터 드러커가
개발했던 목표 관리 시스템인 MBOmanagement by objectives 방식에서
파생한 것이다. 존 도어는 인텔에서 OKR을 배워 래리 페이지와 세
르게이 브린에게 가르쳤고, 그들이 인터넷과 전 세계를 변화시켰다.

변혁 측정

우리는 소중히 여기는 것을 측정한다. 이렇게 생각해 볼 수 있다.
당신이 병원에 갈 때마다 키와 몸
무게를 기록하고, 체온을 재며, 철
분이나 혈당을 확인한다. 당신이
건강을 소중히 여기기 때문에 당신

> "우리는 소중히 여기는 것을
> 측정한다."

과 의사는 당신의 건강 상태를 추적 관찰한다. 은행 계좌도 마찬가지다. 당신은 입출금 내용을 확인하고 긴급상황에 대비해 저축하며 투자 상황을 모니터링한다.

우리가 소중한 것을 측정하는 일을 소홀히 한다면 우리는 그것의 가치를 유지할 수 없을 것이다. 오늘날 롭의 조직은 모든 것을 측정하는 데 탁월하지만 항상 그랬던 것은 아니다. 롭은 이렇게 말했다.

나는 예전에 스와질랜드Swaziland로 불렸던 에스와티니 왕국the Kingdom of Eswatini 을 방문하고 나서야 비로소 우리가 변혁 작업에 측정의 원칙을 적용하지 못했다는 사실을 깨달았다. 우리는 우리가 개발한 인성교육 프로그램을 통해 일어난 몇 가지 훌륭한 업적을 촬영하려고 왕국을 방문했다. 국왕은 우리 프로그램을 모든 공립학교에 적용하는 것을 허락했으며 많은 학생이 참가했었다. 하지만 우리는 가장 중요한 수치들을 측정하지 않았다는 사실을 깨닫지 못했다.

가장 심각한 위험 신호는 에이즈에 걸린 사람들의 수가 감소하는 것이 아니라 빠르게 증가하고 있다는 사실이었다. 그 당시 유엔은 스와질란드에서 에이즈 문제가 계속 확대된다면 전 세계에서 사라질 첫 번째 국가가 될 것으로 예측할 정도였다.

나는 엄청난 충격을 받았다. 우리를 포함한 여러 단체가 에이즈 퇴치를 위해 활동했음에도 불구하고 우리가 기대했던 결과가 분명히 나타나지 않았다. 나는 뜬눈으로 밤을 새우고 나서야 한 가지 혹독한 사실을 깨달았다. 즉 우리는 열심히 일했지만 결과적으로 아무런 변화를 가져오지 못했다.

　나는 필사적으로 그 이유를 찾으려고 지금까지도 계속 노력하고 있다. 나는 활동 상황보다 결과를 측정하는 일이 더 중요하다는 사실을 깨달았다.

　우리는 모두 변혁에 관한 이야기를 좋아한다. 그러나 그것을 어떻게 측정하느냐가 문제다. 나는 《리더십 불변의 법칙》에 나오는 우선순위 법칙에서 리더들은 활동한다고 반드시 성취할 수 있는 것은 아니라는 것을 이해해야 한다고 강조했다. 당신이 변화를 가져오려고 어떻게 일하든, 당신이 세상을 변화시키는 사람이 되기 위해 계발해야 하는 가장 중요한 기술은 결과를 측정하는 것이다.

> "리더들은 활동한다고 반드시 성취할 수 있는 것은 아니라는 것을 이해해야 한다."

파이브 디

　롭은 스와질랜드에서 겪었던 아픈 경험에서 벗어나 그의 팀이 전세계 여러 나라에서 했던 모든 것을 가능한 한 효과적으로 만들기로 했다. 그것은 달성한 것은 무엇이든지 모두 측정하는 절차를 개발하는 것을 의미했다. 롭은 해결하려는 문제, 처리할 과제, 혁신하려고 결정한 상황 등을 확실히 하기 위해 간단한 체계를 개발했다. 그는 자료를 수집하고 진행 상황을 추적하고 긍정적인 변화를 측정했다. 그것은 '파이브 디'라는 순환 과정이 되었다.

발견하라Discover : 실제 무슨 일이 일어나는지, 누가 그것을 어떻게 하는지 확인하라.

설계하라Design : 목표를 염두에 두고 약점이 아닌 강점을 바탕으로 전략을 개발하라.

배치하라Deploy : 계획을 실행하라. 작게 시작하라. 빨리 실패하라. 자주 조정하라.

기록하라Document : 목표로 잡은 결과를 확실히 달성했는지 측정하고 기록하라.

꿈꿔라Dream : 순환 과정을 다시 시작하라. 그 과정을 통해 효과가 있는 것은 확장하고 효과가 없는 것은 폐기하라.

당신이 보다시피 파이브 디 과정은 직선이 아니라 원형이다. 그것은 한 번 실행하고 중단하는 것이 아니라 당신이 마지막 단계에 도달하자마자 다시 시작하는 순환 과정이다. 당신은 그 과정을 통해 강점을 강화하고 약점을 보강하면서 팀과 기회를 모두 크게 발전시키는 방법을 배울 수 있다.

롭의 방법론은 작은 규모로 시작해 점차 확대할 수 있는 발전 시스템으로 범위와 규모를 확장하며 혁신을 이루어 간다는 것이 매력적이다. 그것은 나의 친구 짐 콜린스Jim Collins가 그의 책《좋은 기업을 넘어 위대한 기업으로Good to Great》에서 언급한 플라이휠 효과와 비슷하다. 콜린스는 "궁극적인 결과가 아무리 극적이라 하더라도 좋은 기업에서 위대한 기업으로의 변혁은 한순간에 일어나지 않는다. 위대한 기업이나 사회 기업을 건설하는 데 있어서, 단 한 차례의 결정적인 행동, 원대한 프로그램, 경이로운 혁신, 우연히 찾아온 행운, 기적의 순간 같은 것은 전혀 없었다. 오히려, 그 과정은 무겁고 거대한 플라이휠을 끊임없이 천천히 한 바퀴 한 바퀴씩 돌리면서 돌파점을 넘어설 때까지 추진력을 계속 축적하는 것과 같다."[9]

파이브 디를 하나씩 살펴보자.

> 궁극적인 결과가 아무리
> 극적이라 하더라도
> 좋은 기업에서 위대한
> 기업으로의 변혁은
> 한순간에 일어나지 않는다.
> – 짐 콜린스

1. 발견하라

롭은 조사하는 것이 변혁의 문을 여는 열쇠라고 말한다. 하지만 당신이 조사한다고 해서 할 일을 미루면 안 된다. 조사는 그저 진실을 발견하는 과정일 뿐이다. 이를 통해 당신은 현재 상태, 상대할 대상, 조정할 방법 등을 알 수 있다. 예를 들어, 당신은 은행 잔액이 부족한 것을 발견하면 지출을 중단해야 한다는 사실을 알 수 있다.

당신은 비용지출을 잠시 멈추고 지출 내용을 꼼꼼히 살펴보고 어느 부분을 절약할지 파악한 다음 지출 계획을 세우면 다시 정상 궤도에 오를 수 있다. 당신은 그 숫자들의 의미를 파악하기 위해 하던 일을 일단 중지하고 내용을 찬찬히 살펴야 한다.

일의 속도를 늦추고 올바른 질문을 하는 것은 좋다. 하지만 모든 사람이 그렇게 하는 것은 아니며 더더욱 제대로 하는 것도 아니다. 어떤 사람은 무엇이 진실인지 발견하기 위해 잠시라도 멈추는 것을 절대 원하지 않는다. 그들은 계속 앞으로 나아가려고 한다. 어떤 사람은 잠시 생각해보고 문제를 완전히 이해하지도 못한 채 곧바로 문제에 뛰어들어 해결하려고 한다. 또 어떤 사람은 자동차 불빛에 놀란 사슴처럼 꼼짝 못 하고 그 자리에 얼어붙어 다음에 무엇을 해야 할지 모른다.

이럴 때는 잠시 멈춰 진실을 발견하기 위해 관찰하고 조사하면 당신이 무슨 일을 하고 있는지, 효과가 있는 것과 없는 것이 무엇인지, 더 잘해야 하는 것은 무엇인지 등을 정확하게 알아낼 수 있다. 당신은 조사 과정에서 달성하려는 목표에 도달하는 방법을 배운다.

> "당신은 조사 과정에서
> 달성하려는 목표에
> 도달하는 방법을 배운다."

롭은 이렇게 잠시 멈췄던 것이 조사(심사숙고 과정)의 결정적인 중요성을 이해하게 된 계기가 되었기 때문에 개인적인 발전과 전문가로서의 발전에 중요한 순간이었다고 말한다.

우리가 해결하려는 문제의 실체와 도움이 필요한 사람들을 도와줄 적절한 방법을 이해하면 우리는 다음 단계를 계획할 수 있다. 이렇게 하면 당신은 전면적인 조사 계획을 수립하지 않아도 된다. 당신은 인터넷으로 몇 가지 간단한 검색만 하면 조사를 쉽고 빠르게 시작할 수 있다. 단지 주의해야 할 점은 당신이 어디에서 그 일을 하든 당신의 특정 의도에 들어맞는 숫자와 통계만을 찾아다니면 안 된다는 것이다. 당신은 상황에 대한 진실을 발견하겠다는 열린 마음을 가져야 한다. 당신은 현재의 실상과 당신의 명분을 위해 봉사하겠다는 계획을 중심축으로 삼아야만 한다.

조사하면 무슨 일이 일어나고 있는지 알 수 있다

간단하게 조사하는 가장 좋은 방법이 대화다. 대화를 여섯 번 하려면 커피 여섯 잔에 투자하라. 전문가와 상의하라. 당신이 조사하는 일을 오랫동안 해온 사람을 찾아라. 당신이 하는 일로 영향을 받은 사람을 만나라. 아니면 기존의 틀을 깨뜨리려는 독특한 사람과 시간을 보내라. 여기서 핵심은 말하는 것이 아니다. 듣는 것이다! 경청하고 좋은 후속 질문을 하라. 그런 뒤 특히 다양한 배경과 독특한 관점을 가진 사람들이 모두 동의하는 유형을 찾아라.

조사하면 진실이 밝혀진다. 롭은 이렇게 주장했다.

나는 아마 "조사하면 알게 된다."라는 말을 하루에 적어도 다섯 번은 했을 것이다. 나는 스스로 그것을 믿기 때문에 그렇게 말한다. 당신이 조사에 시간을 투자하면 당신은 당신이 직면한 문제들을 분명히 알 수 있고, 그것들을 팀원들에게 제대로 전달할 수 있다. 정보가 있으면 팀원들이 진실을 공유함으로써,

우리는

같은 것을 볼 수 있고.

동일한 방식으로 볼 수 있으며.

우리 자신을 새로운 시각으로 바라볼 수 있고,

우리 명분에 동의하는 사람이 누군지 알 수 있으며,

무엇이 진정한 차이를 만드는지 알 수 있다.

우리는 너무 자주 어떤 가정을 전제로 일을 계속한다. 나는 가끔 내가 이 일에 죄책감을 느낀다. 우리는 발견 단계에서 잠시 멈춰 실상을 조사하면 변화할 준비를 더 잘할 수 있다.

조사하면 냉엄한 진실을 알 수 있다

롭은 조사하고 진실을 발견하는 것은 도전적인 일이지만 단기적으로 보면 심지어 실망스러운 일일 수도 있다고 종종 말한다. 그러나 우리가 변화시키려는 상황이 특히 끔찍하다면 우리는 그 진실을 이해하기 위해 먼저 현실을 직면해야 한다. 우리가 현실에 대

> "우리가 현실에 대해 논쟁을 벌이면 시간을 100% 허비하게 된다."

해 논쟁을 벌이면 시간을 100% 허비하게 된다.

우리가 발견한 어려운 진실을 직면한다는 것은 힘든 일이다. 하지만 그것은 다른 사람들에게는 더 어려운 일일 수 있다. 롭은 이렇게 말했다.

말라위Malawi에서 새로운 교육 프로그램을 시작하기에 앞서 광범위한 조사를 마친 뒤, 나는 말라위의 지도자들에게 조사 결과에 대한 보고서를 제출했다. 우리는 에이즈가 어린이들과 청소년들 사이에서 급증한다는 사실과 도덕관념에 몇 가지 충격적인 변화가 있다는 것을 알아차렸다. 우리는 대부분의 전통적인 교육이 비록 좋은 의도로 이루어지고 있지만 문제를 완화하기보다는 악화시키고 있다는 것을 발견했다.

우리가 조사 결과를 발표했을 때, 몇몇 지도자들은 너무 화가 나서 내가 거짓말을 한다며 회의장에서 나가라고 했다. 다행히 나의 친구이자 위대한 지도자인 라자루스 차크웨라Lazarus Chakwera 박사가 마이크 앞으로 나섰다. 그리고 아름다운 아프리카에서 전해 내려오는 이야기를 들려줬다. "아프리카 정글에서 한 남자가 길을 잃었어요. 그는 길을 찾으려고 한동안 이리저리 헤맸어요. 며칠 후 그는 땅에서 작은 유리 거울을 발견해 거울로 자신을 들여다봤습니다. 그는 더럽고 초췌한 자신의 얼굴이 너무 역겨워서 거울을 땅바닥에 집어 던지고 발로 으깨버렸어요, 그는 거울에 비친 자신의 얼굴이 싫었던 게지요. 제 친구들과 동료들은 일종의 거울입니다. 거울은 잘못이 없어요. 더군다나 그들이 거울에 드러난 진실 때문에 비난을 받아서도 안 된답니다. 거울은 그저 그 남자의 현재 상태를 알려주는 수단일 뿐입니다."

조사는 우리에게 좋은 것, 나쁜 것, 추한 것을 보여 주는 거울이다. 우리는 거울에 화를 내기보다는 거울에 비친 모습을 보고 진실을 마주하는 기회로 삼아야 한다. 우리가 일단 진실을 발견하면, 우리는 우리 자신과 가족, 지역사회 및 세계를 변화시킬 수 있는 효과적인 조치를 시작할 수 있다.

조사를 통해 함께 일할 사람을 찾을 수 있다

진실을 발견하면 우리는 필요한 것을 제대로 평가하고 적절한 질문을 할 수 있을 뿐만 아니라 누구와 협업해야 할지 알 수 있다. 롭의 원호프는 전 세계 150개국 이상의 젊은이들을 대상으로 '청소년들의 태도와 행동'에 관한 사상 최대 규모의 조사를 시작했다. 이 조사를 통해 그들은 현재 전 세계 젊은이들이 여러 가지 주요 사회 문제에 대해 어떻게 생각하는지에 관한 통계 자료를 얻었다. 이 조사는 더 나아가 협업 네트워크로 발전했다. 설문 조사와 자료수집 과정에서 그들은 모든 분야의 영향력 있는 사람들과 조직과 함께 일했으며 그들 중 많은 사람이 핵심 파트너가 되었다.

롭과 나는 누구나 혼자서는 긍정적인 변화를 만들 수 없다는 사실을 잘 알고 있다. 우리는 우리가 가장 잘하는 일을 하면서 동시에 자신의 분야에서 일을 가장 잘하는 다른 사람들과 함께 일해야 한다. 조사해 보면 이것이 더욱 명확해진다. 롭은 이렇게 말했다.

나는 스와질랜드에서 온 어린 소녀 중 한 명인 티나Tinah가 우리 프로그램에 참여해 선한 가치를 실천하는 방법을 배우기 시작한 후, 그녀가 던진 질문이 내 마음을 찢어지게 아프게 했던 일을 무엇보다 생생하게 기억한다. 그녀가 이렇게 물었다. "이제 저는 어떻게 해야 하죠? 버스 기사와 잠자리를 같이하는 대신 매일 6킬로미터씩 걸어서 등교해야 하나요?"

아마도 처음으로 티나는 버스 운전사가 그녀를 성적으로 착취하고 있다는 것을 깨닫고, 남자들이 힘으로 자신을 성적으로 착취하는 것이 부당하다는 것을 뼈저리게 실감했을 것이다. 그녀는 교육을 받아야 한다는 것을 알고 있었다. 만약 그녀가 학교에 다니지 않으면 장차 그녀의 생계는 물론 가족의 삶이 위험에 빠질 것이다. 그녀는 개인적인 문제를 올바로 해결하려고 애쓰고 있었다. 만약 그녀가 그곳에서 차를 타지 않으면 그것은 코앞에 닥친 현실적인 문제가 된다.

나는 가슴이 미어져 그녀의 질문을 받자마자 곧바로 '이 소녀들이 안전하게 학교에 갈 수 있도록 버스 회사를 차려야 한다.'라고 반응했다. 하지만 우리는 이 문제를 조사하면서 학생들에게 안전한 교통수단을 제공하는 틴챌린지Teen Challenge(현재 챌린지미니스

티리즈Challenge Ministries라고 불린다)라는 단체를 발견했다. 우리는 힘든 사업을 새로 시작하는 대신 그들과 협업하기로 했다.

만약 우리가 미리 조사하지 않았더라면, 우리는 이미 우리가 추구하는 목적에 알맞은 버스 서비스가 존재했음에도 불구하고 또 다른 버스 서비스를 시작함으로써 자원과 노력을 낭비했을지도 모른다. 우리는 그 대신 두 프로그램을 연결함으로써 스와질랜드에서 우리의 영향력을 배가할 수 있었다.

이것은 조사와 협업이 어떻게 동시에 진행될 수 있는지에 대한 단편적인 이야기일 뿐이다. 롭과 나의 조직은 장소와 관계없이 협력한다. 또한 이미 자리를 잡은 다른 조직은 물론 다른 사람들과도 협업한다. 그들이 우리보다 자신들의 상황을 더 잘 이해하기 때문이다. 때때로 우리는 그들에게 자원을 투자해 그들이 다른 사람들을 도울 수 있는 능력을 확장하도록 도와준다. 왜냐하면 그것은 우리가 처음부터 직접 시작하는 것보다 관리하기가 더 쉽기 때문이다. 때때로 어느 특정 지역에서 필요한 것을 제공할 사람이나 자원이 없을 때는 우리가 직접 새로운 프로그램이나 과정을 설계한다.

당신은 이런 발견 과정을 거치면서 당신의 소명에 변화를 주기 위해 이미 일하고 있는 사람들이 누가 있는지 주목해야 한다. 그것은 바로 아들이 자폐증을 앓고 있다는 사실을 알게 된 어느 엄마가 취한 행동이었다. 그녀는 아들에게 자폐 범주성 장애가 있다는 사실을 알았을 때 외롭고 당황스러워 어쩔 줄 몰랐다. 그녀는 지역 도서관에서 자폐증에 관한 책을 한 무더기 빌려 모두 읽었다. 그런 뒤 그녀는 같은 처지에 있는 다른 사람이 있는지 알아보기 위해 페이스북에 아들에 관한 글을 올렸다. 불과 며칠 만에 그녀는 자식들의 자폐증과 싸우는 과정에서 어쩔줄 몰라하고, 길을 잃고, 외로워 하는 엄마들로부터 메시지를 11개나 직접 받았다.

그녀는 무언가 할 게 있다는 사실을 깨달았다. 그녀는 남편과 함께 어려움을 겪는 다른 자폐증 가족들을 돕고 격려할 계획을 세웠다. 그들은 이미 자폐증 지원에 참여하고 있는 지역, 주, 국가 단체들과 연락하는 방법을 조사하고 관련 정보를 공유했다. 그녀는 자폐증에 관심 있는 사람들을 찾아 온라인 페이스북 그룹으로 초대했다. 그녀는 그들에게 특별한 도움이 필요한 사람들을 도와주는 교회를 조사해 추천했으며 치료사와 지역 지원 단체도 알려줬다. 그녀의 노력은 커다란 성공을 거두었고 많은 가정에 도움이 되었다. 그녀는 쓸데없이 시간을 낭비할 필요가 없었다. 그녀가 파악했던 주요 조사 내용을 다른 사람들과 공유하기만 하면 그것으로 그들에게 도움이 되었다.

2. 설계하라

빌 게이츠Bill Gates가 재산의 대부분을 기부하기로 했을 때, 그것은 '모든 사람은 건강하고 생산적인 삶을 살 자격이 있다.'라는 혁신적인 사명을 완수하려는 것이었다.[10] 게이츠는 관대하면서도 매우 현실적이다. 그는 평생 이 일을 완성하기 위해 구상하고 계획을 세웠다. 게이츠는 이렇게 말했다. "자선활동을 하다 보면 저는 사람들이 항상 목표와 사명을 혼동하는 것을 자주 봅니다. 사명은 방향입니다. 목표는 당신이 계획적으로 참여해 실제로 달성하려는 일련의 구체적인 단계를 의미합니다. 야심 찬 목표는 좋습니다. 하지만 그것을 어떻게 확장할 수 있을까요? 그것을 어떻게 측정하지요?"[11]

롭이 자라면서 가장 좋아했던 쇼 중 하나가 드라그넷Dragnet이었다. 주인공은 잭 웹Jack Webb이 연기한 조 프라이데이Joe Friday 형사였다. 그는 목격자들을 인터뷰할 때, 그들이 주제에서 벗어나거나 자신의 의견을 늘어놓기 시작하면, "부인, 그냥 사실만 말씀하세요."라고 말하곤 했다.

극적인 사건과 추측은 당신이 A 지점에서 B 지점으로 가려고 할 때 단지 상황을 흐리게 할 뿐이다. 하지만 당신이 발견 단계에서 알게 된 사실들을 기반으로 상황을 파악한다면 당신은 다음 단계에 무엇을 할 것인지에 대한 잡음을 없애고 불확실성을 재빨리 극복할 수 있다. 이제 당신은 자신의 실제 위치가 어디인지 정확히 알았으므로

> 나는 사람들이 항상 목표와 사명을 혼동하는 것을 자주 본다. 사명은 방향이다. 목표란 당신이 실제로 달성하려는 일에 계획적으로 참여하는 일련의 구체적인 단계들을 의미한다.
>
> – 빌 게이츠Bill Gates

당신이 가고 싶은 곳으로 어떻게 가야 하는지 알아낼 수 있다. 이렇게 사실을 명확하게 파악하면 현실에 기반을 둔 해결책을 설계할 수 있다. 문제에 대한 다양한 관점과 통찰력을 가져다주는 다양한 출처로부터 정보를 수집할 수 있다면 그것은 정말 놀라운 기회다. 일단 당신이 무엇이 변화해야 하고 왜 변화해야 하는지에 대해 공감대를 형성하면, 당신은 그것이 어떻게 변화할지 상상할 수 있다. 그것은 새로운 이야기를 만들고 결말을 다시 쓰는 데 도움이 된다.

당신은 어떻게 시작하면 되는가? 끝에서 시작하면 된다. 스티븐 코비는《성공하는 사람들의 7가지 습관The Seven Habits of Highly Effective People》에서 "끝에서 시작하라."라고 역설한다. 우리가 얼마나 많이 계획하고 얼마나 열심히 일하든지 간에 마지막에 승리하는 모습을 상상할 수 있어야만 진정으로 효과적으로 일할 수 있다. 여행을 시작하려면 목적지가 어디인지 먼저 알아야만 한다.

요기 베라Yogi Berra(뉴욕 양키스의 전설적인 야구 선수-옮긴이)는 유명한 말을 했다. "어디로 가야 할지 모른다면 조심해야 한다. 왜냐하면 거기까지 가지 못할 수도 있기 때문이다."[12] 이 말이 우습게 들릴지 몰라도 변화를 원하는 많은 사람이 현재 위치에서 변혁 아이디어로 이어지는 절차나 규칙을 준비하지 못하고 있다. 그것은 결정적으로 중요하다. 존 도어는 이렇게 강

> 아이디어를 내는 것은
> 쉬운 일이다.
> 실행이 가장 중요하다.
> – 존 도어John Doerr

조했다. "아이디어를 내는 것은 쉬운 일이다. 실행이 가장 중요하다."

우리의 인생에서 개선하고 싶은 것이 있다면 우리는 그것을 계획적으로 추구해야 한다. 성공은 우연히 얻어지는 것이 아니다. 토머스 에디슨은 이렇게 강조했다. "나는 우연히 가치 있는 일을 한 적이 없다. 축음기를 제외하고는 어떤 발명품도 우연히 부차적으로 등장한 것이 아니다. 그렇다. 나는 결과가 가치 있다고 전적으로 확신하면 그 결과가 나올 때까지 끊임없이 반복해 시도한다."[13]

우리는 거의 30년 동안 전 세계에서 성공적인 인생 변화 프로그램을 설계하고 측정하는 사업을 계속했다. 우리는 이런 경험을 토대로 당신이 추구하는 변화를 달성할 수 있도록 당신이 끊임없이 반복해야 할 순환 과정을 다음과 같이 구분했다.

1. 발견 단계를 기반으로 현재의 실상을 설명하라.
2. 계획을 수립할 때 도달하려는 목표를 파악하라.
3. 최선을 다해 현재의 실상에서 목표에 도달하는데 필요한 모든 단계를 파악하라.
4. 그런 단계를 완성하는 데 필요한 인력, 파트너, 자원을 파악하라.
5. 실행 과정의 점검 항목과 계획 달성을 위해 공격적이면서도 현실적인 일정을 수립하라.

당신에게 계획이 없다면 당신은 목표를 달성할 수 있는 구체적인 행동을 하지 못할 것이므로 결국 잘못된 길로 가게 될 확률이 높아진다. 예카트리나 대제Catherine the Great(18세기 러시아 황제)의 이상주의적 어린이집은 목표에 도달하지 못하고 실패했던 훌륭한 아이디어의 한 예다. 예카트리나 대제는 모스크바의 집 없는 아이들을 돌봐주고 싶었다. 그녀는 그들을 수용할 수 있는 멋들어진 건물을 지었다. 그녀는 아이들이 그곳에서 좋은 교육을 받고 교양을 함양하여 세련된 '이상적인 시민'으로 성장할 것으로 기대했다. 하지만 엉뚱한 일이 벌어졌다. 부모들은 아이들이 좋은 집에서 무료 급식에 옷을 제공받는 것은 물론 좋은 교육도 받게 됨으로써 앞으로 더 높은 수준의 삶을 살 수 있다는 것을 알게 되자, 도리어 아이들을 거리로 내몰았다. 그녀의 아이디어는 신중한 조사와 계획이 뒷받침되지 않아 결국 모스크바에는 길거리 아이들이 넘쳐나게 되었다.

당신은 서류상으로는 훌륭한 계획을 세울 수 있지만 예카트리나 대제처럼 당신이 상상했던 대로 되지 않을 수도 있다. 어떻게 하면 그런 사태를 방지할 수 있을까? 당신이 올바른 방향으로 가는지 확인할 수 있는 점검 항목을 미리 마련해야 한다. 그리고 만약 당신의 계획이 원하는 대로 진행되지 않는다면, 방향을 바꿀 준비를 해야 한다.

3. 전개하라

우리가 일단 변화를 위한 계획을 세우고 나면 조심해야 할 위험이 있다. 그것은 바로 우리가 계획을 세운 것만으로 할 일을 다 했다고 생각하는 것이다. 우리는 조사와 계획에 너무 많은 시간을 투자했기 때문에 정작 일을 시작하는 것을 소홀히 할 수 있다. 세계의 위대한 분석 설계 전문가 중 한 명인 피터 드러커는 그의 책《자기 경영 노트The Effective Executive》에서 이렇게 경고했다. "사람은 놀거나 일을 한다. 하지만 두 가지를 동시에 할 수는 없다."[14]

일단 실행 계획을 수립했으면, 이제 그것을 전개하고 세상을 변화시키기 위해 원하는 결과를 도출할 수 있는지 살펴볼 때다. 계획을 전개하는 단계는 행동하는 단계다. 핵심은 시작하는 것이다. 월트 디즈니는 서슴없이 이렇게 강조한다. "시작하는 방법은 말을 그만하고 행동하는 것이다."[15]

당신이 찾아내고 계획한 일을 구현하기 시작하라. 하지만 작게 시작하라. 그러면 당신은 목표를 향해 진행하는 상황을 더 쉽게 추적할 수 있다. 만약 어떤 것이 제대로 작동하지 않으면 당신은 하던 작업을 변경할 수 있고 진행 과정에서 새로운 사실을 배울 수도 있다.

롭은 윈호프가 스와질랜드에서 일할 때 프로그램의 진행 상황을 추적했던 것이 그들이 정보에 근거해 선택하고 긍정적으로 변화할 수 있었던 열쇠였다고 말한다. 그들은 완전히 재설계한 커리큘럼을 실험하고 다시 수정하는 과정을 몇 차례 반복한 결과 결국 '아이매터I Matter'

> "사람은 놀거나 일을 한다.
> 하지만 두 가지를 동시에
> 할 수는 없다."
>
> – 피터 드러커Peter Drucker

라는 프로그램을 만들었다. 프로그램은 매우 성공적이었다. 스와질랜드 정부가 이를 받아들였고 질병통제예방센터는 아이매터 프로그램을 원호프가 할 수 있는 수준 이상으로 확대했다. 이런 유형의 변혁 프로그램은 결과를 문서로 작성했기 때문에 증거 기반 프로그램이라고 한다.

계획을 실행할 때 명심해야 할 것이 하나 더 있다. 다른 많은 상황처럼 결과에 파레토 법칙이 적용된다. 파레토의 법칙에 따라 당신은 시간, 에너지, 돈, 인력을 우선순위의 상위 20%에 속하는 일에 투자하면 결과의 80%를 얻을 것이다. 따라서 당신은 모든 일이 당신에게 똑같은 결과를 가져올 것으로 기대하면 안 된다. 당신이 원하는 변화의 대부분은 당신이 하는 일의 20%가 결정한다.

4. 기록하라

롭과 그의 팀은 진행 상황을 추적하고 일의 결과를 문서로 만드는 일을 뛰어나게 잘했다. 롭은 "저는 W. 에드워즈 데밍W. Edwards Deming의 논리를 채택했습니다. 그는 '나는 하나님만을 믿는다. 다른 모든 사람들은 모두 데이터를 가져와야 한다.'라고 주장했지요. 실제로 무슨 일이 일어나고 있는지 그리고 어떻게 긍정적인 변화를 가져올 수 있는지

> 나는 하나님만을 믿는다. 다른 모든 사람들은 모두 데이터를 가져와야 한다.
> – W. 에드워즈 데밍

알려면 당신은 활동 결과를 기록하고 그것들이 당신이 원하는 결과에 이바지하는지 확인해야 합니다. 중요한 것은 이런 원칙을 크

고 작은 모든 아이디어에 적용할 수 있다는 것입니다!"

우리는 기술 덕분에 역사상 다른 세대들과는 달리 진행 상황을 실시간으로 측정할 수 있다. 핏빗Fitbit(웨어러블) 헬스케어 기기를 개발·판매하는 미국 실리콘 밸리의 벤처기업)을 사용하는 사람들은 하루의 운동 목표에 도달하는 순간을 알 수 있다. 월드오미터Worldometer (국제 통계 사이트-옮긴이)는 코로나19의 확산과 회복을 거의 실시간으로 추적했다. 우리는 인류 역사상 그 어느 때보다도 더 좋은 정보에 더 많이 접근할 수 있다.

진행 상황을 제대로 기록하고 추적하지 않으면 다음과 같은 결정적인 질문에 대답할 수 없다.

- 우리의 계획이 얼마나 많은 사람에게 영향을 미쳤는가?
- 이런 사람들은 어떻게 변했는가?
- 변화로 말미암아 구체적으로 어떤 차이가 발생했는가?
- 변화가 일어난 이유는 무엇인가?

내가 롭을 항상 존경하는 이유는 그는 모든 작업을 문서로 작성하고 효과 여부에 관해 현실을 있는 그대로 직시하기 때문이다. 원호프가 스와질랜드에서 일을 시작했을 때, 그들의 계획은 서류상으로 훌륭해 보였다. 그는 스와질랜드에서 실시한 프로그램이 가장 성공적이었다고 주장하는 데이터를 봤다. 하지만 그는 주변의 모든 것이 악화하고 있다는 사실을 발견했다. 그는 이 사실을 경종으로 받아들였다. 그는 현실을 부정하거나 그들이 한 일을 정당화하려고 하지 않았다. 그들은 실제로 무슨 일이 일어나고 있는지 기록했고 파고들었으며 원인을 알아내기 위해 노력했다.

어떤 작업이 효과가 있는지 없는지를 기록하는 것도 중요하다. 롭의 아버지는 평생 우리가 셀 수 없을 정도로 많은 혁신 기업을 성공적으로 설립했다. 어떤 사람이 그에게 "당신은 하는 일마다 성공하는 이유가 무엇인가요?"라고 물어본 적이 있다.

그는 이렇게 대답했다. "나는 성공한 것보다 더 많이 실패했어요. 나의 모든 성공은 그 실패의 잿더미 위에 세운 겁니다." 롭의 아버지는 롭에게 성공보다 실패를 더 많이 축하하라고 가르쳤다. 우리가 실수를 정확히 찾아낼 때마다, 우리는 다음에 어떻게 더 잘할 수 있는지 훨씬 더 잘 알 수 있다. 마야 안젤루Maya Angelou(미국의 인권 운동가-옮긴이)는 "우리는 많은 패배를 맛볼 것이다. 하지만 우리 자신이 패배에 굴복해서는 안 된다. 우리가 패배를 직면하면 우리가 누구인지 알 수 있을 것이다."[16]

당신이 영향력을 측정할 때, 능력, 신뢰성, 통찰력, 기회, 자금 지원 등과 같은 영역을 측정하는 것을 잊지 마라. 수잔 G. 코멘Susan G. Komen 재단의 결속력과 자원 동원 능력이 얼마나 되는지는 거의 모든 것에 달린 분홍색 리본을 보

> 나는 성공한 것보다
> 더 많이 실패했고,
> 나의 모든 성공은 그 실패의
> 잿더미 위에 세워졌다.
>
> – 밥 호스킨스

면 분명히 알 수 있다. 비록 그들이 유방암을 퇴치하지는 못하지만 과거 어느 때보다 그 문제를 해결할 수 있는 결속력과 역량을 강화했다.

당신은 기록된 내용을 읽다 보면 누구나 어떻게 변혁을 측정할 수 있는지가 궁금해질 것이다. 그 답은 간단하다. 인생의 커다란 변화는 일련의 작은 변화를 통해 이루어지기 때문이다. JMFL은 일할 때 전체 인원의 1%를 변혁 테이블의 진행자로 훈련하는 것을 목표로 삼는다. 그런 뒤 그 진행자들이 전체 인원의 10%에게 선한 가치를 훈련하기를 바란다. 바로 그 10%가 임계점이다.

말콤 글래드웰Malcolm Gladwell은 《티핑 포인트The Tipping Point》에서 어떤 아이디어든 어느 특정한 수준에 도달하면 그것은 바이러스처럼 퍼져나간다고 주장한다. 그는 이것을 '임계점', '분수령', '비등점'이라고 불렀다.[17] 이것은 과학적으로 증명되었다. 렌셀러폴리테크닉대학교Rensselaer Polytechnic Institute의 과학자들은 전체 인원의 단 10%가 흔들리지 않는 믿음을 가지면 그들의 믿음은 항상 사회의 대다수에 의해 채택된다는 사실을 발견했다. 렌셀러 대학의 컴퓨터과학학과 교수이자 사회인지 네트워크 학술 연구소 소장인 저명한 볼레슬로 K. 시만스키Boleslaw K. Szymanski 교수와 클레어와 롤랜드 슈미트Claire Roland Schmitt 부부 교수는 이렇게 설명했다. "분명한 의견을 가진 사람들의 숫자가 10% 미만이라면 그들의 아이디어가

10% 이상의 사람들이 채택한 아이디어는 불길처럼 퍼져나간다

확산하는 상황은 눈에 띌 정도가 아니다. 그들이 다수를 차지하려면 말 그대로 우주의 나이와 비슷한 시간이 걸릴 것이다. 하지만 그 숫자가 10% 이상 증가하면, 아이디어는 불길처럼 퍼져나간다."[18] JMLF는 현재 과테말라, 파라과이, 코스타리카에서 진행 상황을 측정하고 작업을 검증하기 위한 문서화 작업을 진행 중이다.

철학자 존 듀이John Dewey는 이렇게 말했다. "우리는 경험으로부터 배우는 것이 아니다. 우리는 경험에 대한 성찰로부터 배운다."[19] 당신이 자료를 수집하고, 당신의 진행 상황을 기록하고, 당신이 발견한 것을 분석하면, 당신은 목표를 향해 어떤 진전을 이루고 있는지 알게 될 것이다.

5. 꿈을 꿔라

정보를 수집하여 진행 상황을 문서화하고 어디에서 성공하고 어디에서 실패하는지를 파악하면 변혁 과정을 완벽하게 준비한 것이다. 이제 꿈을 꿀 차례다. 당신이 했던 것을 다시 구축하고 개선함으로써 더 크고 더 좋은 환경을 만들 때다. 당신이 발전하면 당신은 그 변혁 과정을 다시 시작할 동력을 얻는다. 그러면 이번에는 더 큰 목표를 꿈꿔야 한다.

롭과 그의 팀은 함께 모여 훨씬 더 큰 성공과 영향력을 발휘하는 세상의 모습을 상상하고 그것을 달성하는 방법을 구상한다. 그들은 이를 드림 세션이라고 부르며 다음 과정을 수행한다.

- 더 자세히 조사하고 새로운 정보를 수집해 이미 배운 내용에 추가하라.
- 계획한 방향으로 진행하고 있는지 확인하라.
- 현실에 기반을 두고 활동하는지와 변화가 필요할 정도로 상황이 크게 바뀌었는지 확인하라.
- 핵심 그룹과 함께 2단계 계획을 수립할 수 있도록 변혁 탁자를 준비하라. 효과가 있는 것을 선택하여 노력을 배가하고 효과가 없는 것은 포기하라.
- 더 큰 꿈을 꿔라, 그리고 이 모든 과정을 하고 또 하고 또다시 하라.

이 모든 것이 '변혁 버전 2.0'으로 이어진다.

변혁은 목적지가 아니라 과정이다

'파이브 디' 과정의 장점은 작게 시작해 크게 확장할 수 있어 모든 일에 적용할 수 있다는 사실이다. 당신은 해결해야 할 문제를 발견하면 파이브 디 과정을 설정해야 한다. 당신은 과정을 진행할 때마다 더 크고 더 좋게 반복할 수 있다. 그것이 당신이 아이디어를 확장하고 성장시키는 방법이다. 당신은 그 순환 과정을 반복하면서, 당신이 발견한 숫자와 자료뿐만 아니라 당신의 노력으로 사람들의 삶이 어떻게 바뀌었는지에 대한 감동적인 이야기를 통해서 그들에게 큰 영향을 주고 있다는 것을 알게 될 것이다.

우리는 이 모든 것이 너무 복잡하게 들리지 않기를 바란다. 누구나 발견, 설계, 전개, 기록, 꿈이란 파이브 디 과정을 실천할 수 있다. 당신은 어느 조직의 일원이나 전문가가 아니어도 상관이 없고 통계를 몰라도 된다. 당신이 관찰하고 질문할 수 있으며, 간단한 계획을 세우고, 계획을 끝까지 실천하며, 희망했던 것을 달성했는지 확인하고, 그것을 개선하고 더 좋게 만들기 위해 다시 계획을 조정할 수 있기만 하면 그것으로 충분하다.

그게 바로 미시 해머스트롬Missy Hammerstrom이 했던 일이다. 그녀는 지역사회 프로젝트를 위해 켄터키주 루이빌에 있는 한 초등학교를 방문했다. 그녀가 구내식당에서 점심을 먹고 있을 때, 한 학생이 미시에게 그녀의 사과를 먹어도 되겠냐고 물었다.

미시는 학생에게 점심이 충분하지 않았냐고 물었다.

"아니요."라면서 학생이 이렇게 대답했다. "집에 가져가 오늘 저녁에 먹을 거예요."

미시는 두말하지 않고 소녀에게 사과를 건네줬다. 미시는 그 일을 겪고 나서 학생들이 집에서 충분히 먹지 못하고 있다는 사실을 깨달았다. 그날 밤 그녀는 남편 개리Gary에게 무언가를 해야겠다고 말했다. 그녀는 아이들이 집에서 굶지 않게 할 수 있는 계획을 세웠다. 그녀는 근처 가게에서 배낭과 음식물을 구매한 뒤 차고에서 배낭에 음식물을 가득 챙겨 넣고 소녀가 다니는 학교에 기부했다.

2005년 이런 작은 운동을 시작한 미시는 '배낭 속의 축복Blessings in a Backpack'이라는 자선 단체를 만들어 활동 범위를 넓혔다. 가정집 차고에서 배낭 몇 개로 시작한 이 단체는 매주 주말 87,300명의 아이들에게 음식을 제공하는 전국적인 단체로 성장했다.[20] 그들은 루이빌에서만 48개 학교의 학생 5,000명에게 음식을 제공한다.[21]

가족의 상황을 개선하든, 지역사회를 개선하든, 또는 글로벌 혁신 계획을 달성하려고 하든, 구글을 만든 두 대학 중퇴생에게 알려준 존 도어의 조언은 우리 모두에게 적용된다. 만약 당신이 무엇을 하고 있는지 측정하지 않는다면, 당신은 당신이 원하는 결과를 얻을 수 없을 것이다.

나는 개인적으로 롭과 그의 팀에게 매우 감사한다. 나는 그들로부터 조사와 진행 상황 측정에 관해 배웠다. 그 결과 나는 더 훌륭한 지도자가 되었으며 내 조직들은 더욱 효과적으로 활동할 수 있게 되었다. 이런 교훈은 당신이 우리처럼 어떤 단체의 지도자이든 아이가 사과를 요구했을 때 아이디어를 얻은 평범한 부모든 간에 당신에게 도움이 될 것이다. 누구나 할 수 있다. 자신을 변화시키고, 선한 가치를 실천하고, 사람들을 존중하며, 긍정적인 변화를 지속적으로 추구하기 위해 다른 사람들과 협력하려는 사람이라면 누구나 변혁할 수 있다. 그게 바로 JMFL이 하는 일이고 원호프가 하는 일이다. 물론 당신도 할 수 있는 일이다.

계속
대화하라

"대화가 우리를 이끌어 온 곳이 오늘이다.
대화가 우리를 데리고 갈 곳은 내일이다."

나는 최근에 비영리 단체에서 일하는 약 5천 명의 지도자들과 이야기를 나눴다. 나는 비전을 제시하고 나의 비영리 단체와 그들이 파트너십을 맺어 무엇을 달성할 수 있는지를 이야기했다. 정말 환상적인 모임이었다. 그 후, 나는 주최 기관의 최고 지도자들과 휴게실에서 우리가 함께 할 수 있는 일에 대해 의견을 주고받았다. 우리가 결론을 내리기도 전에 참석자 가운데 래리 스톡스틸Larry Stockstill은 이렇게 말했다. "존, 제 대답은 예스입니다. 저도 끼워주세요. 무슨 일이든지, 저는 무조건 찬성입니다." 그의 반응으로 우리는 우리 앞에 무한한 가능성이 열린 것 같았다. 우리 모두 흥분했다.

회의가 끝난 후, 나는 래리에게 지지해준 것에 감사를 표하면서 무슨 이유로 그렇게 대담하게 뛰어들었는지 물어봤다.

래리는 "저는 '예스'의 건너편에 살고 있어요"라고 대답하면서 이렇게 말을 이었다. "그곳에서 저는 풍요와 기회를 찾을 수 있어요. 저는 더 훌륭하고 더 멋있는 사람이 될 것입니다. 일생일대의 기회는 기회가 살아있을 때 잡아야 합니다. 그래서 저는 할 수 있을 때마다 '예스'라고 대답한답니다."

나는 래리의 관점이 마음에 든다. 그는 항상 '예스'라고 말한다. 그는 삶을 긍정적으로 생각하며 가능성으로 가득 찬 것으로 인식한다. 그는 모든 가능성을 받아들이며 긍정적으로 표현한다. 그가 그랬기 때문에 기회가 그에게 흘러 들어간다.

공동체의 변혁은 긍정적인 대화의 산물이다

래리의 사례에서 우리는 배울 점이 많다. 우리가 사물에 대해 어떻게 보느냐에 따라 우리가 사물을 어떻게 말하느냐가 결정된다. 우리가 어떻게 말하느냐에 따라 결과가 항상 영향을 받고 결정되기도 한다. 우리가 변혁 과정의 일부가 되거나 변혁 운동에 이바지하고 싶다면, 우리는 '예스'의 건너편에 살아야 한다. 그 의미는 다음과 같다.

가능성을 믿는다

당신이 '예스'의 건너편에 살 때, 당신은 항상 답이 있다고 믿는다. 사실, 당신은 좋은 답이 하나만 있는 것이 아니라 많이 있다고 생각한다. 그래서 당신은 그것을 찾기 위해 열심히 일하고 그것의 일부가 되고 싶다는 강렬한 자극을 받는다!

희망한다

'예스'의 건너편에 사는 사람들은 모든 상황에서 희망을 갖는다. 그들은 모든 사람이 도움을 받을 가치가 있을 뿐만 아니라 실제로 도움을 받을 수 있다고 믿는다. 그리고 그들은 절망하고 낙담하며 앞길이 보이지 않아 희망이 필요한 사람들에게 희망을 준다. '예스'의 건너편에 산다는 것은 생명을 주는 일이다.

긍정적으로 말한다

당신이 '예스'의 건너편에 살 때, 당신은 긍정적으로 생각하고 말한다. "할 수 있을까요?"라고 묻는 대신 "어떻게 하면 할 수 있을까요?"라고 묻기 시작한다. 차이를 만드는 것은 만약의 문제가 아니라 방법과 시기의 문제다. 래리 스톡스틸처럼 당신은 다른 사람들이 긍정적으로 행동할 수 있도록 격려하기 위해 긍정적인 단어를 사용한다. 당신은 희망의 힘으로 다른 사람들에게 힘을 불어넣어 주어야 한다. 당신은 의사소통을 통해 공동체를 변화시킨다.

위기 상황에도 계속 소통하라

특히 역경이나 어려운 문제에 직면했을 때 긍정적으로 말하고 '예스'의 건너편에 산다는 것은 때로는 어려운 문제가 될 수 있다. 롭의 친구인 로이 무어Roy Moore도 마찬가지였다. 로이는 어느 날 느닷없이 아들 매튜의 학교 교감으로부터 전화를 받았다. 로이는 "매튜를 데려가세요. 매튜가 자살하고 싶답니다."라는 말을 들었다.

"전혀 뜻밖의 전화였어요. 당신에게 솔직히 말씀드리지만 제 아들이 자살할지도 모른다고 생각한 적은 단 한 번도 없었어요."라고 로이는 말했다.

매튜는 밝고, 희망에 차 있으며, 외모가 좋은 13살 아이였다. 그의 앞길에는 엄청난 기회가 기다리고 있었다. 그가 다니던 기숙학교는 지도자가 될 가능성이 높은 아이들이 다니는 학교였다. 매튜의 형도 그 학교에 다녔다. 매튜는 학교가 제공했던 여름 프로그램에 참석했다. 매튜는 그 학교가 마음에 들었다. 사실, 그는 그곳에서 첫 학기를 잘 보내고 있는 것처럼 보였다. 그는 친구들을 사귀고, 축구를 하고, 무대에서 공연하고, 우등생 명단에 올랐으며, 사회봉사 활동에도 참여했다. 어느 모로 보나 그는 학교생활에 잘 적응했다. 학교 행정처는 심지어 그를 학교의 참모습을 보여 주는 대표 학생이라고 인정했다.

로이는 즉시 학교로 찾아가 매튜를 집으로 데려왔다. 로이와 그의 아내 리사는 매튜와 많은 대화를 통해 무슨 일이 일어났는지 알게 되었다. 학교에서 다른 남학생들이 그가 눈에 띈다는 이유로 그를 목표로 삼아 괴롭혔다. 어느 날 매튜가 기숙사 관리 직원에게 더이상 살고 싶지 않다고 말하기 전까지는 아무도 매튜가 얼마나 힘들게 생활했는지 알지 못했다. 그는 근처 호수에 빠져 죽으려고 했다.

로이와 리사는 즉시 행동했다. 그들은 자신들과 함께 매튜를 도와줄 치료사를 고용했다. 그들은 자살 예방에 관한 연구를 시작했다. 그들은 매튜를 다른 학교로 전학시켰다. 그리고 그들은 그와 이야기를 계속 나누면서 그가 한때 가졌던 기쁨과 희망을 회복하도록 도와주려고 했다. 하지만 로이는 그게 효과가 없다는 것을 알았다. 새 학교에서 8학년 첫날 수업이 끝난 후 매튜는 교장실로 가서 이렇게 말했다. "서는 몸이 좋지 않아요. 제가 학교생활을 할 수 있을지 모르겠어요."

로이는 부모로서 제 역할을 제대로 하지 못했다는 생각에 패배자가 된 기분이었다. "저는 매튜가 마음만 먹으면 무엇이든 성취할 수 있다는 신념과 가치관을 갖도록 키웠어요. 하지만 저는 이 세상에 그를 해치려는 사람들이 있다는 것을 가르치지는 않았어요."

매튜를 위한 생명선

로이가 자살에 관해 연구하면서 그는 스스로 목숨을 끊는 사람들은 자살할 의도가 있고 자살할 계획을 세우는 것은 물론 자살할 때까지 시간적 간격이 있다는 사실을 알게 되었다. 매튜가 어느 날 갑자기 차분해지더니 침착하게 리사에게 "엄마가 그리울 거야"라고 말했을 때, 그들은 매튜의 상태를 즉시 알아차렸다. 그들은 행동해야 한다는 것을 깨달았다. 그들은 그를 도와줄 방법을 찾던 중, 도움을 받을 수 있는 곳을 딱 한 곳 발견했다. 그곳은 바로 주州 밖에 있는 입원 치료 시설이다. 그들은 곧바로 그곳으로 찾아갔다. 매튜가 입원해 있는 동안 로이는 마치 낯선 나라에서 길 잃은 사람처럼 어둡고 축 처진 아들의 모습을 보고 가슴이 미어졌다.

매튜는 그 시설에서 1년을 보냈다. 로이와 리사는 시간이 나는 대로 그곳을 방문했다. 그들은 매튜는 물론 치료사, 다른 부모들과 상담하는 모임에 참석했다. 로이는 "그가 실제로 좋아지던 때도 있었어요. 그러다가는 갑자기 무기력한 상황에 빠져들어 그게 몇 달간 지속되곤 했답니다. 저희는 매튜가 회복할지 확신하지 못했어요."라고 말했다. 하지만 다행히 매튜는 회복했다.

다른 사람들은 어디에서 변할 수 있을까?

로이와 리사가 시설을 방문했던 암울한 시기에 그들은 아이들이 학교에서 괴롭힘을 당해 자살하려고 했다는 다른 가족의 비극적인 이야기를 들었다. 로이는 이 문제를 더 폭넓게 생각하기 시작했다. "상황이 얼마나 안 좋은가?", "얼마나 큰 문제인가?", "이것을 들어내 놓고 말할 사람이 있는가?", "매년 백만 명 이상의 아이들이 자살하려고 한다는 사실을 왜 더 많은 사람이 모를까?", "나는 왜 몰랐을까?"

로이는 따돌림이 가장 큰 문제라는 것을 알았다. 롭과 내가 어렸을 때와는 상황이 사뭇 달랐다. 예전 같으면 아이들이 학교에서 괴롭힘을 당하면 집으로 돌아오기만 하면 모든 게 끝났다. 하지만 요즈음은 휴대전화나 소셜 미디어 등 통신 수단의 발달로 그들이 어디에 있든 괴롭힘을 당한다. 그것이 매일 스스로 목숨을 끊는 청소년이 미국에서 20명이나 되는 이유 중 하나다.

로이는 괴롭힘 예방에 관한 연구를 시작했다. 이런 중요한 문제에 대해 그는 자신처럼 어려움을 겪는 부모들을 돕는 단체들을 찾았다. 하지만 그는 실제로 상황을 변화시키기 위해 무언가를 한다고 믿을 만한 단체가 하나도 없었다. 그래서 그는 스스로 무언가를 하기로 했다. 그는 혼자 외롭게 어려운 상황에서 벗어나려는 십 대들을 위해 변화를 가져올 수 있는 단체를 만드는 데 헌신했다.

로이는 따뜻한 마음으로 시작했다. 그는 "우리가 봉사할 아이들을 먼저 생각했어요."라고 말했다. "저는 제 아들과 같은 아이들과 저희 부부와 같은 부모들을 위해 일하는 것이 어떤 것인지 이해하려고 했습니다. 우리 아이들이 희생자에서 승리자로 변화할 수 있도록 어떻게 도와줄 수 있을까요?"

'비 스트롱'의 탄생

로이는 10대들은 자신처럼 나이 든 사람에게 괴롭힘에 관해 이야기하는 것을 싫어한다는 것을 알고 있었다. 그래서 그는 의사소통 전문가로 닉 부이치치Nick Vujicic를 고용했다. 하지만 로이는 지속적으로 변화하려면 단순한 괴롭힘 방지 메시지를 전달하는 것 이상이 필요하다는 것을 알았다. 로이는 '비 스트롱Be Strong'이라는 단체를 만들었다. 비 스트롱은 괴롭힘을 줄이고, 괴롭힘을 당한 아이들이 그 상황을 극복하도록 도와주며 자살을 예방하기 위해 긍정적인 의사소통에 중점을 둔다. 이 단체는 네 가지 주요 경로를 통해 활동한다.

○ 대규모 행사 개최: 강당이나 경기장에서 열리는 행사는 방송으로 많은 관객에게 전달된다. 예를 들어, 2019년 휴스턴에서 열렸던 행사는 125만 명의 학생들에게 전해졌다.
○ 학생 리더 모집 및 역량 강화: 비 스트롱은 가장 효과적인 대화가 학생들 사이의 대화라는 것을 알고 있었다. 그들은 학교 캠퍼스에서 동아리를 조직할 학생 리더를 모집하고 훈련했다. 학생 리더들은 동아리를 통해 다른 아이들과 소통하고 그들에게 희망을 주며 소속감을 불러일으키는 장소를 제공하는 것은 물론 외톨이가 된 아이들과 점심을 같이 먹는다.
○ 학생과 관리자에게 프로그램 제공: 비 스트롱은 동아리 활동뿐

만 아니라 학생, 선생, 관리자에게 어려움을 성공적으로 극복할 수 있는 사회·정서적 기술을 가르치는 12주간의 회복 교육 프로그램을 제공했다. 비 스트롱의 전무이사인 애슐리 크로머Ashleigh Cromer는 "우리는 괴롭힘을 멈추게 할 수는 없지만, 괴롭힘을 헤쳐나가는 현명한 방법을 알려줄 수는 있다."라고 말했다.[1]

- 도움을 주는 앱 만들기: 비 스트롱은 아이들이 위기에 처했을 때 911에 전화하고 상담원에게 문자나 전화를 하며 우편번호로 무료 서비스를 받을 수 있는 앱을 개발했다.

이 정도가 성공적이었다고 말하는 것은 그들의 성과를 과소평가한 것이다. 2020년 초, 비 스트롱은 48개 주에 학생 지도자(주 대표)를 두고 있다. 35개 주의 수백 개의 학교가 '비 스트롱 클럽'과 '위 다인투게더We Dine Together 운동'을 진행하고 있다. 이런 모든 일이 불과 5년 만에 이루어졌다는 것은 놀랄 만한 일이다.

로이에게는 희망이 많다. 더 중요한 것은 그의 아들 매튜가 어려움을 극복했던 것처럼 한때 낙담했던 수만 명의 다른 아이들도 어려움을 극복할 수 있다는 사실이다. 매튜는 현재 대학에 다니고 있다. 나는 로이에게 매튜가 지금 전국의 수많은 아이를 위해 그가 하는 모든 일에 대해 어떻게 생각하는지 물었다. 로이는 이렇게 대답했다. "그가 어려움을 통해 배울 게 있다는 것을 알고 나면 기꺼이 시련을 다시 겪을 것입니다."[2] 그의 대답은 너무나 많은 일을 겪은 사람의 남다른 시각이며 다른 사람들을 위해 변화를 가져오려는 그의 열정에 대한 증거다.

변혁 대화

《17가지 확실한 팀워크 법칙》에서 소개한 의사소통의 법칙에 따르면 상호 작용을 하면 행동에 불이 붙는다. 의사소통이 없으면 긍정적인 변화가 일어나지 않는다. 우리가 변혁의 전도사가 되려면 로이 무어처럼 계속 말해야 한다. 그리고 우리는 다른 사람들과 변혁 대화를 나누는 방법을 배워야 한다.

안타까운 것은 사람들이 긍정적인 대화의 중요성을 잊기 시작했다는 것이다. 사람들은 해결책 대신 문제에 집착하고, 경청보다는 말하는 것을 좋아하며 테이블에 함께 앉아 대화하기보다는 소셜 미디어에 열광한다. 게다가 사람들은 우리를 하나로 만드는 것보다는 무엇이 우리를 갈라놓는지에 집중한다. 하지만 우린 그걸 바꿀 수 있다. 다음은 사람들과 변혁 대화에 필요한 몇 가지 지침이다.

1. 현실에서 시작하라

변혁 대화가 긍정적이라고 해서 현실을 무시하라는 것은 아니다. 당신이 문제를 회피한다고 문제를 해결하는 것이 아니며 장애물이 없는 것처럼 행동한다고 장애물을 극복하는 것이 아니다. 그러나 모든 사람이 현실을 기반으로 대화하려고 하지 않는다. 피터 드러커는 자신의 저서 《혼란기의 경영 Managing in Turbulent Times》에서 다음과 같이 주장했다. "혼란기는 위험한 시기지만 가장 큰 위험은 현실을 부정하려는 유혹이다."[3] 그런 유혹은 종종 다음과 같은 말로 표현된다.

- 다른 사람이 그런 문제를 처리할 것이다.
- 이런 문제들은 절대로 없어지지 않을 것이니 굳이 신경 쓸 필요가 없다.
- 일이 더 악화하면 누군가가 해결할 것이다.
- 나는 결국 이 문제에 대해 무언가 조치할 것이다.

어떤 사람은 문제들을 무시하고 불평하지만 세상을 바꾸기 위해 일하는 사람들은 그것들을 직시하고 무언가 행동한다. 변혁 대화를 시작하려면 다음과 같이 말해야 한다.

- "네, 문제가 있어요." 변혁 과정은 문제를 인정하고 정의하고 존중하는 것에서 시작한다.
- "이 문제에 대한 해결책이 있습니다." 우리가 이미 지적했듯이 성공하려면 해결책을 찾기 전이라도 해결책이 있다고 믿어야 한다.

○ "우리는 이런 문제의 해결에 중요한 역할을 하여야 한다." 로이 무어는 매튜가 회복한 데 만족하고 자신의 일상으로 돌아갈 수도 있었다. 하지만 그는 그렇게 하지 않았다. 그가 다른 가족들과 대화하는 과정에서 두 가지를 깨달았다. 첫째, 따돌림과 그것이 아이들에게 미친 영향은 그의 가족에게 일어났던 것보다 훨씬 더 심각했다. 그것이 현실이었다. 둘째, 그는 따돌림을 방지하는 데 이바지하고 싶었다.

우리가 세상의 문제들을 변화시키려고 한다면, 우리는 현실을 직시하고 문제의 해결에 중요한 역할을 하여야 한다. 변화는 당신과 내가 행동할 때 일어난다. 그렇다고 해서 어려운 점이 없는 것은 아니다. 가치 있는 것은 무엇이든 달성하려면 힘이 든다. 달성 속도가 느릴 수 있다. 괜찮다. 공동체의 변혁은 쉽지 않다. 하지만 그것은 언제나 보람 있는 일이다.

2. 더 좋은 아이디어와 해결책을 창출하라

당신이 '예스'의 건너편에 살면서 변혁 대화를 하다 보면 사람들은 더 좋은 해결책을 찾으려는 자극을 받는다. 아이디어 창출에 있어서는 대화가 독백보다 항상 낫다. 또한 세 명 이상이 모여 대화하면 훨씬 더 효과적이다. 만약 한 사람이 좋은 아이디어를 생각해 낼 수 있다면, 한 집단은 좋은 아이디어를 더 많이 생각해 낼 수 있다. 그리고 당신이 좋은 아이디어를 많이 갖고 있으며 그것을 개선하려는 사람들이 주변에 많이 있으면 있을수록 당신은 훌륭한 아이디어를 더 쉽게 실천할 수 있다.

우리 팀은 여러 해 동안 더 좋은 아이디어를 찾기 위해 많은 대화를 나눴다. 이 책은 물론 내가 쓴 모든 책은 이런 창의적인 대화를 통해 얻은 아이디어의 결과물이다. 참가자들이 모두 아이디어를 냈기 때문에 우리의 대화 모임은 특히 재미있고 생산적이었다. 나는 그것을 매우 좋아한다.

우리 조직 역시 아이디어와 해결책을 모색하기 위해 변혁 대화를 활용한다. 나와 우리 조직의 CEO인 마크 콜Mark Cole은 리처드 챈들러Richard Chandler와 그의 팀과 여러 차례 변혁에 대해 논의했다. 매우 성공한 사업가이자 자선가인 리처드는 좋은 사업 가치를 장려함으로써 국가들을 일으켜 세우는 최첨단 회사인 클레몬트 그룹Clermont Group의 회장이다. 그는 나에게 변혁 운동의 단계 중 하나인 '사다리'에 대한 아이디어를 제공한 사람이다. 그 덕분에 나는 나머지 5개의 이미지에 대한 아이디어가 떠올랐다.

변혁 대화에서 발생하는 시너지 효과를 보여 주는 또 다른 예가 있다. 나는 찰리 웨첼Charlie Wetzel, 제이슨 브룩스Jason Brooks, 에린 밀러Erin Miller라는 작가 팀을 만나 변혁 운동의 요소에 관해 이야기했다. 그들은 모두 이미지를 사용해 이를 표현하는 아이디어를 고수했다. 내가 청소년 교육과정을 작성할 때 도움을 준 에린은 직관력이 뛰어났으며 자신의 통찰력을 우리와 공유했다. 그리고 재능 있는 제이슨은 화이트보드 위에 그것들을 그림으로 그리기 시작했다. 그가 그린 이미지들은 우리가 최종적으로 채택한 그림들과 매우 비슷했다.

우리의 목표는 변혁 운동에 대한 아이디어를 단순하게 표현해 사람들이 잊지 않게 하는 것이었다. 우리가 모두 "계속 대화하자."라는 생각을 공유했기 때문에, 우리는 우리가 사용한 이미지는 물론 하향식, 상향식, 뒤집어 보기 등의 문구를 생각해 낼 수 있었다. 당신이 대화를 소중히 여기고 계속 이야기해 나가다 보면 당신이 무엇을 발견하고, 무엇을 배우며, 무엇을 개선할지 아무도 모른다.

3. 희망을 준다

모든 변혁 대화의 결정적 특징은 희망이다. 희망이 없다면, 사람들은 변혁을 위해 계속 일하지 않을 것이다. 하지만 희망이 있으면 그들은 계속 노력할 것이다. 롭과 내가 이 책을 쓴 이유는 당신에게 희망을 전달하고 싶었기 때문이다. 우리는 이 책이 당신에게 희망의 메시지가 되고 당신이 그 메시지를 다른 사람들과 공유할 수 있기를 바란다.

높은 희망을 간직한 사람과 낮은 희망을 간직한 사람 사이의 차이점을 비교해보자.

낮은 희망	높은 희망
증상에 집중	해결책에 집중
회피	참여
공포를 키움	신념을 키움
피로	영감
기권	몰두
포기	지속

희망은 사기를 높여 주고 영감을 주지만, 그보다 더 좋은 점이 많다. 갤럽의 수석 과학자였던 심리학자 셰인 로페즈Shane Lopez는 소원과 희망의 차이점을 지적했으며 희망이 얼마나 더 강력한 영향력을 발휘하는지 이렇게 강조했다. "우리에게 희망이 있을 때, 우리는 미래에 대한 높은 기대와 그곳에 도달하기 위해 극복해야 할 장애물에 대한 명확한 견해를 갖고 있다. 우리는 행동할 준비가 되어 있다. 그러나 소원만 한다면 우리는 노력하지 않으며 소극적으로 변하고 갈망하는 목표에 도달하지 못한다."[4] 그는 또한 낙관주의보다는 희망의 힘을 강조하며 이렇게 주장했다.

> "모든 변혁 대화의 결정적 특징은 희망이다."

미래가 현재보다 더 나아질 것으로 생각한다면 당신은 낙관주의자다. 미래가 더 나아질 것으로 생각하고 그렇게 만드는데 당신이 역할을 한다면 당신은 희망찬 사람이다. 당신은 스스로 고집

센 현실주의자로 생각할지 모른다. 심지어 세상을 분명하고 냉철하게 바라보는 비관주의자라고 생각할지도 모른다. 하지만 희망찬 당신은 당신에게 중요한 상황을 개선하기 위해 행동하는 사람이다.

낙관주의는 태도다. 그것은 미래에 대한 실제 정보와 관련이 없고, 특정한 목표가 없을 수도 있다. 낙관주의는 부분적으로 기질에 기반을 둔다. 그러나 우리의 삶이 굴곡지고 힘든 상황이 되면 낙관주의에 빠진 사람들은 앞이 막막해지고 좌절할 수 있다. 희망찬 사람들은 오히려 절망적인 상황에서 빛이 난다. 그들은 어떤 도전을 만나든 행동할 힘을 얻어 이를 극복하고 앞으로 나아가는 것에서 인생의 의미와 자존감을 발견한다.[5]

더 좋은 미래에 대한 욕구, 행동하려는 에너지와 의지, 현실적인 사고, 긍정적인 변화를 이룩하기 위한 책임감 등이 균형 있게 나타나는 힘은 강력하다. 그러나 우리가 희망을 표출할 때만 그런 힘이 나타난다.

그것이 바로 이 장 시작 부분에서 소개했던 나와 래리 스톡스틸과의 상호작용에서 일어났던 일이다. 래리가 "예스!"라고 대답했을 때 그는 희망을 표현한 것이다. 그는 우리가 바라던 것을 현실로 만드는 일을 돕겠다는 의도로 말했다. 그리고 그가 희망을 표현한 덕분에 회의실은 희망이 넘쳐났으며 그때 우리가 나눈 대화는 가능성으로 가득 찼다.

롭은 케이시 그윈Casey Gwinn과 챈 헬만Chan Hellman의 《떠오르는 희망Hope Rising》이라는 책을 극찬하며 사람들에게 종종 추천한다. 책에서 저자들은 희망을 이렇게 정의했다. "희망은 단순한 아이디어가 아니다. 희망은 단순한 감정이 아니다. 그것은 느낌을 넘어서는 것이다. 그것은 소망도 기대도 아니다. 희망은 목표, 의지력, 경로에 관한 것이다. 높은 희망을 품은 사람은 목표를 추구하는 의지력이 있으며 장애물을 극복하고 그것을 달성하기 위한 경로를 찾으려는 투지가 있다."[6] 그것이 바로 당신이 다른 사람들과 변혁 대화를 나눌 때 갖춰야 할 요소다. 당신은 목표를 명확히 해야 한다. 당신은 목표를 달성하기 위해 공통의 의지력을 불러일으키고 목표를 성취할 수 있도록 사람들과 함께 전진할 수 있는 경로를 찾아야

> "희망찬 사람들은 절망적인 상황에서 빛난다."
>
> – 쉐인 로페즈

한다. 이와 마찬가지로 중요한 일이 있다. 당신은 스스로 적극적으로 행동해야 하는 것은 물론 대화 상대방이 당신이 원하는 것을 성취하려는 일에 적극적인 역할을 할 수 있도록 격려해야 한다. 그윈과 헬만은 "희망은 당신의 미래가 과거보다 더 밝고 좋아질 수 있다는 믿음이며, 그것을 더 좋게 만드는 데 당신이 실제로 역할을 하겠다는 신념이다."[7] 롭은 희망의 효과를 증명하는 많은 연구 자료를 읽었다.[8] 그것들은 앞서 논의했던 결과 측정과 관련한 내용에 추가적인 자료를 제공한다.

4. 스토리텔링을 통해 성공을 축하한다

의사소통의 가장 효과적인 수단이 스토리텔링이다. 하버드 비즈니스 출판사의 수석 매니저인 바네사 보리스Vanessa Boris는 이렇게 말했다.

> 리더가 이야기하는 것은 사람들에게 영향을 미치고 영감을 주며 그들을 교육하는 가장 강력한 수단 중 하나다. 스토리텔링이 학습에 효과적인 이유가 무엇일까? 무엇보다 스토리텔링은 사람과 사람을 연결하고 사람과 아이디어 사이에 연관성을 제공한다. 이야기는 사람들을 하나로 묶어주는 문화, 역사, 가치를 전달한다. 우리가 국가, 지역사회, 가족에 대해 공통으로 알고 있는 이야기들이 우리를 한데 묶어주는 중요한 요소라는 것을 직감적으로 이해한다.[9]

롭과 나는 평생 스토리텔링 기법을 활용해 일했다. 비전 제시, 채용, 교육, 효과적인 작업 구축, 승리를 함께 축하하는 사람들에 대한 격려 등 소통의 모든 단계에서 스토리텔링의 위력은 강력하다. 스토리텔링이 효과가 있는 이유는 무엇일까?

감동을 준다

이야기를 제대로 구성하면 그것은 단순히 정보를 전달하거나 사건의 연표를 제공하는 것 이상의 역할을 한다. 그것에는 감정 이입을 위해 갈등, 긴장감, 박진감은 물론 유머도 포함되어 있다. 간단히 말해 이야기는 따뜻한 심장을 갖고 있다. 바로 그 점이 중요하다. 사람들은 어떤 이야기를 들으면 그 이야기에 몰두한다. 자기 자신과 이야기를 연결한다. 사람들이 가장 감정적으로 공감하는 이야기는 개인의 변혁에 관한 이야기다. 긍정적인 변화를 경험한 개인의 이야기는 다른 사람들도 긍정적으로 변화할 수 있는 능력이 있다고 증언하는 역할을 한다. 따라서 그들은 자신의 삶을 변화하려는 욕망이 생긴다. 사람들이 변혁 대화를 하고 싶어 하는 것은 당연하다.

진실을 이야기한다

이야기는 지식뿐만 아니라 감정과도 연결되므로 깊은 진실을 전달할 수 있다. 재담가이며 시인이자 교사인 메르나 헤흐트Merna Hecht는 "뉴스와 이야기 사이에는 엄청난 차이가 있습니다. 뉴스 미디어는 우리의 사고방식에 영향을 미치는 중요한 수단이지요. 저는 그것을 부인하지 않아요. 하지만, 스토리텔링은 변혁을 가능하게 하는 정보랍니다."[10]

당신은 인류의 역사를 살펴보면 이야기가 진실을 전달하는 데 사용되었다는 것을 알 수 있다. 아주 오랜 옛날부터 사람들은 모닥불 주변에 모여 이야기를 나눴다. 또 그들은 이야기를 전달하기 위해 동굴 벽에 그림을 그렸다. 호머와 같은 시인들은 문화적, 사회적 진실을 전달하기 위해 일리아드Iliad와 오디세이Odyssey와 같은 이야기를 노래했다. 예수는 깊은 영적 진리를 전달하려고 오래된 비유를 사용했다. 그림 형제Brothers Grimm는 한 세대에서 다른 세대로 전해지는 상식적인 교훈을 가르쳐주는 민화를 수집했다. 오늘날 영화 제작자들은 아이디어를 교환하고 사람들에게 감동을 주려고 허구는 물론 사실에 기반을 둔 영화를 제작한다.

내가 가장 좋아하는 이야기는 실제 사람들의 삶이 향상되고 그들이 경험한 긍정적인 변화의 진실을 전달하는 이야기다. 내가 4장에서 소개한 변혁 과정을 설명하는 그림과 관련된 몇 가지 변혁에 대한 이야기가 있다.

'폭포' 그림은 지도자들이 파라과이의 가비 티스데일Gaby Teasdale 같은 사람들에게 변혁의 물을 쏟아 붓는 모습을 상징한다. 그녀는 파라과이에 긍정적인 변화를 가져와야 한다는 영감을 받았고 변화의 촉매자가 되었다. 그녀는 변혁 회의를 마치고 집으로 돌아가 가족, 지역사회 구성원, 지도자들에게 변화를 가져올 가능성에 관해 이야기했다. 놀랍게도, 그녀는 파라과이 대통령을 직접적으로 아는 것은 아니었지만 그와 대화할 기회가 있었다. 그녀는 또한 선한 가치를 가르치고 실천하는 변혁 탁자에 그를 합류시킬 수 있었다. 그녀 덕분에, 오늘날 24만 7천 명의 사람들이 변혁 탁자에 참여하고 있다. 그리고 수천 명의 학생이 학교에서 아이리드 프로그램에 참여해 선한 가치를 배우고 있다.

'사다리' 그림은 사람들이 가난에서 벗어나 인생의 꿈을 실천하는 희망을 상징한다. 과테말라 출신의 요밀라 코스Yomila Cos는 희망의 사다리를 타고 올라갔다. 그녀는 이렇게 고백했다.

저는 매우 수줍고 겁이 많아요. 저는 새로운 사람을 만나고 새로운 것을 경험하는 것이 늘 두려웠답니다. 가치 탁자에 참석한 것이 제게 큰 도움이 되었어요. 저는 새로운 사람들을 만나고 그들과 함께 시간을 보낼 수 있었어요. 그것은 제 인생에 좋은 기회였습니다.

태도의 가치를 인식한 것이 제게 가장 큰 영향을 끼쳤습니다. 저는 그 덕분에 놓치고 있던 모든 것을 깨닫고 인생이 제게 준 기회를 찾을 수 있었습니다. 그때, 저는 취업 제의를 받았어요. 몇 달 전만 하더라도 저는 두려움 때문에 아마 거절했을 겁니다. 하지만 저는 제 태도를 바꾸기로 했어요. 저는 기회를 잡고 그 일을 수락했어요. 그 결정은 제게 완전히 새로운 세상을 열어주었답니다! 제가 하는 일은 주변 마을에 긍정적인 영향을 미치는 일이랍니다. 제가 태도를 바꾸지 않았더라면 그런 일은 절대로 일어나지 않았을 겁니다.

요밀라는 지금 희망의 사다리를 올라가고 있다. 그녀는 이제 지역 사회의 다른 사람들을 위한 희망의 사다리를 만들고 있다.

'심장' 그림은 사람들이 선한 가치를 배우고 실천할 때 변화가 내면에서부터 일어난다는 것을 상징한다. 과테말라의 경찰관인 데보라 샌도발^{Deborah Sandoval}이 경청의 가치를 일상생활에서 실천했을 때 그런 종류의 변화를 경험했다. 그녀는 이렇게 자신의 경험담을 들려줬다.

"저는 가정과 직장에서 오해하지 않으려고 경청의 가치를 배우는 과정에 있어요. 저는 다른 사람들이 말할 내 불쑥불쑥 끼어들어 그들의 말을 잘라버렸지요. 그래서 저는 그들이 말하는 것을 대부분 잘못 이해하거나 오해했어요. 모든 게 제 탓이었지요. 제가 변했다는 것을 가장 먼저 알아차린 사람은 남편이었어요. 저희 관계는 엄청나게 개선되었답니다. 제가 처음으로 남편이 방해받지 않고 말을 끝까지 하게 놔뒀을 때 남편이 곧바로 그걸 눈치챘어요. 그는 차를 세우고 제가 어디 아픈 데는 없는지 물어볼 정도였어요! 그 순간 저는 저희 부부관계에서 상대방의 말을 듣지 않는 것이 얼마나 문제가 많았는지 깨달았어요."

'악수' 그림은 우리가 '밀리언 리더즈 임무^{Milliom Leaders mandate}' 운동을 시작하면서 내가 운영하는 비영리 단체인 이큅과 리데레^{Lidere}가 파트너십을 맺은 것처럼 협업하는 이야기를 의미한다. 우리가 중남미 지도자 양성을 준비하면서 나는 리데레의 존 베리켄^{John Vereecken} 국장에게 주도적인 역할을 맡아 달라고 부탁했다. 그의 리더십과 네트워크 덕분에 우리는 전 세계에서 스페인어를 사용하는 50만 명의 리더들을 훈련할 수 있었다.

이큅이 변혁 탁자를 준비할 때, 우리는 존과 리데레와 다시 한번 파트너십을 맺었다. 2013년부터 우리는 과테말라, 파라과이, 코스타리카에서 변혁 운동을 시작했다. 150만 명 이상의 성인과 학생들이 우리의 파트너십 덕분에 가치관을 배우며 살고 있다. 리데레 덕분에 우리는 활동 영역을 라틴 아메리카 밖으로 넓히고 있다.

마지막으로, '다리' 그림은 예전의 삶의 방식에서 벗어나 꿈에 그리는 모습으로 변화하는 사람들의 이야기를 상징한다. 모레니크 아인드Morenike Ayinde는 나이지리아와 케냐의 학생들에게 '아이리드' 과정의 온라인 버전인 '아이추즈'과정을 소개했다. 그녀는 이미 그곳의 학생들이 긍정적으로 변화하는 모습을 보고 있다. 빅토리아Victoria라는 학생은 자신이 다른 사람들과의 관계가 더 긍정적으로 변했으며 성장하려는 의지가 생겼으며 일상생활에 더 일관성이 생겼다고 말했다. "저는 저 자신과 다른 사람들에게 더 책임 있게 행동합니다. 저는 또한 저 자신에 대해 어떻게 말하고 저 자신을 어떻게 바라보는지에 관심이 특히 많아요." 버니스Bernice는 "저는 태도에 관한 수업을 받은 뒤부터 감사 일기를 쓰기 시작했어요. 그것은 제가 감사하는 것들을 정리하는 데 도움이 됩니다."

모레니크는 다른 사람들이 발전하는 모습을 보고 계속 일해야겠다는 영감을 받았다. 그녀는 자신이 하는 일이 효과가 나타난다는 이야기를 들었다. 그녀는 "제 꿈은 아프리카 전역에서 차세대 지도자들을 키우고 준비시키는 것입니다."라고 말했다. 그녀는 세상을 바꾸기 위해 자신이 할 수 있는 일을 하고 있다.

이야기는 사람들 머릿속에 남는다

이야기는 사람들이 배운 것을 기억하는 데 도움이 된다. 이야기는 사람들의 기억 속에 남아 있다. 그것이 내가 항상 책에서 이야기를 소개하는 이유 중 하나다. 사실은 희미해지더라도 이야기는 사람들에게 남아 있다. 사람들이 이야기를 받아들이면 비록 정확한 내용은 잊어버리더라도 이야기가 전하는 진실을 다시 생각해 낼 수 있다.

연구 결과가 이런 사실을 뒷받침한다. 전문가들은 사람들이 이야기를 들으면 사람의 기분을 좋게 해주는 '사랑의 호르몬' 혹은 '휴일 호르몬'이라고 불리는 옥시토신oxytocin이 분비된다는 것을 발견했다. 스탠퍼드 경영대학원의 일반 대서양 학과 교수인 제니퍼 에이커Jennifer Aaker는 사람들은 사실 자체보다 이야기를 최대 22배나 더 많이 기억한다는 것을 발견했다.[11] 당신이 변혁 과정에 관해 소통하고 싶다면 스토리텔링이 반드시 필요하다.

영감을 준다

우리는 어떤 나라에서 변혁 운동을 시작할 때 사람들에게 변혁 탁자의 사용법을 가르치기 위해 JMFL 팀의 코치들을 초대한다. 수백 명의 자원봉사자가 신이 나서 자비로 비용도 부담하며 변혁 운동에 참여한다.

변혁 운동을 시작하는 첫날 저녁, 나는 자원봉사자들에게 영감을 불어넣는 이야기를 해주려고 그들을 모두 모았다. 나는 이렇게 말했다. "당신의 인생은 멋지게 변화할 것입니다. 당신은 기업, 관공서, 학교로 돌아가 변혁 탁자의 촉진자들을 교육할 것입니다. 우리는 앞으로 3일간 만 명을 무장시킬 것입니다! 당신은 여기에 참석하기 위해 시간과 돈 등 많은 것을 포기했습니다. 당신은 열심히 일할 것입니다. 하지만 무엇보다도 당신은 다른 사람들에게 가치를 더해 줄 것입니다. 당신은 변화를 불러오고 있습니다."

나는 이야기를 계속했다. "이런 팀을 이끌었던 여러분의 선배들이 많이 있습니다. 그들은 모두 당신이 발견하려는 것을 이미 경험했습니다. 당신의 희생이 당신에게 소중한 것이 될 것입니다. 당신이 그들에게 아무리 많이 준다고 해도 당신이 더 많이 되돌려받을 것입니다. 당신이 그들을 아무리 많이 가르친다고 해도 당신이 더 많이 배울 것입니다. 당신이 그들을 아무리 많이 사랑한다고 해도 당신이 더 많이 사랑을 받을 것입니다. 당신은 다른 사람들의 삶에 긍정적인 변화를 주기 위해 여기에 왔습니다. 하지만 당신이 여기를 떠날 때가 되면 오히려 다른 사람들이 당신에게 긍정적인 변화를 주었다는 사실을 깨닫게 될 것입니다. 당신이 일단 변혁의 가치와 중요성을 경험하고 나면, 당신은 결코 이 조그만 성공에 만족하지 못할 것입니다."

코치들이 자동차나 밴을 타고 몇 시간씩 여행하고, 종종 어려운 길을 가며, 경험이 부족한 통역가들을 통해 다른 사람들을 훈련하는 고된 3일이 지나고 나면, 우리는 우리가 겪었던 일을 이야기하기 위해 다시 모인다. 그리고 우리는 각자 자신의 경험담을 털어놓는다. 우리는 웃고, 울고, 서로 축하한다. 많은 코치가 다음번 해외연수에서 다시 자원봉사를 하는 것을 보면 그것은 정말 가슴이 뭉클해지는 일이다.

사람들은 그들의 노력이 실제로 열매를 맺고 변혁이 일어나는 것을 체험하면 그들은 계속 봉사해야겠다는 영감을 받는다. 겟스토리드Get Storied의 CEO인 마이클 마골리스Michael Margoli는 "우리가 하는 이야기가 실제로 세상을 만듭니다. 세상을 바꾸고 싶다면 우리가 하는 이야기를 바꿔야 합니다. 이 진리는 개인이나 기관에 모두 적용됩니다."[12] 당신이 변화하면, 당신의 이야기가 바뀐다. 당신이 변혁에 관한 이야기를 하면 당신은 다른 사람들이 변혁을 시작하고, 받아들이고, 지속할 수 있도록 도와주는 것이다. 그리고 그들이 변화하면 그들은 또 다른 사람들이 변화하도록 도울 수 있다. 그것이 우리가 세상을 바꾸는 방법이다.

5. 지원하는 공동체를 만든다

사람들이 함께 모여 변혁에 대해 솔직한 대화를 나누면 그들은 서로를 지원하는 공동체를 형성한다. 그것이 변혁 탁자가 효과적인 이유 중 하나다. 사람들은 서로를 격려하고 그들이 변화할 수 있다는 믿음을 표현할 수도 있다. 그들은 필요하다면 드러내 놓고 말하기 힘든 이야기를 함께 나눌 수도 있다. 그 과정에서 앞서가는 사람들은 뒤처진 다른 사람들의 조언자 역할도 할 수 있다. 다른 사람들과 변혁 탁자에서 시간을 보내면 개인이 혼자서 할 수 없는 일들을 할 수 있게 된다는 것은 명백한 사실이다.

6. 잠재력을 일깨워 준다

변혁 대화의 최고 목표는 무엇인가? 사람들의 잠재력을 일깨워 주는 것이다. 우리가 사람들을 믿고 지지하며, 그들이 도전하도록 북돋워 주고 최선을 다하도록 격려하며, 그들에게 진실을 말하고 영감을 받게 만들 때, 우리는 그들이 최고가 되도록 도와주는 것이다. 그렇게 하면 그들이 변화할 뿐만 아니라 그들이 꿈에 그리던 사람으로 항상 변화할 수 있다.

1995년 롭이 자기 삶의 방향을 바꾼 변혁 대화를 경험했을 때 그런 일이 일어났다. 그 당시는 롭이 직업 전환을 고려하던 시기였다. 그는 몇 년 동안 아버지가 운영하는 원호프에서 일했다. 비영리 단체에서 일하는 것은 여러 면에서 훌륭한 일이다. 하지만 거기에만 특유한 힘든 과제도 있다. 롭은 원호프를 떠나 안정적이고 수입이 좋은 직장으로 전직 하려고 했다. 하지만 마침 그때 아버지 가 말기 암 진단을 받았다.

> "변혁 대화의
> 최고 목표는 무엇인가?
> 사람들의 잠재력을
> 일깨워 주는 것이다."

말기 암은 보통 예후가 좋지 않기 때문에 모든 사람이 두려워한다. 아버지가 집에서 요양하는 동안, 롭은 원호프에서 아버지의 자리를 대신 맡아 달라는 요청을 받았다. 결국 그는 원호프를 떠나야 할지 말지 고민하는 과정에서 책임을 더 많이 지게 되었다.

롭이 즉시 해야 할 일 중 하나가 변혁 회의에 참석하는 것이었다. 그것은 아버지가 가장 중요시하는 일이었지만, 롭은 참석하기 싫었다. 그는 원호프를 이끌어야 한다는 새로운 압박감으로 좌절했다. 그는 아버지의 빈자리를 채우기에는 자신이 부족한 면이 많이 있다고 생각했다. 게다가 일이 쌓이기 시작했다. 롭은 "저는 자신감이 없었고 솔직히 패배자가 된 기분이었어요."라고 고백했다. 하지만 그에게 달리 선택할 뾰족한 방법이 없었다. 그는 회의에 참석했다.

롭은 회의와 관련해 처리할 일이 많았기 때문에 방을 혼자 쓰려고 했다. 하지만 문제가 생겼다. 롭이 회의 장소에 도착했을 때, 평소 알고 지내던 모건 잭슨Morgan Jackson이 자신과 방을 함께 쓰겠다고 신청한 사실을 뒤늦게 알았다. 롭은 선택의 여지가 없었다. 회의 기간 롭은 여러 회의에 참석했다. 그는 그중 대부분이 시간 낭비라고 생각했다. 그는 '내가 왜 여기 있지?'라고 그는 의아해한 적이 한두 번이 아니었다. 그럴 때마다 그는 다른 일을 하려고 방으로 돌아왔다. 그곳에서 롭은 자연스럽게 비영리 단체의 이사였던 잭슨과 이야기할 기회가 많이 생겼다. 잭슨은 말을 잘했다. 롭이 일을 시작하거나 잠시 눈을 붙이려고 할 때마다 잭슨은 말을 걸기 시작했다. 그런 대화를 나누는 가운데 롭은 결국 그의 삶을 바꾸게 되었다. 롭은 이렇게 회상한다.

잭슨은 나와 비슷한 위치에 있었다고 말했다. 그는 아버지로부터 비영리 단체를 물려받은 뒤 자신은 완전한 실패자라고 생각했다. 그는 아버지가 했던 일을 할 수 없다고 판단해 그 일을 그만두려고 작정했다.

잭슨은 어느 날 오후 정원을 산책했다. 그곳에는 이국적인 나무들이 많이 있었다. 그것들은 심은 화분들이 여기저기 널려 있었다. 그가 정원사에게 이렇게 물었다. "이렇게 많은 화분이 왜 필요한가요?"

정원사가 "이것들은 저희가 파는 나무랍니다."라고 대답하고 이렇게 물었다.

"당신은 이것들이 얼마나 오랫동안 자랐는지 아세요?"

잭슨은 화분들을 보며 추측했다.

"몰라요. 한두 달 됐나요?"

"아니요."라고 정원사가 대답했다. "그것들은 3년에서 5년 된 것이랍니다." 그런 뒤 정원사는 열매가 주렁주렁 달린 정원의 큰 나무 몇 그루를 가리키며 물었다. "저 나무들은 몇 년 됐다고 생각하세요?"

"10년요?" 잭슨이 대답했다.

"그것들 역시 3년에서 5년 된 것으로 나이가 같아요."라면서 이렇게 차이점을 설명했다.

"그는 키가 작은 나무들을 가리키며 '이것들은 화분에 심겨 있어요.' 하지만 키 큰 나무를 가리키며 '저것들은 정원에 심겨 있어요.'"라고 말했다.

잭슨이 마침내 내게 말했다. "롭, 하나님이 당신에게 질문하라고 하십니다. '화분에 갇혀 있을 것인가 아니면 더 넓은 세상으로 나갈 것인가?'"

그 대화는 롭에게 정말 획기적인 사건이었다. 그는 '화분에 갇힐 것인가? 정원으로 나갈 것인가?'라는 문제와 씨름했다. 롭은 몇 시간 동안 생각하고 기도한 후 결심했다. 그는 보람찬 삶을 살고 싶었다.

"저는 제게 있는 모든 불안감과 두려움을 떨쳐버리고 비전에 제 자신을 심었습니다."라고 롭이 말했다. "바람이 불어도, 폭풍이 몰아쳐도, 아버지가 돌아가셔도 상관없어요. 저는 다짐했어요. 저는 화분에 갇힌 삶을 살고 싶지 않았어요."

롭이 집으로 돌아왔을 때, 그의 아버지 밥은 회복 중이었다. 25년이 훌쩍 지난 지금도 아버지 밥은 건강하게 생활하고 있다. 게다가 롭은 여전히 원호프의 비전에 확고히 뿌리를 내리고 있다.

• • •

아마도 그것이 변혁 대화가 가져다주는 최고의 가치일 것이다. 변혁 대화를 통해 우리는 우리 자신과 다른 사람들이 더 훌륭한 결정을 내릴 수 있도록 도와준다. 변혁 대화는 우리에게 다음 단계가 무엇인지에 대한 영감을 불어 넣어 준다. 그것은 우리를 계획적으로 행동하도록 만든다. 그것은 화분에 심긴 삶이 아니라 전 세계로 뻗어나가는 삶을 살도록 격려한다.

당신은 변혁 대화에 참여할 생각이 있는가? 당신이 영감을 주는 사람이면서 영감을 받는 사람, 조언을 하는 사람이면서 조언을 받는 사람, 이야기하는 사람이면서 이야기를 듣는 사람, 팀을 만드는 사람이면서 팀원으로 참가하는 사람 등 변혁 대화에서 당신은 두 가지 역할을 동시에 할 수 있다. 당신은 사람들이 계속 행동할 수 있도록 계속 대화할 의향이 있는가? 우리는 당신의 대답이 '예스'라고 믿는다. 당신이 아직 다른 사람들에게 연락하고 변혁 대화를 나누지 않았다면 오늘부터 당장 시작하라. 다른 사람들이 잠재력을 발휘할 수 있도록 도와주어야 한다. 그것은 그들의 삶을 더 풍족하게 만들고 당신과 그들 모두가 세상을 바꾸는 변혁 운동의 일원이 되는 데 도움이 될 것이다.

CHAPTER 9

이제 당신의 세상을
바꿀 차례다

사람들은 항상 시간이 사물을 변화시킨다고 말하지만,

사실 당신 스스로 그것을 변화시켜야 한다.

– 앤디 워홀Andy Warhol

당신은 이제 이 책의 마지막 장을 읽으면서 모든 내용을 어떻게 정리할 것인지 생각하고 있을 것이다. 당신은 이미 시작했다. 우리는 당신을 격려하고 응원한다. 하지만 우리는 또한 당신이 세상을 바꿀 수 있도록 확실한 길을 제시하려고 한다.

로드맵을 따라가라

우리는 당신에게 변혁을 위한 로드맵을 제시했다. 우리는 1장에서 당신은 세상을 바꾸고, 자신을 바꾸고, 변혁 운동에서 중요한 역할을 할 것인지 물어봤다. 우리는 이 책을 통해 당신이 '나'라는 생각에서 '우리'라는 생각으로 바꿀 수 있는 네 단계를 제시함으로써 당신이 원대한 변혁 과정을 마치도록 도와주려고 한다.

롭과 내가 경험한 변혁 모델은 다음처럼 4단계로 구성되어 있다.

1단계	2단계	3단계	4단계	변혁
나는 변화하고 싶다	변화하려는 사람들과 함께하라	변화를 가져오는 가치관을 실천하라	변화를 가져오는 행동을 시작하라	당신의 세상이 변화했다

변혁 과정의 각 단계는 자신의 세상을 바꾸려는 사람들이 성장하고 발전하는 모습을 보여 준다.

1단계 : 나는 변화하고 싶다

1장과 2장에서 우리는 '변화를 기다리지 마라'와 '변화의 촉매자가 되라'라는 제목으로 변화하려는 열정에 관한 내용을 다뤘다. 우리는 당신이 세상을 변화시키려는 열정을 키우고 변화할 수 있는 능력을 확인하길 바랐다. 우리는 당신 안에 잠자고 있는 동정심과 확신의 씨앗에 물을 주기 위해 최선을 다했다. 그 씨앗은 이제 당신의 세상을 더 좋은 곳으로 만들 수 있다는 희망으로 피어난다. 당신은 변화한 개인들의 이야기를 들었을 것이다. 그들 중 대다수는 자신이 그렇게 크게 변화할지 전혀 예상하지 못했다. 당신은 세상에서 변화의 촉매자가 된 사람들은 종종 불만, 좌절, 분노를 극복하려는 평범한 사람들이라는 것을 알았을 것이다. 그들은 자신의 감정을 선한 일로 연결했다. 그들은 행동함으로써 먼저 자신이 변화했다. 그런 변화를 통해 그들은 다른 사람들에게 놀라운 가치를 더해 주었으며, 지도자가 되고, 변혁 운동에 불을 붙였다.

2단계 : 변화하려는 사람들과 함께하라

3장과 4장에서 우리는 '우리는 모두 서로가 필요하다'와 '우리 모두 같은 생각을 하자'라는 제목으로 각자가 구체적인 기술, 재능, 경험을 변혁 탁자로 가져와 세상을 더 좋게 만드는 일에 함께 노력할 때 변화가 더 크게 이루어진다는 아이디어를 제시했다. 일반적으로 변혁 운동은 사람들이 함께 일할 때 시작한다. 그 경우 변혁은 종종 대규모로 이루어지고 더 많은 사람에게 긍정적인 영향을 미치고 더 큰 차이를 만든다. 우리는 어떤 운동은 성공하고 어떤 운동은 실패하는지 그 원인을 탐구했다. 거기에는 모두 한 가지 공통점이 있었다. 관심 있는 사람들이 가치를 공유하면서 같은 생각으로 일하면 그들은 변화할 수 있다.

3단계 : 변화를 가져오는 가치관을 실천하라

롭과 나는 함께하는 사람들이 선한 가치관을 추구하지 않으면서 공동체의 변화가 일어나는 것을 본 적이 없다. 5장 '가치관의 중요성을 경험하라'에서 우리가 소개한 인생이 변화한 사람들의 이야기를 통해 당신도 누군가의 삶을 변화시킬 수 있는 가치의 힘을 실감했기를 바란다. 당신 자신이나 다른 사람을 위한 긍정적인 변화에 대한 당신의 희망과 꿈이 무엇이든지 간에, 선한 가치관을 실천하면 그것들은 더 크게 될 것이다. 선한 가치관은 항상 변화를 가져온다.

수년간 사람들을 돕고 그들의 가치를 증대하는 활동에서 우리는 사람들이 선한 가치를 실천하도록 도와주는 가장 좋은 방법이 변혁 탁자를 통해서라는 사실을 발견했다. 그것이 바로 6장 '변혁은 한 탁자에서 동시에 일어난다'에서 변혁 탁자가 어떻게 작용하는지 설명한 이유다.

4단계 : 변화를 가져오는 행동을 시작하라

7장 '달성한 일을 측정하라'와 8장 '계속 이야기하라'는 모두 행동에 관한 것이었다. 우리는 당신의 행동이 당신이 원하는 변화를 가져올 수 있도록 실질적인 원칙을 제시했다. 희망은 강력하지만 세상을 바꾸기에 충분하지 않다. 실제로 변화를 가져오는 것은 행동이다. 그리고 계속해서 변화하려면 우리는 서로 지속적으로 변혁 대화를 나눠야 한다.

> "희망은 강력하지만 세상을 바꾸기에 충분하지 않다. 실제로 변화를 가져오는 것은 행동이다."

당신에게 맞는 방법을 찾아라

우리는 당신이 로드맵을 쉽게 따라갈 수 있도록 '체인지유어월드 닷컴'을 만들었다. 이 플랫폼에는 풍부한 자료가 있으며 당신이 세계를 변화시키는 과정의 각 단계에서 필요한 모든 수단을 얻을 수 있다. 물론, 모든 사람이 같은 로드맵을 따르는 것은 아니다. 각자 독특한 길을 가지만 우리가 바라는 결과는 같다. 중요한 것은 당신이 그 여정에 있다는 사실이다. 어떻게 시작하느냐보다 일단 시작하는 것이 중요하다.

자신만의 길을 개척하라

   어쩌면 당신의 여정은 찰리 치비지안 셰리Charlee Tchividjian Sherry 처럼 될 것이다. 그녀는 고등학교 2학년 때 자퇴를 결심했다. 그녀의 아버지는 롭과 친한 친구다. 그는 찰리에게 만약 그녀가 학교를 중퇴하면 취직해야 한다고 분명히 말했다. 롭은 찰리에게 원호프에서 인턴십을 해보라고 제안했다. 그녀는 롭의 제안에 마음이 끌려 남아프리카 공화국의 가장 빈곤한 지역에서 5개월 동안 일했다. 그녀가 빈민가에서 아이들을 위해 일하던 어느 날 그녀의 삶이 바뀌었다. 찰리는 갓 태어난 아기를 안고 있다. 그녀는 아기 엄마가 애를 키울 형편이 안돼 아기를 쓰레기통에 버렸다는 사실을 알았을 때 가슴이 찢어질 듯 아팠다. "저는 그날 밤 하숙집으로 돌아와 밤새 울었어요. 저는 마음이 진정되면서 누군가 고통 속에 있는 엄마와 함께 있었더라면 엄마는 아이를 버리지 않았을 거라는 생각이 불현듯 떠올랐어요." 그 순간 찰리는 엄마와 아이들을 돕기 위해 무언가 하기로 했다. 그녀는 나중에 "저는 아프리카에서 근본부터 완전히 바뀐 사람이 되어 미국으로 왔어요."라고 말했다.

찰리는 즉시 아프리카에서 출산 조리원을 시작하려고 했다. 하지만 친구들과 가족들은 그녀에게 대학부터 졸업하도록 권했다. 그녀는 버지니아 린치버그Lynchburg에 있는 리버티 대학Liberty University에 입학했다. 그곳에서 공부하는 동안, 그녀는 도심에서 아이들을 도와주는 대학 자원봉사 프로그램에 참여했다. 그녀는 린치버그에도 아프리카의 빈민 지역과 비슷한 수준으로 생활하는 사람들이 있다는 것을 알고 놀랐다. 그녀의 마음은 다시 바뀌기 시작했다. 지구 반대편에 있는 사람들을 도와주는 대신 린치버그에서 어려움을 겪는 젊은 엄마들을 돕기로 했다. 그녀는 '모든 어머니의 옹호자Every Mother's Advocate'를 의미하는 '에마EMA'라는 단체를 설립했다. 한 이웃을 도와주던 모임은 곧 도시 전역의 가난한 이웃들을 도와주는 단체로 성장했다.

찰리는 대학을 졸업하고 매트와 결혼했다. 그녀는 남편과 함께 플로리다 남부로 이사했다. 새롭게 생활을 시작한 그곳에서 찰리는 '에마'를 계속하기로 했다. 사실, 그녀는 처음부터 다시 시작해야 했다. 하지만 그녀는 그 일을 실현하는데 헌신을 다했다. 그녀는 자신이 긍정적인 변화를 만들어내고 있는지 회의를 느꼈다.

그녀의 말에 따르면 그녀는 진흙탕에 빠져 바퀴가 헛도는 것 같았던 1년을 보냈다. 그 후 그녀는 에마 일을 그만둘지 망설였다. 하지만 그녀는 그만두기 전에 무엇이 효과가 있었으며 무엇이 효과가 없었는지 찬찬히 살펴보기로 했다. 에마는 한 해 동안 70명의 엄마에게 멘토 역할을 했다. 놀랍게도 98%의 엄마들이 자녀들을 아이 돌봄 서비스 시설에 보내는 대신 집에서 돌볼 수 있었다. 찰리는 남부 플로리다에서 매년 2,400명의 아이가 아이 돌봄 서비스 시설에 보내진다는 것을 알았다. 찰리는 스스로 변화를 불러일으킬 방법을 터득했다. 그녀는 어려움을 겪는 엄마들을 교육하고 위기에 처한 아이들을 지원함으로써 아이 돌봄 서비스 시설로 보내지는 아이들의 숫자를 줄이는 데 초점을 맞춰 에마를 재정비했다.

에마EMA를 이용하는 사람들이 늘어나기 시작했다. 찰리와 에마가 도와준 사람들 가운데 사리나와 같은 사람이 많았다. 사리나가 에마로 왔을 때 그녀는 임신 6개월이었으며 식당 뒤에 주차된 고장 난 차에서 살고 있었다. 그녀는 이미 두 아이의 양육권을 잃고 사람들의 도움이 절실했다. 에마는 그녀가 거주할 곳을 물색해 처음 6개월 치 월세를 치러 주었다. 게다가 무료로 차를 수리해 줄 정비사를 찾아주고 일자리를 구하도록 도와 줬다. 그들은 또한 그녀가 아픈 기억을 치료할 수 있도록 그녀와 상담하고 지도했다. 사리나가 아들을 출산한 후에는 그녀의 옹호자가 되어 아들을 키울 수 있게 도와주었다.

> "만약 당신이 주변 사람들을 도와주려면 그들이 존중받는다고 느껴야 한다."
>
> – 넬슨 만델라
> Nelson Mandela

에마는 초점을 새롭게 바꾼 뒤 269명의 엄마와 아이들과 연결되고 96명의 아이가 아이 돌봄 서비스 시설에서 벗어날 수 있도록 도왔다. 어느 날

넬슨 만델라Nelson Mandela가 주장했던 말이 그녀의 귓가를 맴돌았다. "만약 당신이 주변 사람들을 도와주려면 그들이 존중받는다고 느껴야 한다." 찰리는 에마의 문으로 들어오는 모든 젊은 엄마들이 존엄성, 존경심, 친절함을 몸소 확실하게 느낄 수 있도록 노력했다.

찰리는 그저 평범한 사람이었다. 그녀는 사리나와 그녀의 아들 제이콥뿐만 아니라 물론 사리나와 같은 처지에 있는 엄마들을 도우면서 세상을 바꾸고 있다. 찰리는 처음에 단순히 에마가 옳은 일이라고 생각해서 시작한 것이었다. 그녀는 자신이 가장 큰 변화를 가져올 수 있는 분야를 찾아 열심히 일하면서 자신만의 길을 개척했다. 그녀가 할 수 있다면 당신도 할 수 있다. 그녀의 가장 큰 장점은 변화하기를 간절히 바라는 것이었고, 일을 시작했으며 끈기 있게 그 일을 지속했다는 사실이다. 당신이 추구하는 길이 그녀가 걸었던 길과 같다면, 롭과 나는 응원의 박수를 보낸다!

변혁 팀에 참가하라

어쩌면 당신은 이미 알려진 경로를 찾고 있는지 모른다. 어쩌면 당신은 롭과 내가 세상을 변화시키려는 일에 참여함으로써 변화를 가져오고 싶어 할지도 모른다. 그것이 베키 버셀Becky Bursell이 채택했던 방식이다. 그녀는 변혁 탁자의 진행자로 활동하면서 자신의 삶이 바뀌었다.

베키는 매우 재능 있는 리더이자 사업가다. 그녀와 남편 존John 은 12년 동안 영양 보충제 회사를 운영했다. 그들은 매우 성공적이었다. 그들은 60여 개국에 80만 명의 영업 사원을 두고 매출을 10억 달러 이상 올렸다. 하지만 성공의 절정에 올랐어도 베키는 성취감을 느끼지 못한다는 것을 깨달았다. "우리는 모두 행복은 돈으로 살 수 없다는 말을 듣고 지냈어요."라며 그녀는 이렇게 말했다. "글쎄, 저는 그것이 틀렸다는 것을 증명하기 위해 12년을 보냈습니다. 하지만 그거 아세요? 결국 알고 보니, 그 말은 사실이었어요. 제가 스스로 세운 모든 사업과 재정적인 목표를 달성하고도 어떻게 제가 더 위대한 것을 찾을 수 있었을까요?"

베키는 답을 찾기 시작했다. 그녀는 "제가 마흔한 살이 되었을 때 저는 돈이 아니라 미래에 되고 싶은 사람을 기준으로 저의 가치를 재평가하고 재정립해야 한다는 것을 깨달았어요. 제가 그렇게 할 수 있는 유일한 방법은 처음부터 다시 시작하는 것이었습니다."라고 말했다. 그녀는 사업을 정리하고 자신의 가치관을 재조명했다. 그녀는 다른 사람들의 삶에 변화를 주고 싶다는 것을 확인하고 그것을 실천할 수 있는 방법을 찾기 시작했다.

내가 베키를 만난 지 15년 만에 일어난 일이다. 그녀는 내 책 몇 권을 읽었다. 우리는 행사장에서 만나 점심을 함께하기도 했다. 그녀가 사업체를 정리하고 세상을 바꾸고 싶다는 희망을 말했을 때 나는 그녀를 변혁 탁자의 진행자로 초대했다. 그녀는 다른 사람들의 가치관을 실천하며 살아가도록 도와주고, 남다른 팀워크 재능을 발휘하는 데에는 그다지 오랜 시간이 걸리지 않았다. 베키는 "존의 세상을 바꾸려는 꿈은 제 꿈에 불을 붙였어요. 저는 다른 누구도 가져올 수 없는 가치를 깨달았고, 저희 팀은 일을 시작했어요."

베키는 그런 자료(가치)들이 널려 있고, 활용하고자 하는 모든 사람들에게 주어져 있다는 것을 일아차렸으며, 직접 그 가치를 활용했다. 그녀는 다른 사람들도 그것을 사용하도록 도와주었다. 그녀는 다른 사람들과 대화하는 것을 좋아했다.

당신은 이렇게 하면 세상을 바꿀 수 있다.

1. 변혁 탁자의 진행자가 되라.
2. 변혁 과정을 마쳐라.
3. 가치관을 실천하라.
4. 변혁 경험을 공유하라.
5. 다른 사람을 초대해 변혁 탁자의 진행자가 되게 하라.
6. 반복하라.

이런 변혁 과정은 매우 강력한 힘을 발휘한다. 이런 가치들은 삶의 모든 면에 적용될 수 있는 보편적인 원리다. 우리가 해야 할 일은 오로지 변혁 탁자의 진행자가 되는 것뿐이다. 베키는 지역사회에 변화를 주기 위해 사업을 통해 배운 기술을 사용했다. 그녀가 변혁 탁자의 진행자로서 훈련한 사람들은 수없이 많다. 그녀는 이렇게 말했다. "저는 사업가, 목사, 상담가, 기업 임원, 정부 관계자, 부동산팀, 부모, 자선 단체들을 만났어요. 그들은 모두 그들의 조직 내에서 변혁 탁자를 운영하면서 획기적인 변혁 결과를 수도 없이 목격하고 있습니다."[2]

다음 단계를 수행하라

당신은 당신의 세상을 바꾸기 위해 어떤 일을 할 것인가? 당신이 다른 사람을 도와 변화를 가져올 수 있는 곳이 어디인가? 한 가지 명심해야 할 것이 있다. 당신은 세상 전체를 바꾸려고 걱정할 필요가 없다. 만약 당신이 단지 당신의 세상에 있는 누군가를 위해 상황을 더 좋게 만들 수 있다면, 당신은 변화를 불러일으키는 기쁨과 희열을 실제로 경험할 것이다.

당신이 다른 사람들이 그들의 삶에서 가치의 힘을 통해 변화하는 것을 보고 싶다면, 베키가 그랬던 것처럼, 당신도 우리와 함께 변혁 탁자의 진행자가 되기를 바란다. 변혁 탁자에 참가한 사람들은 당신이 이제 막 사회에 진출한 젊은 사람이든, 영향력과 활동 범위를 키우려는 노련한 지도자든, 열려 있다. 당신이 변화하도록 도와줄 것이다. 우리는 당신이나 베키나 다른 어떤 사람들도 우리의 틀 안에 가두어 둘 생각은 없다. 사실, 베키가 우리에게 말한 것이 하나 있다. "그런 생각이 있었기 때문에 저는 이미 가던 방향으로 제 자신의 가치를 추구할 수 있었습니다."

만약 당신이 꼭 해야 한다고 생각하면 그것을 하라. 당신은 당신의 세상을 바꿀 수 있다. 명심하라. 선한 가치를 배우고 실천하며 다른 사람을 존중하고 긍정적인 가치 문화를 창조하기 위해 협력하는 사람이라면 누구나 변화할 수 있다. 당신의 이야기도 이 책에서 우리가 소개한 다른 사람들의 이야기만큼 설득력이 있는 이야기가 될 수 있다. 지금 중요한 것은 당신이 무언가 행동하는 것이다. 오늘 당장 시작하라. 그것을 달성할 방법을 찾아라. 비록 그것이 당신이 예상한 것과 완전히 다를지 몰라도 당신은 그 과정을 즐기게 될 것이고 변화하려고 노력한 것을 절대 후회하지 않을 것이다. 그 이유는 당신과 당신의 세상이 변화했기 때문이다.

체인지유어월드닷컴ChangeYourWorld.com을 방문해 다음 자료를 구하라.

- 변혁 탁자를 이끄는 자료
- 청소년 아이리드iLead 자료
- 변혁팀의 구성원이 되는 방법에 관한 정보

CHANGE YOUR WORLD

제1장 변화를 기다리지 마라

1 "Parenting in America," Pew Research Center, Social and Demographic Trends, December 17, 2015, https://www.pewsocialtrends.org/2015/12/17/parenting-in-america/#fn -21212 - 1.

2 "The Population of Poverty USA," Poverty USA, https://www .povertyusa.org/facts, retrieved September 17, 2019.

3 로버트 퍼트넘Robert Putnam,《나홀로 볼링Bowling Alone: The Collapse and Revival of American Community》(New York: Simon & Schuster, 2000).

4 "Criminal Victimization, 2018, Summary," Bureau of Justice Statistics, Report NCJ 253043, September 2019, https://www.bjs .gov/content/pub/pdf/cv18_sum.pdf.

5 The Chandler Foundation, "Prosperity: A Total Game Approach," Building a Better World, October 2019, 21.

6 "Mental Health by the Numbers," National Alliance on Mental Illness, https://www.nami.org/learn-more/mental-health-by-the -numbers, retrieved September 17, 2019.

7 Rachel Schraer, "Is Young People's Mental Health Getting Worse?" BBC News, February 11, 2019, https://www.bbc.com /news/health-47133338.

8 Chandler Foundation, "Prosperity," 27 - 28.

9 "40 million in modern slavery and 152 million in child labour around the world," International Labour Organization, September 19, 2017, https://www.ilo.org/global/about-the-ilo/newsroom/news/WCMS_574717/lang—en/index.htm.

10 Max Roser and Esteban Ortiz-Ospina, "Global Extreme Poverty," Our World

in Data, March 27, 2017, https://ourworldindata.org /extreme-poverty.

11 Homi Kharas and Kristofer Hamel, "A Global Tipping Point: Half the World Is Now Middle Class or Wealthier," Brookings, September 27, 2018, https://www.brookings.edu/blog/future-development/2018/09/27/a-global-tipping-point-half-the-world -is-now-middle-class-or-wealthier.

12 로사문드 스톤 잔더Rosamund Stone Zander, 벤자민 잔더Benjamin Zander,《가능성의 예술The Art of Possibility: Transforming Professional and Personal Life》(New York: Penguin, 2002), 14-15.

13 조너던 색스Jonathan Sacks,《차이의 존중The Dignity of Difference: How to Avoid the Clash of Civilizations》(New York: Continuum, 2002), 206.

14 앨렌 랭어Ellen J. Langer,《마음의 시계Counter Clockwise: Mindful Health and the Power of Possibility》(New York: Ballantine, 2009), 107.

15 Brad Montague (@KidPresident), Facebook (post), December 12, 2016, https://www.facebook.com/KidPresident/photos/dare-to-dream-but-please-also-do-for-dreamers-are-many-but-doers-are -few-a-tiny-/781163668690950.

16 "Our Purpose," Lonesome Dove Ranch, accessed January 13, 2020, http://lonesomedovetexas.com/purpose/.

17 Ed Stetzer, "One-on-One with Bryan Jarrett, on Resourcing Rural America, Part 2," Christianity Today, November 14, 2019, https://www.christianitytoday.com/edstetzer/2019/november/one-on-one-with-bryan-jarrett-part-2.html.

18 Stetzer, "One-on-One with Bryan Jarrett."

19 Stetzer, "One-on-One with Bryan Jarrett."

20 Stetzer, "One-on-One with Bryan Jarrett."

21 "Our Purpose," Lonesome Dove Ranch.

22 Chandler Foundation, "Prosperity: A Total Game Approach, 19.

23 클레이튼 크리스텐슨Clayton M. Christensen, 에포사 오조모Efosa Ojomo, 캐런 딜론Karen Dillon,《번영의 역설The Prosperity Paradox: How Innovation Can Lift Nations Out of Poverty》, (New York: Harper Business, 2019), 6-7.

24 Quoted in "Are You a Reluctant Adapter?" Oprah.com, , accessed January 13, 2020, http://www.oprah.com/inspiration/what-to-do -if-you-hate-change.

25 "Partner," WorldWithoutOrphans.org, accessed March 25, 2020, https://

www.worldwithoutorphans.org/partner.

26 "Partner," WorldWithoutOrphans.org.

27 Rob Llewellyn, "20 Ways to Create a Sense of Urgency," The Enterprisers Project, September 24, 2015, https://enterprisers project.com/article/2014/8/20-ways-create-sense-urgency.

28 로렌 아이슬리Loren Eiseley,《예상치 못한 경험 세계The Unexpected Universe》 (Orlando: Harvest, 1969).

29 브렌 브라운Brené Brown,《리더의 용기Dare to Lead: Brave Work, Tough Conversations, Whole Hearts》(New York: Random House, 2018), 6.

30 Malcolm Gladwell, "18 Quotes from Malcolm Gladwell's Inbound 2014 Keynote 'The Power of the Underdog,'" SlideShare, September 18, 2014, https://www.slideshare.net /kelseylibert/malcolm-gladwell-39255392.

31 "How Does Level of Education Relate to Poverty?" Center for Poverty Research, University of California, Davis, accessed April 27, 2020, https://poverty.ucdavis.edu/faq/how-does-level -education-relate-poverty.

32 Donald J. Hernandez, "Double Jeopardy: How Third-Grade Reading Skills and Poverty Influence High School Graduation," The Annie E. Casey Foundation, 2012, https://www.aecf.org/m/resourcedoc/AECF-DoubleJeopardy -2012-Full.pdf#page=4.

제2장 변화의 촉매자가 되라

1 "Iowa Rep. Tom Latham Pays Tribute to Dr. Borlaug," The World Food Prize, March 20, 2008, https://web.archive.org/web/20080703155602/http://www.worldfoodprize.org/press_room/2008/march/latham_borlaug.htm.

2 Mark Stuertz, "Green Giant," Dallas Observer, December 5, 2002, https://www.dallasobserver.com/news/green-giant − 6389547.

3 Justin Gillis, "Norman Borlaug, Plant Scientist Who Fought Famine, Dies at 95," New York Times, September 13, 2009, https://www.nytimes.com/2009/09/14/business/energy-environment/14borlaug.html.

4 Charles C. Mann, "The Book That Incited a Worldwide Fear of Overpopulation," Smithsonian Magazine, January 2018, https:// www.smithsonianmag.com/innovation/book-incited-worldwide-fear-

overpopulation—180967499/.

5 Clyde Haberman, "The Unrealized Horrors of Population Explosion," New York Times, May 31, 2015, https://www.nytimes.com/2015/06/01/us/the-unrealized-horrors-of-population —explosion.html.

6 Gillis, "Norman Borlaug."

7 Gillis, "Norman Borlaug."

8 Gillis, "Norman Borlaug."

9 Aase Lionæs, "Award Ceremony Speech," The Nobel Peace Prize 1970, accessed January 14, 2020, https://www.nobelprize.org /prizes/peace/1970/ceremony-speech/.

10 In George Sweeting, Who Said That? More than 2,500 Usable Quotes and Illustrations (Chicago: Moody, 1995), 4780 of 7400, Kindle.

11 Zechariah 4:10 nlt.

12 윌리엄 코헨William A. Cohen, 《피터 드러커 리더스 윈도우Drucker on Leadership: New Lessons from the Father of Modern Management》 (San Francisco: Jossey-Bass, 2010), 8 of 292, Kindle.

13 한스 로슬링Hans Rosling, 올라 로슬링Ola Rosling, 안나 로슬링 뢴룬드Anna Rosling Rönnlund,《팩트풀니스Factfulness: Ten Reasons We're Wrong About the World—and Why Things Are Better Than You Think》(New York: Flatiron Books, 2018), 69–71.

14 Greg Braxton, "Take a Tour of Tyler Perry's Massive New Studio on a Former Army Base in Atlanta," Lost Angeles Times, October 13, 2016, https://www.latimes.com/entertainment/tv/la-ca-st-tyler-perry-guided-tour-20161016-snap-story.html.

15 "Tyler Perry: Biography," IMDb.com, accessed January 16, 2020, https://www.imdb.com/name/nm1347153/bio?ref_=nm_ov_bio_sm.

16 "Tyler Perry Studios," Tyler Perry Studios, accessed January 16, 2020, https://tylerperrystudios.com.

17 Brian MacQuarrie, "Malala Yousafzai Addresses Harvard Audience," Boston Globe, September 27, 2013, https://www.bostonglobe.com/metro/2013/09/27/malala-yousafzai-pakistani-teen-shot-taliban-tells-harvard-audience-that-education-right-for-all/6cZBan0M4J3cAnmRZLfUml/story.html.

18 Martin Luther King Jr., "'Desegregation and the Future,' Address Delivered at the Annual Luncheon of the National Committee for Rural Schools," New York, NY, December 15, 1956, https://kinginstitute.stanford.edu/king-

papers/documents/desegregation—and—future—address—delivered—annual—luncheon—national —committee.

19 "Take the Pledge," Operation Change, accessed June 16, 2020, https://www.operationchange.com/pledge.

20 Benjamin Hardy, "If You're Going to Do Something, See How Far You Can Go," Benjamin Hardy's Blog, March 16, 2019, https://www.goodreads.com/author_blog_posts/18093140—if—you—re—going—to—do—something—see—how—far—you—can—go.

21 "About Us," Maria Cristina Foundation, accessed January 17, 2020, https://mariacristinafoundation.org/maria—conceicao/.

22 "How Maria Conceicao Went from Poverty to Alleviating It," Swaay, https://www.swaay.com/maria—conceicao, accessed January 17, 2020.

23 "How Maria Conceicao Went from Poverty to Alleviating It," Swaay, https://www.swaay.com/maria—conceicao.

24 Farah Andrews, "How Maria Conceicao Plans to Swim the English Channel to Raise Awareness for Slum Kids," The National, August 20, 2019, https://www.thenational.ae/lifestyle/how—maria—conceicao—plans—to—swim—the—english— channel—to—raise—awareness—for—slum—kids—1.900441.

25 "About Us," Maria Cristina Foundation.

26 Sangeetha Swaroop, "Maria Conceicao: I Climbed Mt Everest for the Slum Children," Friday Magazine, August 16, 2013, https://fridaymagazine.ae/life—culture/maria—conceicao—i—climbed—mt—everest—for—the—slum—children—1.1220821.

27 "How Maria Conceicao Went from Poverty to Alleviating It," Swaay, https://www.swaay.com/maria—conceicao.

28 Swaroop, "Maria Conceicao."

29 Search results for "Maria Conceicao," Guinness World Records, accessed April 27, 2020, https://www.guinnessworldrecords.com/search?term=Maria%20Conceicao&page=1&type=all&max=20 &partial=_Results&.

30 "How Maria Conceicao Went from Poverty to Alleviating It," Swaay, https://www.swaay.com/maria—conceicao.

31 "How Maria Conceicao Went from Poverty to Alleviating It," Swaay, https://www.swaay.com/maria—conceicao.

제3장 우리는 모두 서로가 필요하다

1 "Top 110 Mother Teresa Quotes and Sayings on Love and Life," Quote Ambition, accessed April 10, 2020, http://www.quoteambition.com/mother-teresa-quotes-sayings.

2 "WHO Announces COVID-19 Outbreak a Pandemic," World Health Organization, Regional Office for Europe, March 12, 2020, http://www.euro.who.int/en/health-topics/health-emergencies/coronavirus-covid-19/news/news/2020/3/who -announces-covid-19-outbreak-a-pandemic.

3 Email from Sam Yoder to author, April 7, 2020.

4 Dave Mast, "Nonessential? Not Berlin Gardens as company produces face guards," The Bargain Hunter, April 4, 2020, https://thebargainhunter.com/news/features/nonessential-not -berlin-gardens-as-local-company-produces-face-guards-to -combat-covid-19.

5 Elizabeth Williamson, "In Ohio, the Amish Take On the Coronavirus," New York Times, April 9, 2020, https://www.nytimes.com/2020/04/09/us/politics/amish-coronavirus-ohio.html.

6 리드 호프먼Reid Hoffman, 벤 카스노카Ben Casnocha, 《연결하는 인간The Start-Up of You: Adapt to the Future, Invest in Yourself, and Transform Your Career》(New York: Currency, 2012), 83, Kindle.

7 Gustavo Razzetti, "You Don't Need to Change the World Alone: Find Your Partner in Crime," Psychology Today, September 21, 2018, https://www.psychologytoday.com/us/blog/the-adaptive-mind/201809/you-dont-need-change-the-world-alone?amp.

8 리처드 바렛Richard Barret, "Liberating the Corporate Soul: Building a High-Performance, Values-Driven Organization," in The Workplace and Spirituality: New Perspectives on Research and Practice, ed. Joan Marques, Satinder Dhiman, and Richard King (Woodstock, VT: Skylight Paths, 2009), 149-150.

9 P. B. S. Lissaman and Carl A. Shollenberger, "Formation Flight of Birds," Science 168, no. 3934 (May, 1970): 1003-1005, https://doi.org/10.1126/science.168.3934.1003.

10 Charles R. Swindoll, "No Place for Islands," Insight, June 21, 2017, https://www.insight.org/resources/daily-devotional /individual/no-place-for-islands.

11 Theodore Roosevelt, Speech at the Sorbonne, Paris, April 23, 1910, quoted by Christen Duxbury, "It Is Not the Critic Who Counts," January 18, 2011, Theodore Roosevelt Conservation Partnership, https://www.trcp.org/2011/01/18/it-is-not-the-critic- who-counts.

12 브렌 브라운Brené Brown, 《대담하게 맞서기Daring Greatly: How the Courage to Be Vulnerable Transforms the Way We Live, Love, Parent, and Lead》 (New York: Avery, 2012), 71, Kindle.

13 Gardiner Morse, "The Science Behind Six Degrees," Harvard Business Review, February 2003, https://hbr.org/2003/02/the -science-behind-six-degrees.

14 Aimee Groth, "Scientists Reveal the 'Tipping Point' for Ideas Is When There's a 10% Consensus," Business Insider, July 27, 2011, https://www.businessinsider.com/scientists-reveal-the-tipping-point-for-ideas-is-when-theres-a-10-consensus-2011-7.

15 Bettie Marlowe, "Donkeys Kick Each Other. . .," Cleveland Daily Banner, May 5, 2017, http://clevelandbanner.com/stories/donkeys -kick-each-other,57996.

16 John F. Kenndy, "Inaugural Address," 44th presidential inauguration, Washington, D.C., January 20, 1961, https:// avalon.law.yale.edu/20th_century/kennedy.asp.

17 Edwin Markham, "A Creed to Mr. David Lubin," in Lincoln and Other Poems (New York: McClure, Phillips, 1901), 25.

18 "Rocky Quotes," IMDb.com, accessed June 16, 2020, https://www.imdb.com/title/tt0075148/quotes?ref_=tt_ql_trv_4.

19 Melissa Breyer, "11 Facts About Coast Redwoods, The Tallest Trees in the World," Treehugger, September 26, 2019, (updated May 21, 2020), https://www.treehugger.com/natural-sciences/11-facts-about-coast-redwoods-worlds-tallest-trees.html.

20 Greg Satell, Cascades: How to Create a Movement That Drives Transformational Change (New York: McGraw-Hill Education, 2019), 98.

21 "List of Marchers Who Participated in the 1930 Dandi March," Dandi Memorial, accessed April 10, 2020, http://www.dandimemorial.in/pdf/List-of-1930-Salt-Marchers.pdf.

22 Evan Andrews, "When Gandhi's Salt March Rattled British Colonial Rule,"

History, October 2, 2019, https://www.history.com/news/gandhi-salt-march-india-british-colonial-rule.

23 Vincent van Gogh to Theo van Gogh, October 22, 1882, Vincent van Gogh Letters, Letter no. 274, Van Gogh Museum of Amsterdam, http://vangoghletters.org/vg/letters/let274/letter.html.

24 Gina Pogol, "How Long Does It Take to Close on a House?" The Mortgage Reports, July 26, 2019, https://themortgagereports.com/19487/how-long-does-it-take-to-close-a-mortgage-gina-pogol.

25 "Our Story," Movement Mortgage, accessed April 14, 2020, https://movement.com/about-us.

26 "Our Story," Movement Mortgage.

27 "Casey Crawford Receives John Maxwell Transformational Leadership Award," Cision PR Newswire, August 7, 2018, https://www.prnewswire.com/news-releases/casey-crawford-receives-john-maxwell-transformational-leadership-award-300693213.html.

28 Patricia Fripp, "A Team Is More than a Group of People," Fripp, January 23, 2009, https://www.fripp.com/a-team-is-more-than-a-group-of-people.

제4장 우리 모두 같은 생각을 하자

1 Mattathias Schwartz, "Pre-Occupied: The Origins and Future of Occupy Wall Street," New Yorker, November 21, 2011, https:// www.newyorker.com/magazine/2011/11/28/pre-occupied.

2 Michael Levitin, "The Triumph of Occupy Wall Street," The Atlantic, June 10, 2015, https://www.theatlantic.com/politics/archive/2015/06/the-triumph-of-occupy-wall-street/395408.

3 Levitin, "The Triumph of Occupy Wall Street."

4 세스 고딘Seth Godin, 《트라이브즈Tribes: We Need You to Lead Us》 (New York: Portfolio, 2008), 86.

5 "Montgomery Bus Boycott," History, last updated February 10, 2020, https://www.history.com/topics/black-history/montgomery-bus-boycott.

6 "Martin Luther King Jr.," Biography, last updated January 23, 2020, https://www.biography.com/activist/martin-luther-king-jr.

7 "March on Washington for Jobs and Freedom," National Park Service, last updated August 10, 2017, https://www.nps.gov /articles/march-on-washington.htm, accessed March 5, 2020.

8 남부 기독교 지도자 회의Southern Christian Leadership Conference, SCLC, The Martin Luther King, Jr. Research and Education Institute, Stanford University, accessed March 5, 2020, https://kinginstitute.stanford.edu/encyclopedia/southern-christian-leadership-conference-sclc.

9 "Martin Luther King Jr.," The Nobel Prize, accessed March 5, 2020, https://www.nobelprize.org/prizes/peace/1964/king /biographical.

10 Chandler Foundation, "Prosperity," 51.

11 Fredreka Schouten, "Ad Spending Barrels Past $1 Billion Mark As Mike Bloomberg Overwhelms Airwaves," CNN, February 28, 2020, https://www.cnn.com/2020/02/28/politics/2020-ad -spending-1-billion/index.html.

12 Bill Allison and Mark Niquette, "Bloomberg Tops Half a Billion Dollars in Campaign Advertising," Bloomberg, February 24, 2020, https://www.bloomberg.com/news/articles/2020-02-24 /bloomberg-tops-half-a-billion-dollars-in-campaign-advertising.

13 Zusha Elinson, "Mike Bloomberg's $620 Million Campaign Did Really Well—in American Samoa," Wall Street Journal, March 6, 2020, https://www.wsj.com/articles/mike-bloombergs-620-million-campaign-did-really-wellin-american-samoa -11583538043.

14 제임스 트러슬로 애덤스James Truslow Adams,《미국 서사시The Epic of America》(1931, reprint, New York: Routledge, 2017), 404, Kindle.

15 Martin Luther King Jr., "Beyond Vietnam," New York, NY, April 4, 1967, The Martin Luther King, Jr. Research and Education Institute, Stanford University, accessed March 10, 2020, https://kinginstitute.stanford.edu/king-papers/documents/beyond-vietnam.

16 Jakub Pigoń, ed., The Children of Herodotus: Greek and Roman Historiography and Related Genres (Newcastle: Cambridge Scholars, 2008), 135.

17 Dibin Samuel, "Wiliam [sic] Carey Played Significant Role in Abolishing Sati System," Christianity Today, December 4, 2009, http://www.christiantoday.co.in/article/wiliam.carey.played.significant.role.in.abolishing.sati.system/4906.htm.

18 로드 와그너Rodd Wagner, 게일 멀러Gale Muller,《결정적 순간 당신 옆에는 누가 있는 가Power of 2: How to Make the Most of Your Partnerships at Work and in Life》(New York: Gallup Press, 2009), 8 – 10.

19 ibid., 45.

제5장 가치관의 중요성을 경험하라

1 마태복음Matthew 7장 12절 (New Living Translation).

2 사히흐 무슬림Sahih Muslim, 1권, 72번, quoted in "Golden Rule in Islam," Islam.ru, February 26, 2013.

3 탈무드Talmud, 샤바트Shabbat 3id, quoted in "The Universality of the Golden Rule in World Religions," http://www.teachingvalues .com/goldenrule.html.

4 우다나품Udana-Varga 5.1, quoted in "The Universality of the Golden Rule in World Religions.

5 마하바라타Mahabharata 5.1517, quoted in "The Universality of the Golden Rule in World Religions.

6 Shayast-na-Shayast 13:29, quoted in "The Golden Rule Is Universal," Golden Rule Project, https://www.goldenruleproject.org/formulations.

7 논어Analects 15:23, quoted in "The Golden Rule Is Universal."

8 Epistle to the Son of the Wolf, quoted in "The Golden Rule Is Universal."

9 수트라크탕가Sutrakritanga 1.11.33, quoted in "The Golden Rule Is Universal."

10 African proverb quoted in "The Golden Rule Is Universal."

11 사이먼 사이넥Simon Sinek,《무한 게임The Infinite Game》(New York: Portfolio/ Penguin, 2019), 33 – 34.

12 ibid., 37.

13 James Dobson, Commencement Address, Seattle Pacific University, June 1988.

14 "Well-Known Quotes by Millard Fuller," The Fuller Center for Housing, accessed June 16, 2020, https://fullercenter.org/quotes.

15 빌 퍼킨스Bill Perkins,《내 안에 잠자는 리더십을 깨워라Awaken the Leader Within : How the Wisdom of Jesus Can Unleash Your Potential》(Grand Rapids: Zondervan, 2000), 35 – 36.

16 Ishika Chawla, "CDC Releases Preliminary Findings on Palo Alto Suicide

Clusters," Stanford Daily, July 21, 2016, https://www.stanforddaily.com/2016/07/21/cdc-releases-preliminary-findings- on-palo-alto-suicide-clusters.

17 "Social and Emotional Skills: Well-being, Connectedness, and Success," OECD, accessed March 16, 2020, https://www.oecd.org/education/school/UPDATED%20Social%20and%20Emotional%20Skills%20-%20Well-being,%20connectedness%20and%20success.pdf%20(website).pdf.

18 스티브 코비Stephen R. Covey, 로저 메릴A. Roger Merrill, 레베카 메릴Rebecca R. Merrill, 《소중한 것을 먼저 하라First Things First: To Live, to Love, to Learn, to Leave a Legacy》 (New York: Simon & Schuster, 1994) 12.

19 Diane Kalen-Sukra, Save Your City: How Toxic Culture Kills Community and What to Do About It (Victoria, BC, Canada: Municipal World, 2019), 94.

20 Sarah Pulliam Bailey, "A Megachurch Has Helped Test Nearly 1,000 People for Coronavirus in Two Days," Washington Post, March 19, 2020, https://www.washingtonpost.com/religion/2020 /03/19/megachurch-has-nearly-1000-people-tested-coronavirus- two-days.

21 Bailey, "A Megachurch Has Helped Test Nearly 1,000 People for Coronavirus in Two Days," https://www.washingtonpost.com/religion/2020/03/19/megachurch-has-nearly-1000-people-tested-coronavirus-two-days.

22 U.S. Senate, Committee on Governmental Affairs, Permanent Subcommittee on Investigations, The Role of the Board of Directors in Enron's Collapse: Hearing Before the Permanent Subcommittee of Investigations of the Committee on Governmental Affairs, United States Senate, One Hundred Seventh Congress, Second Session, May 7, 2002 (Washington, DC: Government Printing Office, 2002), 293, https://books.google.com/books?id=NcM1AAAAIAAJ&pg=PA293&lpg=PA293&dq=%22Communication+-+" We+have+an+obligation+to+communicate.+Here,+we+take+the+time+to+talk+with+one+another. . .and+to+listen.+We+believe+that+information+is+meant+to+move,+and+that+information+moves+people."&source=bl&ots=JOjEub12YO&sig=ACfU3U0ZiPdn6BRis3AmVejAd-OakJ70fA&hl=en&sa=X&ved=2ahUKEwjQhaOEl7jnAhUhTd8KHbc3BJQQ6AEwCXoECAcQAQ #v=onepage&q=%22Communication%20-%20"We%20have%20an%20obligation%20to%20communicate.%20Here%2C%20we%20take%20the%20time%20to%20talk%20with%20

one%20another. . .and%20to%20listen.%20We%20believe%20that%20 information%20is%20meant%20to%20move%2C%20and%20that%20 information%20moves%20people."&f=fal.

23 Troy Segal, "Enron Scandal: The Fall of a Wall Street Darling," Investopedia, last updated May 29, 2019 , https://www.investopedia.com/updates/enron-scandal-summary.

24 "Bantrab," Financial Advisory.com, accessed February 10, 2020, https://guatemala.financialadvisory.com/about/bantrab/.

25 Juan Pablo de León, interview by Carolina Donis-Lockwood, December 7, 2019.

26 Richard Barrett, "The Importance of Values in Building a High Performance Culture," Barrett Values Centre, February 2010, 5, https://fliphtml5.com/uono/ahbn.

27 Evaluation Report for Lead Today: Ghana, OneHope (Pompano Beach, FL: OneHope, 2016), 2.

28 "Summary Report: EQUIP Leadership Program, Ghana Pilot Validation," OneHope, July 2, 2015, 1.

제6장 변혁은 한 탁자에서 동시에 일어난다

1 세릴 샌드버그Sheryl Sandberg, 닐 스코벨Nell Scovell, 《린 인Lean In: Women, Work, and the Will to Lead》(New York: Alfred A. Knopf, 2013)149 of 173, Kindle.

2 컬러스 크리스태키스Nicholas A. Christakis, 제임스 파울러James H. Fowler, 《행복은 전염된다Connected: The Surprising Power of Our Social Networks and How They Shape Our Lives—How Your Friends' Friends' Friends Affect Everything You Feel, Think, and Do》(New York: Little, Brown Spark, 2009), 87 of 5128, Kindle.

3 제임스 클리어James Clear, 《아주 작은 습관의 힘Atomic Habits : Tiny Changes, Remarkable Results—An Easy and Proven Way to Build Good Habits and Break Bad Ones》(New York: Avery, 2018), 144 – 147.

4 ibid., 36 – 37.

5 ibid., 30 – 31, 36.

제7장 달성한 일을 측정하라

1 톰 래스Tom Rath, 《인생의 가장 위대한 질문Life's Greatest Question : Discover How You Contribute to the World》(Arlington, VA: Silicon Guild, 2020), 9 of 109, Kindle.

2 ibid., 12 of 109, Kindle.

3 ibid., 28 of 109, Kindle.

4 존 도어John Doerr, 《OKR 전설적인 벤처투자자가 구글에 전해준 성공 방식Measure What Matters》(New York: Portfolio/Penguin, 2018), 3.

5 "The 100 Largest Companies in the World by Market Value in 2019," Statista, accessed April 17, 2020 https://www.statista.com/statistics/263264/top-companies-in-the-world-by-market-value.

6 Brand Finance, "BrandFinance Global 500 (100) 2020," Ranking t he Brands, accessed April 17, 2020, https://www.rankingthebrands.com/The-Brand-Rankings.aspx?rankingID=83&year=1289.

7 Ng Han Guan, "The 100 Best Companies to Work For," Fortune, accessed April 17, 2020, https://fortune.com/best-companies/2017 /google.

8 Doerr, 6 of 306, Kindle.

9 짐 콜린스Jim Collins, "플라이휠 효과The Flywheel Effect" 2020. 4.17. 검색함. https://www.jimcollins.com/concepts/the-flywheel.html.

10 존 도어, 177 of 306, Kindle.

11 존 도어, 181 of 306, Kindle.

12 요기 베라Yogi Berra, 《요기 북The Yogi Book: I Really Didn't Say Everything I Said!》 (New York: Workman, 2010), 502 of 819, Kindle.

13 Charles D. Lanier, "Two Giants of the Electric Age," Review of Reviews, July 1893, 44, https://books.google.com/books?id=mbsrAQAAIAAJ&pg=PA1&lpg=PA1&dq=%22Two+Giants+of+the+Electric+Age%22+Review+of+Reviews+July+1893&source=bl&ots=sSfYFCJKJv&sig=ACfU3U0q-1jSx1ZBMTbTEYmoDHNE86WDdA&hl=en&sa=X&ved=2ahUKEwjMn4uQg4nqAhXUTDABHarwAPwQ6AEwAHoECAUQAQ#v=onepage &q&f=false.

14 Peter F. Drucker, The Effective Executive (1967, reprint, New York: HarperCollins, 2002), 33 of 165, Kindle.

15 Dave Smith, comp, The Quotable Walt Disney (Los Angeles: Disney Editions, 2001), 246 of 263, Kindle.

16 Marianne Schnall, "An Interview with Maya Angelou," Psychology Today,

February 17, 2009, https://www.psychologytoday.com/us /blog/the-guest-room/200902/interview-maya-angelou.

17 말콤 글래드웰Malcolm Gladwell,《티핑 포인트The Tipping Point: How Little Things Can Make a Big Difference》(New York: Little, Brown and Company, 2002), 11 of 259, Kindle.

18 "Minority Rules: Scientists Discover Tipping Point for the Spread of Ideas," Rensselaer Polytechnic Institute, July 25, 2011, https:// news.rpi.edu/ luwakkey/2902.

19 존 듀이John Dewey,《하우 위 싱크How We Think》 (Boston: D. D. Heath & Co., 1910), 78.

20 "Woman Behind Blessings in a Backpack Honored," Blessings in a Backpack, October 2, 2018, https://www.blessingsinabackpack.org/missy-hammerstrom-blessingsday18.

21 "Gifts to Our Community: Blessings in a Backpack," Today's Woman, December 9, 2019, https://www.todayswomannow.com/2019/12/gifts-to-our-community-blessings-in-a-backpack.html.

제8장 계속 대화하라

1 Judy Wilson, "The Horror of Marjory Stoneman Douglas Inspired School Administrator to Introduce Students to Be Strong Resilience Program," New Pelican, February 14, 2020, https://www.newpelican.com/articles/the-horror-of-marjory-stoneman-douglas-inspired-school-administrator-to-introduce-students-to-be-strong-resilience-program.

2 Roy Moore, interview by author, April 3, 2020.

3 피터 드러커Peter Drucker,《혼란기의 경영Managing in Turbulent Times》, (New York: Routledge, 1993), x.

4 셰인 로페즈Shane J. Lopez,《희망과 함께 가라Making Hope Happen: Create the Future You Want for Yourself and Others》(New York: Atria, 2013), 71 of 200, Kindle.

5 ibid., 71-72 of 200, Kindle.

6 케이시 그윈Casey Gwinn, 챈 헬만Chan Hellman,《떠오르는 희망Hope Rising : How the Science of Hope Can Change Your Life》(New York: Morgan James, 2018), xvi.

7 ibid., 9.

8 주제에 관한 자료는 케이키 한슨^{Katie Hanson}의 다음을 참조. "What Exactly Is Hope and How Can You Measure It?" Positive Psychology, October 24, 2009, http://positivepsychology.org.uk /hope-theory-snyder-adult-scale.

9 Vanessa Boris, "What Makes Storytelling So Effective for Learning?" Harvard Business Publishing, December 20, 2017, https://www.harvardbusiness.org/what-makes-storytelling-so-effective-for-learning.

10 Kari Berger, "The Truth in Story: An Interview with Merna Hecht," Context Institute, Fall 1989, https://www.context.org /iclib/ic23/hecht.

11 Christopher Ross, "Stories Stick and There Is the Science to Prove It," Fipp, August 15, 2016, https://www.fipp.com/news/features/stories-stick-and-there-is-the-science-to-prove-it.

12 "50 Best Quotes for Storytelling," The Storyteller Agency, accessed April 1, 2020, http://thestorytelleragency.com/goodreads/50-best-quotes-for-storytelling.

제9장 이제 당신의 세상을 바꿀 차례다

1 "Crisis, Mission, and Vision," Ēma South Florida, accessed April 7, 2020, https://www.emasouthflorida.org/who-we-are/crisis-vision-and-mission.

2 Becky Bursell, interview by author, April 23, 2020.

세상을 바꾸는 비밀의 열쇠

초판 1쇄 발행 2022년 3월 23일

지은이 존 맥스웰, 롭 호스킨스
옮긴이 신현승

펴낸이 장종표
책임편집 김재완   디자인 씨오디

펴낸곳 도서출판 청송재
등록번호 2020년 2월 11일 제2020-000023호
주소 서울시 송파구 송파대로 201 테라타워2-B동 1620호
전화 02-881-5761   팩스 02-881-5764
홈페이지 www.csjPub.com
페이스북 www.facebook.com/csjpub
블로그 blog.naver.com/campzang
이메일 sol@csjpub.com

ISBN 979-11-91883-06-0 03190